海外中国研究丛书
刘东 主编

[日] 松浦章 著
郑洁西 等译

明清時代における東アジア海域の文化交流

明清时代东亚海域的文化交流

江苏人民出版社

图书在版编目(CIP)数据

明清时代东亚海域的文化交流/[日]松浦章著;郑洁西等译.
—南京:江苏人民出版社,2009.9(2021.12重印)
(海外中国研究丛书/刘东主编)
书名原文:明清時代における東アジア海域の文化交流
ISBN 978-7-214-06028-0

Ⅰ.明… Ⅱ.①松…②郑… Ⅲ.文化交流－
文化史－东亚－明清时代 Ⅳ.K310.3

中国版本图书馆 CIP 数据核字(2009)第 172544 号

本书经日本版权所有人日本关西大学文化交流研究所所长松浦章教授授权,委托江苏人民出版社翻译出版中文简体字版。
江苏省版权局著作权合同登记:图字 10-2009-334

书　　　名	明清时代东亚海域的文化交流
著　　　者	[日]松浦章
译　　　者	郑洁西　等
责 任 编 辑	王保顶
特 约 编 辑	陆诗濛
装 帧 设 计	陈　婕
责 任 监 制	王　娟
出 版 发 行	江苏人民出版社
地　　　址	南京市湖南路 1 号 A 楼,邮编:210009
照　　　排	江苏凤凰制版有限公司
印　　　刷	南京新洲印刷有限公司
开　　　本	652 毫米×960 毫米　1/16
印　　　张	24　插页 4
字　　　数	340 千字
版　　　次	2009 年 11 月第 1 版
印　　　次	2021 年 12 月第 3 次印刷
标 准 书 号	ISBN 978-7-214-06028-0
定　　　价	65.00 元

(江苏人民出版社图书凡印装错误可向承印厂调换)

序"海外中国研究丛书"

中国曾经遗忘过世界,但世界却并未因此而遗忘中国。令人嗟讶的是,20世纪60年代以后,就在中国越来越闭锁的同时,世界各国的中国研究却得到了越来越富于成果的发展。而到了中国门户重开的今天,这种发展就把国内学界逼到了如此的窘境:我们不仅必须放眼海外去认识世界,还必须放眼海外来重新认识中国;不仅必须向国内读者迻译海外的西学,还必须向他们系统地介绍海外的中学。

这个系列不可避免地会加深我们150年以来一直怀有的危机感和失落感,因为单是它的学术水准也足以提醒我们,中国文明在现时代所面对的绝不再是某个粗蛮不文的、很快就将被自己同化的、马背上的战胜者,而是一个高度发展了的、必将对自己的根本价值取向大大触动的文明。可正因为这样,借别人的眼光去获得自知之明,又正是摆在我们面前的紧迫历史使命,因为只要不跳出自家的文化圈子去透过强烈的反差反观自身,中华文明就找不到进入其现代形态的入口。

  当然,既是本着这样的目的,我们就不能只从各家学说中筛选那些我们可以或者乐于接受的东西,否则我们的"筛子"本身就可能使读者失去选择、挑剔和批判的广阔天地。我们的译介毕竟还只是初步的尝试,而我们所努力去做的,毕竟也只是和读者一起去反复思索这些奉献给大家的东西。

              刘　东

目　录

序 / 1

序论　从海洋史的角度看前近代东亚海域间的交流 / 1
　一、前言 / 1
　二、东亚海洋史的研究成果 / 2
　三、从东亚海洋史的角度研究海洋史史料的可能性 / 5
　四、结语 / 29

第一编　明代的海外交流 / 31

第一章　郑和下西洋的随员 / 33
　一、前言 / 33
　二、中国第一历史档案馆收藏的《武职选簿》/ 34
　三、天启《海盐县图经》中的郑和下西洋史料 / 39
　四、结语 / 41

第二章　明代的海外各国通事 / 42
　一、前言 / 42
　二、明代的译官 / 43

三、明代的海外各国通事 / 46
四、结语 / 54

第三章　嘉靖十三年的朝鲜使者在北京所遇到的琉球使者 / 56
　　一、前言 / 56
　　二、嘉靖十三年入京的朝鲜使者日记中所见的琉球使者 / 57
　　三、嘉靖十三年入京的琉球使者 / 63
　　四、结语 / 77

第四章　万历四十五年暹罗国遣明使——明代朝贡形态述论 / 78
　　一、前言 / 78
　　二、明代暹罗国的朝贡 / 79
　　三、万历四十五年暹罗国遣明使 / 86
　　四、结语 / 92

第二编　明末清初的海外交流 / 93

第一章　明末袁崇焕与朝鲜使者 / 95
　　一、前言 / 95
　　二、朝鲜朝贡路线的变化 / 96
　　三、袁崇焕与朝鲜使者 / 101
　　四、结语 / 104

第二章　天启年间毛文龙占据海岛及其经济基础 / 105
　　一、前言 / 105
　　二、毛文龙占据椵岛 / 106
　　三、毛文龙和椵岛（平岛、皮岛） / 111
　　四、结语 / 120

第三章　明末清初中国商船带到日本的海外政治情报 / 121

第四章　满文档案和清代日中贸易 / 132
　　一、前言 / 132
　　二、顺治九年都统葛达浑的奏折 / 133
　　三、道光七年浙江巡抚刘彬士的奏折 / 139
　　四、结语 / 142

第三编　清代东亚各国的相互认识 / 143

第一章　日本江户时代的清人画像资料 / 145
　　一、前言 / 145
　　二、书籍和长崎版画中所见清人画像 / 146
　　三、江户时代漂着唐船的清人画像资料 / 153
　　四、结语 / 158

第二章　清代琉球使者所见到的北京 / 160
　　一、前言 / 160
　　二、《琉客谈记》的成书时代 / 161
　　三、琉球进贡使前往北京途中的情况 / 162
　　四、琉球使者所见到的北京 / 163
　　五、结语 / 164

第三章　清代沿海商船船员所见到的日本——以中国沿海帆船的
　　　　漂流记录为中心 / 165
　　一、前言 / 165
　　二、文政五年漂流到萨摩的中国商船 / 166
　　三、漂流到日本的江南沿海商船源泰号 / 168
　　四、江南商船源泰号船员所见到的日本 / 170
　　五、结语 / 172

第四章　朝鲜使者获取的台湾、琉球情报 / 173
　一、前言 / 173
　二、康熙二十年的朝鲜使者和琉球使者 / 174
　三、朝鲜使者获取的台湾、琉球情报 / 177
　四、结语 / 187

第四编　清代中国情报之传播海外 / 189

第一章　康熙年间武昌兵变在日本的传闻 / 191
　一、前言 / 191
　二、传递武昌兵变消息的中国商船 / 192
　三、武昌兵变的传闻内容 / 194
　四、结语 / 196

第二章　乾隆年间山东王伦起义在日本的传闻 / 198
　一、前言 / 198
　二、安永五年来舶风说记 / 199
　三、乾隆三十九年山东王伦起义 / 202
　四、结语 / 206

第三章　道光十一年湖南赵金龙叛乱在日本的传闻 / 207
　一、前言 / 207
　二、天保三年的"通事留书" / 208
　三、道光十二年湖南赵金龙之乱 / 209
　四、结语 / 211

第四章　《遐迩贯珍》中所见的近代东亚世界 / 213
　一、前言 / 213
　二、《遐迩贯珍》中"近日杂报"所见的近代东亚世界之新闻 / 217
　三、《遐迩贯珍》中所描述的近代东亚世界 / 235

四、结语 / 279

第五编　清代海外华人与华商 / 281

第一章　清代前期的海外移民 / 283
　　一、前言 / 283
　　二、漂洋过海的华人们 / 285
　　三、漂洋过海往新天地迈进——清代帆船与海外移民 / 289
　　四、结语 / 301

第二章　来日清人与日中文化交流 / 303
　　一、前言 / 303
　　二、江户时代赴长崎的儒士、医师与画工 / 304
　　三、来日清人与日中文化交流 / 307
　　四、结语 / 316

第三章　清末民初福建的海外移民 / 318
　　一、前言 / 318
　　二、福建相关的领事报告 / 320
　　三、福建省海外移民的状况 / 323
　　四、结语 / 338

第四章　辛亥革命与神户华商 / 339
　　一、前言 / 339
　　二、清末中国人的来日日记中所见之神户华商 / 341
　　三、辛亥革命新闻与神户华商 / 347
　　四、结语 / 364

后记 / 365

序

在东亚世界里,有着一片广阔的海域,这些名为渤海、黄海、东海、台湾海峡的海域,将东亚各国悬隔开来。在古代,这些国家之间主要依靠船舶相互往来。倘若没有航行海上的船舶,这些地域、国家之间的接触就无法实现。船舶是海洋地域和国家间接触以及交流所不可或缺的一个重要因素。

众所周知,从14世纪到20世纪初叶这段漫长的历史时期里,被用于远洋航行的船舶主要是帆船。但是,各个国家因为造船技术、航海技术和海洋政策各不相同,彼此在航海上的情况也千差万别。在当时的东亚海域世界里,中国的帆船在造船和航海技术上最为先进,海洋政策相对宽松,完全掌握了东亚世界的制海权,主导了当时的海上交通,在东亚世界的航海活动上独占鳌头。也正因为如此,本书在各个篇章中所涉及到的文化交流,多是以中国帆船作为媒介的文化交流。

以东亚海域世界为研究对象的海外交流研究,中华帝国及其周边国家的朝贡问题无疑是一个不可忽略的重要课题。但是,本书有意撇开这个中心话题,从众多的史料出发,着重研究与明清时代的朝贡问题并不直接相关的东亚海域世界里的其他交流问题,试图探明以中国为中心的东亚各国直接的文化交流样态。

不过,本书还是有一部分章节涉及到了以中华帝国为中心的朝贡问题。尤其是第一编和第二编中的若干章节,就包含了较多与朝贡问题有关的研究课题。

接下来,谨胪举各编各章的特征以为序言。

第一编"明代的海外交流"是以明代的海外交流为中心展开课题的,并在议论中触及到了不少海外各国对中华帝国的朝贡体制的问题。关于永乐年间的"郑和下西洋",先行研究成果可谓不胜枚举,但是鲜有以郑和的随从为对象的研究,这些人数众多的随从人员,姓名、事迹大多湮没不闻。本编第一章"郑和下西洋的随员",以北京中国第一历史档案馆所收藏的"武卫选簿"为基本史料,弄清楚了部分跟随郑和下西洋的随员的历史事迹。本文除了还原郑和下西洋随员们的历史形象之外,还特意强调了"武卫选簿"在中外关系史研究上的重要价值。第二章"明代的海外各国通事",考证了站在国际交涉最前沿、来中华帝国朝贡的使节团中的通事们的事迹。第三章"嘉靖十三年的朝鲜使者在北京所遇到的琉球使者"以嘉靖十三年朝鲜使者和琉球使者在北京的相遇为例,论述了嘉靖年间同为明朝朝贡国的朝鲜和琉球在交流上的实况。第四章"万历四十五年暹罗国遣明使——明代朝贡形态述论",以万历四十五年的暹罗遣明使为例,论述了明代的朝贡形态,并提出若干新的看法。

第二编"明末清初的海外交流"探讨了明末清初的中国和海外各国的交流情况。第一章"明末袁崇焕与朝鲜使者",对明代末年镇守宁远州(今辽宁兴城)阻挡满清政权南侵的袁崇焕与朝贡明朝的朝鲜使者发生的若干问题作了研究。第二章"天启年间毛文龙占据海岛及其经济基础",以占据黄海东北海域、临近朝鲜半岛的皮岛的毛文龙为研究对象,叙述了他玩弄明朝和后金两个政权于股掌之中,以及试图建立独立政权的历史旧案。第三章"明末清初中国商船带到日本的海外政治情报",就中国帆船通过海上航行促成中日两国的情报交流,间接地向朝鲜传播海外情报的问题作了论述。在接下来的第四章"满文档案和清代日中贸易"中,笔者利用满文档案,对清初中国和日本的贸易问题作了发掘。

第三编"清代东亚各国的相互认识"探讨了清代东亚各国之间的相互认识问题。第一章"日本江户时代的清人画像资料",发掘了不少在中国极为少见、但是日本江户时代的文献里却屡见身影的清代庶民形象。第二章"清代琉球使者所见到的北京",对德川幕府向来到江户的琉球使者获取琉球遣使入清的详情以及清朝国情等诸多情报的情况作了考察。第三章"清代沿海商船船员所见到的日本——以中国沿海帆船的漂流记录为中心",从中国方面的中国沿海帆船记录出发,指出了当时清朝的普通民众对日本的认知情况。第四章"朝鲜使者获取的台湾、琉球情报",主要从朝鲜史料出发,探讨了康熙年间相遇于北京的朝鲜使者和琉球使者如何搜集彼此情报这一课题。

第四编"清代中国情报之传播海外",就清代中国情报如何传到海外各国的这一课题作了探讨。第一章"康熙年间武昌兵变在日本的传闻",讲述了"三藩之乱"结束之后,在湖北武昌所爆发的叛乱消息几乎在同一时期传达到日本。这些情报之中,在清朝被当作"野史"的消息也同样地被传到了日本。笔者特意指出,"野史"并非完全不可信用,它作为正规史料被纳入研究具备一定的可能性。第二章"乾隆年间山东王伦起义在日本的传闻",叙述了乾隆年间爆发于山东的王伦起义传入日本的经纬。第三章"道光十一年湖南赵金龙叛乱在日本的传闻",利用"唐船风说书"资料,对道光十一年湖南赵金龙叛乱消息传入日本的情况作了考述。第四章"《遐迩贯珍》中所见的近代东亚世界",利用1853—1856年三年间在香港发行的汉语月刊杂志《遐迩贯珍》中所刊登的同时代东亚世界里的报纸,究明了《遐迩贯珍》关于东亚世界的描述。另外,通过考察《遐迩贯珍》的内容,还探讨了中国太平天国起义的相关情报传到日本的问题。

第五编"清代海外华人与华商",研究了清代向海外发展的华人和华商的问题。第一章"清代前期的海外移民",对清代前期移民海外的华人如何搭乘帆船漂洋过海的情况作了考察。第二章"来日清商与日中文化交流",着重考察了在清代赴长崎贸易的中国商人在日中文化交流上所起到的重要作用。第三章"清末民初福建的海外移民"紧跟上两章,通过整理日本领事报告继续关注清末移民海外的华商的情况。第四章"辛亥革命与神户华商"以在神户发行的日本报纸为基本史料,考察了辛亥革命爆发之际旅居神户的中国商人对本国政治形势的看法和响应。

综上,本书以明清时代的中国为中心,在诸多方面对东亚海域的文化交流作了考察、论述。在东亚海域世界里,因为渤海、黄海、东海、台湾海峡等诸多海域的存在,使得这个地域的相互交流无法离开帆船。这种以跨越海洋为必备条件的文化交流,形式多样,内容丰富,是东亚航海史上的一笔重要财富。

谨请学界同仁批评指正。

关西大学东西学术研究所　所长
亚洲文化交流研究中心　主任
关西大学文学部　教授
松浦章
(日本学术振兴会郑洁西译)

序论　从海洋史的角度看前近代东亚海域间的交流

一、前　言

围绕日本列岛、朝鲜半岛、中国大陆、台湾、西南诸岛的海洋，有渤海、黄海、朝鲜海峡（韩国称作南海）、东中国海（中国称作东海）。自古以来，这些海域阻挡了各个地域的相互交流，另一方面，濒临上述海域的人们也利用船舶往来交通。

构成此交流的中心，是人，是船，是物。就人而言，于公来看，分别是所在国派往对方国的使节、随行人员和留学僧侣等；于私来看，还有梦想着一攫千金的商人。

就船舶而言，人们一直在追寻能够自由地航行于各个海域、快速抵达目的地的坚固船只。在世界各地，人们自古以来就使用着航行海洋的帆船，例如，波斯湾的三角帆船，斯里兰卡、埃及和南新几内亚的各式帆船，乃至中国大陆沿海被称作"戎克"的帆船，它们被用于人员的迁移和物资的流动。

物资被人们利用这些船只运往对象国。其中，包含着纤维、金属、陶器乃至书籍等贸易国需求的物资，它们因时代而异。

下面拟从海洋史的角度考察前近代东亚海域间的相互交流。

二、东亚海洋史的研究成果

关于濒海东亚海域众多国家历史的研究成果,迄今已经达到相当庞大的数量,然而,有关这一海域海洋史的研究成果并不多。

其中,有一位力图从海洋史的角度去构建历史叙述的先贤,他就是藤田元春。藤田的成果中有《上代日中交通史的研究》①和《日中交通史研究 中、近世篇》②。藤田在《上代日中交通史的研究》第八章《东亚航路的发展》中,考察了中国大陆、朝鲜半岛和日本之间的航海情况,而在《日中交通史研究 中、近世篇》中则利用明代地理书尝试复原东亚海域的航线。

青山公亮试图探明帆船时代日本和朝鲜半岛之间因海上交通而带来的交流。③

佐久间重男分析明代中国与琉球之间的海上交通航路。④

上述先贤的成果力图根据史籍探明海上航线,因此,堪称东亚海洋史研究的先驱性成果。

如同以上先贤研究所指出的,东亚世界自古以来就利用船舶作为海上交通的主要手段,我们可以从中国的正史来看其具体事例。

《史记》卷一一八《淮南衡山列传第五十八》记载:

> 使徐福入海求神异物,还为伪词曰:"臣见海中大神,言曰:'汝西皇之使邪?'臣答曰:'然。''汝何求?'曰:'愿请延年益寿药。'神曰:'汝秦王之礼薄,得观而不得取。'即从臣东南至蓬莱山,见芝成宫阙,有使者铜色而龙形,光上照天。于是臣再拜问

---

① 藤田元春:《上代日中交通史的研究》,刀江书院,1943年9月。
② 藤田元春:《日中交通史研究 中、近世篇》,富山房,1938年4月。
③ 青山公亮:《帆船时代日朝关系的基本面貌》,《骏台史学》第3号,1953年3月。
④ 佐久间重男:《明代的琉球与中国的关系——以贸易航路为中心》,《明代史研究》第3号,1975年12月。

曰:'宜何资以献?'海神曰:'以令名男子若振女与百工之事,即得之矣。'"秦皇帝大说,遣振男女三千人,资之五谷种种百工而行。

这里记载了秦始皇派遣徐福到海外求神异物的故事。如果这是事实,那就可以视为徐福搭乘船舶渡航海外的古记载之一。

《三国志·魏书》卷三〇《东夷·韩》记载:

> 侯准既僭号称王,为燕亡人卫满所攻夺,将其左右宫人走入海,居韩地,自号韩王。其后灭绝,今韩人犹有奉其祭祀者。汉时属乐浪郡,四时朝谒。

据称侯准渡海至朝鲜半岛之韩地,自称韩王,侯准死后,后世的韩民众依然仰慕他。然而,他使用何种船只却不得而知。但是,这段记载可以作为侯准出海开辟韩的新天地的证据。

《三国始·魏书》卷三〇《东夷·倭》记载:

> 倭人在带方东南大海之中,依山岛为国邑。旧百余国,汉时有朝见者,今使译所通三十国。从郡至倭,循海岸水行,历韩国,乍南乍东,到其北岸狗邪韩国,七千余里,始度一海,千余里至对马国。……又南渡一海千余里,名曰瀚海,至一大国,……又渡一海,千余里至末卢国,有四千余户。

带方郡东南海上有倭国,到那里去,须由带方郡乘船沿海岸航行,经过韩国到达狗邪韩国,再渡海到对马国。从对马国穿越被称作"瀚海"的大海,来到"一大国",再越海抵达末卢国。如以上记载所示,航海虽然艰难,但并不是做不到的。

相反,从倭国到中国也需要穿越海洋,《三国志·魏书》卷三〇《东夷·倭》记载:"其行来渡海诣中国,恒使一人",由此可知倭国使者也渡海来到中国。

根据以上记载,可以想象对于古人而言渡海也是非常艰难的。但是,他们绝不会因此畏惧海洋而放弃海上航行活动。

《旧唐书》本纪卷一九上《懿宗李漼》"咸通三年(862年)"条记载:

> 夏,淮南、河南蝗旱,民饥。南蛮陷交趾,征诸道兵赴岭南。诏湖南水运,自湘江入潇渠,江西造切麦粥馈行营。湘、漓溯运,功役艰难,军屯广州乏食。润州人陈磻石诣阙上书,言:"江西、湖南,溯流运粮,不济军师,士卒食尽则散,此宜深虑。臣有奇计,以馈南军。"天子召见,磻石因奏:"臣弟听思曾任雷州刺史,家人随海船至福建,往来大船一只,可致千石,自福建装船,不一月至广州。得船数十艘,便可致三万石至广州矣。"又引刘裕海路进军破卢循故事。执政是之,以磻石为盐铁巡官,往扬子院专督海运。

懿宗李漼咸通三年的夏天,河南发生蝗灾,又遭逢南蛮攻陷交趾,所以政府命令湖南利用水路运送税粮。但是,水运受阻,广州因此缺乏食物。此时,润州人陈磻石上奏称福建每条船可载1000石,从福建航海到广州,不到一月可达,如得数十艘船则可运送3万石。运送3万石,最少需要30条海船。唐代1石约等于72公斤,1000石约等于72吨,因此这条史料表明9世纪后半已有如此吨位的海船存在。

《元史》卷二〇五《奸臣·卢世荣传》记载,至元二十二年(1285),起用被视为奸臣的财政专家卢世荣来治理元朝的财政膨胀问题,其方策之一,见于如下上奏文中:

> 又奏:"于泉、杭二州立市舶都转运司,造船给本,令人商贩,官有其利七,商有其三。禁私泛海者,拘其先所蓄宝货,官买之;匿者,许告,没其财,半给告者。今国家虽有常平仓,实无所畜。臣将不费一钱,但尽禁权势所擅产铁之所,官立炉鼓铸为器鬻之,以所得利合常平盐课,籴粟积于仓,待贵时粜之,必能使物价恒贱,而获厚利。……"

卢世荣想在泉州和杭州设立市舶都转运司,促进海外贸易。其时,商人若想造船,即给"本",也就是给予许可证,推动商人的海外贸易,所得之利,政府得70%,商人得30%,并禁止私人的海外贸易,以充实国库。

此后,元朝设置了市舶司,允许民众进行海外贸易。《元史》卷九一《百官·市舶提举司》记载:

> 市舶提举司。至元二十三年,立盐课市舶提举司,隶广东宣慰司。三十年,立海南博易提举司。至大四年罢之,禁下番船只。延祐元年,弛其禁,改立泉州、广东、庆元三市舶提举司。

至元三十年(1293),设置了海南博易提举司,但于至大四年(1311)废止。然而,到了延祐元年(1314),弛民间海外贸易之禁,在泉州、广东和庆元(今浙江宁波)设立了市舶司。这些也都是有关海洋史的重要史料。

以上乃是将正史中与海洋相关的各人事迹抽取出来,显而易见,正史里也保存着大量有关航海情况的记载。

三、从东亚海洋史的角度研究海洋史史料的可能性

站在海洋史的立场上,如何看待史料中经常与海洋相关的人物呢?以下试列举一些9—20世纪的具体事例。

847年(日本承和十四年)以后的250年间,航行至日本的中国海商,具有姓名的有以下人员:

表1　9—11世纪航行至日本的中国商人表

公元	日本年号	月	中国商人	姓名	备考
847	承和14年			张支信	
849	嘉祥二年	8	唐商		53人
852	仁寿二年	闰8	唐商	钦良军	

续 表

公元	日本年号	月	中国商人	姓名	备 考
858	天安二年	6	唐商	李延孝	鸿胪馆
862	贞观四年	7	唐商	李延孝	43人,鸿胪馆
862	贞观四年	9	唐商	张支信	
863	贞观五年	4	唐商	张支信	
863	贞观五年		唐商	詹景全	
864	贞观六年		唐商	詹景全	
865	贞观七年	7	唐商	李延孝	63人
865	贞观七年		唐商	詹景全	
866	贞观八年	9	唐商	张言	41人,王仲元
874	贞观十六年	6	唐商	崔及	36人
876	贞观十八年	7	唐商	杨清	31人
877	元庆元年	7	唐商	崔铎	63人
881	元庆五年		唐商	张蒙	
883	元庆七年		唐商	柏志贞	
885	仁和元年		唐商		
891	宽平三年		唐商	陈泰信	
893	宽平五年		唐商	王纳	
893	宽平五年		唐商	周汾	60人
919	延喜十九年		大陆商人	鲍置求	
935	承平五年		吴越商人	蒋承勋	
936	承平六年		吴越商人	蒋承勋	
936	承平六年		吴越商人	季盈张	
938	天庆元年		吴越商人	蒋承勋	
945	天庆八年		吴越商人	蒋衮	
945	天庆八年		吴越商人	俞仁秀	

续表

公元	日本年号	月	中国商人	姓名	备考
945	天庆八年		吴越商人	张支遇	
947	天历元年		吴越商人	蒋衮	
953	天历七年		吴越商客	蒋承勋	
978	天元元年		宋商客		
979	天元二年		宋商		
982	天元五月	3	宋商		
983	永观元年	8	吴越商人	陈仁爽	
983	永观元年	8	吴越商人	徐仁满	
986	宽和二年	1	宋商	周文德	
986	宽和二年	7	宋商	郑仁德	
987	永延元年	10	宋商	朱仁德	
988	永延二年	2	宋商	郑仁德	
988	永延二年		宋商	朱仁聪	
990	正历元年		宋商	周文德	
990	正历元年		宋商	杨仁绍	
992	正历三年	3	宋商	杨仁绍	
994	正历五年	9	宋商	朱仁聪	
994	正历五年	9	宋商	林庭干	
994	长德元年	9	宋商	朱仁聪	70余人
994	长德元年	9	宋商	林庭干	
996	长德二年	闰7	宋商		
996	长德二年	11	宋商	朱仁聪	
997	长德三年	6	宋商		
997	长德三年	11	宋商	朱仁聪	
998	长德四年		宋商	曾令文	
999	长保元年			曾令文	

续　表

公元	日本年号	月	中国商人	姓名	备考
999	长保元年			朱仁聪	
1000	长保二年	7	宋商	曾令文	
1000	长保二年	8	宋商	朱仁聪	
1002	长保四年		宋海贾	周世昌	
1003	长保五年	7	宋商		
1005	宽弘二年	8	宋商	曾令文	
1005	宽弘二年	8	宋商		
1006	宽弘三年	10	宋商	曾令文	五臣注《文选》文集
1013	长和二年	2	宋商		
1015	长和四年	闰6	宋商	周文裔	
1020	宽仁四年	9	宋商客		
1026	万寿三年	6	宋商	周良史	生母日本人
1026	万寿三年	7	宋商客	周义甯	台州商客
1026	万寿三年		宋商客	陈文裕	福州商客
1026	万寿三年	10	宋商	周良史	
1027	万寿四年	8	宋商	承辅二郎	
1027	万寿四年	秋	宋商	陈文裕	
1028	长元元年	8	宋商客	周良	汝南郡商客
1028	长元元年	9	宋商	周文裔	
1028	长元元年	11	宋商		
1028	长元元年	12	宋商	周文裔	
1029	长元二年	3	宋商	周文裔	
1034	长元七年	1	宋商	周良史	
1037	长历元年	5	宋商	慕晏诚	
1038	长历二年	10	宋商	慕晏诚	
1040	长久元年	4	宋商	慕晏诚	

续　表

公元	日本年号	月	中国商人	姓名	备　考
1044	宽德元年	7	宋商	张守隆	
1045	宽德二年	8	宋商	张守隆	
1047	永承二年	11	宋商		
1048	永承三年	8	宋商		
1050	永承五年	9	宋人	张守隆	
1051	永承六年	7	宋商		漂着
1060	康平三年	8	宋商	林养	
1060	康平三年	8	宋商	俊政	
1065	治历元年		宋商	陈咏	
1066	治历二年	5	宋商	王满	
1068	治历四年		宋商客	潘怀清	福州商客
1068	治历四年	10	宋商	孙吉	
1068	治历四年	10	宋商	怀清	
1068	治历四年	10	宋商	王宗	
1069	延久元年		宋商	潘怀清	
1070	延久二年		宋商	潘怀清	佛像献上
1072	延久四年	3	宋商	曾聚	成寻入宋
1072	延久四年	3	宋商	吴铸	
1072	延久四年	3	宋商	郑庆	
1072	延久四年	10	宋商	曾聚	
1073	延久五年	10	宋商	孙忠	
1077	承历元年	2	宋商		
1077	承历元年	10	宋商		
1078	承历二年		宋商	孙忠	牒状
1080	承历四年	闰8	宋商	孙忠	明州牒状
1080	承历四年	9	宋商	黄逢	

续 表

公元	日本年号	月	中国商人	姓名	备考
1080	承历四年	10	宋商		
1080	承历四年	9	宋商	刘胜参	
1081	永保元年		宋商	刘昆	
1082	永保二年	8	宋商	杨有	
1082	永保二年	8	宋商	孙忠	
1082	永保二年	9	宋商	刘昆	
1085	应德二年	7	宋商		
1085	应德二年	10	宋商	孙忠	
1085	应德二年	10	宋商	林皋	
1091	宽治五年	7	宋商	尧忠	
1091	宽治五年	8	宋商	季居简	
1092	宽治六年	6	宋商	隆昆	途经契丹
1093	宽治七年	4	宋商客	林通	福州商客
1102	康和四年		宋商客	李充	泉州商客
1104	长治元年		宋商客	李充	泉州商客
1105	长治二年	8	宋商客	李充	泉州商客
1110	天永元年	4	宋商	李先	
1118	元永元年	2	宋商	陈次明	
1127	大治二年	12	宋商		
1128	大治三年	8	宋商	曾周意	
1133	长承二年	8	宋商	周新	
1148	久安四年		宋商		
1150	久安六年		宋商	刘文仲	
1151	仁平元年	9	宋商	刘文仲	

续　表

公元	日本年号	月	中国商人	姓名	备　考
1169	嘉应元年		宋纲首		《文献通考》
1179	治承三年	2			新人,《太平御览》
1180	治承四年	10	宋商船		摄津轮田泊入港
1191	建久二年		宋纲首	杨三钢	荣西回国
1218	建保六年		宋纲首	张光安	
1254	建长六年	4			定唐船数五艘

出处：森克己《日、宋、丽交通贸易年表》，收入《新订日宋贸易研究》，《森克己著作选集》第1卷，国书刊行会，1975年8月，第528—564页。

上表是9世纪中叶至13世纪中叶确知来到日本的中国商人一览表。日本方面对他们的处置情况如下所示：

延喜　三年(903)　　设置唐物使、公易唐物使

延喜　九年(909)　　太宰府府吏直接检进唐物。置唐商人入宿太宰府鸿胪馆。

万寿　三年(1026)　宋商周良史向关白藤原赖通进呈名簿，因生母为日本人，故希望获得爵位。结果被赠予沙金30两。

建长　六年(1254)　四月，幕府规定唐船数为五艘。①

894年决定废止遣唐使之后，到中国求法的僧侣几乎都搭乘来到日本的中国商船前往中国。例如，成寻在《参天台五台山记》卷一的开篇中写道：

> 延久四年三月十五日乙未寅时，于肥前国松浦郡壁岛乘唐人船。

延久四年(1072)三月十五日，他在肥前国松浦郡壁岛搭乘中国船只前

---

① 长沼贤海：《日本的海盗》之八"宋商客与国际混血儿"，至文堂，1955年，第55—62页。

往宋朝,当时该船的船员为:

> 一、船头曾聚,字三郎,南雄州人;二、船头吴铸,字十郎,福州人;三、船头郑庆,字三郎,泉州人。三人同心令乘船也。①

这些人回国时,成寻搭乘他们的船来到宋朝。他到达明州时,有位叫陈一郎的人欢迎他:

> (延久二年)四月十九日,……陈一郎来向,五度渡日本人也。②

陈一郎是曾经五次到过日本的宋人。像陈一郎这样的宋人为了实现自己的梦想而挑战以性命相搏的航海。

从11世纪前叶到13世纪初,活跃于广阔海面上的人群中有宋代的海商,而证明这些宋代海商具体活动情况的史料,则有《高丽史》。在朝鲜半岛的高丽时代,有许多宋代的中国商人渡海前来。《高丽史》以"宋商"、"宋都纲"名义频频记录下宋人的姓名,可以确认他们都是基于地理条件而利用海船前来高丽的。

《高丽史》的记载中,宋代中国商人的头衔为"都纲"、"纲首",对此,研究宋代运输船经营结构的斯波义信氏的解释。斯博士就"都纲"说道:在《高丽史》频繁出现来自宋朝的商船代表人"都纲某某"的名字③,他把"都纲"解释为船舶的代表人;关于"纲首",他认为"纲首"为"组头",乃统率伙伴之义。④

佐伯富氏在《雅俗汉语译解》中解说道:"纲主,即货主。货物云纲,乃绳索系结之货物也。"⑤兹参考先贤的解释,列出《高丽史》中所见之"宋都纲"、"宋纲首"如下表:

---

①② 《大日本佛教全书》115,《游方传丛书三》,第1、6页。
③④ 斯波义信:《宋代商业史研究》,风间书房,1968年2月,第106页。
⑤ 佐伯富:《雅俗汉语译解》,同朋社,1976年2月,第85页。

表2 《高丽史》所见宋商、宋都纲、宋纲首一览表

公元	高丽国王年	月日	宋	地名	商/都纲	人名	人数	备考
1034	靖宗即位年	12.14	宋		商客			
1036	靖宗二年	7.05	宋		商	陈谅	67	
1036	靖宗二年	11.15	宋		商			
1037	靖宗三年	8.16	宋		商	朱如玉	20	
1037	靖宗三年	8.18	宋		商	林赟		
1038	靖宗四年	8.24	宋	明州	商	陈维绩	147	
1039	靖宗五年	8.01	宋		商	惟绩	50	
1041	靖宗七年	11.13	宋		商	王诺		
1045	靖宗十一年	5.11	宋	泉州	商	林禧		
1047	文宗元年	9.06	宋		商	林机		
1049	文宗三年	8.09	宋	台州	商	徐赞	71	
1049	文宗三年	8.21	宋	泉州	商	王易从	62	
1052	文宗六年	8.13	宋		商	林兴	35	
1052	文宗六年	9.01	宋		商	赵受	26	
1052	文宗六年	9.11	宋		商	萧宗明	40	
1054	文宗八年	7.09	宋		商	赵受	69	
1054	文宗八年	9.11	宋		商	黄助	48	
1055	文宗九年	2.21	宋		商	叶德龙	87	
1055	文宗九年	2.21	宋		商	黄丞	105	
1055	文宗九年	2.21	宋		商	黄助	48	
1055	文宗九年	9.16	宋		都纲	黄忻		
1056	文宗十年	11.03	宋		商	黄丞	29	
1057	文宗十一年	8.03	宋		商	叶德龙	25	
1057	文宗十一年	8.11	宋		商	郭满	33	
1058	文宗十二年	8.07	宋		商	黄文景		
1059	文宗十三年	4.12	宋		商	萧宗明		
1059	文宗十三年	8.06	宋	泉州	商	黄文景		

续 表

1059	文宗十三年	8.06	宋	泉州	商	萧宗明		
1059	文宗十三年	8.23	宋		商	傅男		
1060	文宗十四年	7.19	宋		商	黄助	36	
1060	文宗十四年	8.07	宋		商	徐意	39	
1060	文宗十四年	8.19	宋		商	黄元载	49	
1061	文宗十五年	8.26	宋		商	郭满		
1061	文宗十五年	8.26	宋		商	萧宗明		权知阁门祗候
1063	文宗十七年	9.04	宋		商	郭满		
1063	文宗十七年	10.03	宋		商	林宁		
1063	文宗十七年	10.03	宋		商	黄文景		
1064	文宗十八年	7.23	宋		商	陈巩		
1064	文宗十八年	8.01	宋		商	林宁		
1065	文宗十九年	9.26	宋		商	郭满		
1068	文宗二十二年	7.11	宋		商	林宁		
1069	文宗二十三年	6.07	宋		商	杨从盛		
1069	文宗二十三年	7.13	宋		商	王宁		
1071	文宗二十五年	8.25	宋		商	郭满	33	
1071	文宗二十五年	9.04	宋		商	元积	36	
1071	文宗二十五年	9.16	宋		商	王华	30	
1071	文宗二十五年	10.04	宋		商	许满	61	
1075	文宗二十九年	5.25	宋		商	王舜满	39	
1075	文宗二十九年	6.26	宋		商	林宁	35	
1077	文宗三十一年	7.01	宋		商	林庆	28	
1077	文宗三十一年	9.04	宋		商	杨从盛	49	
1079	文宗三十三年	8.22	宋		商	林庆	29	
1081	文宗三十五年	2.17	宋		商	林庆	30	
1081	文宗三十五年	8.14	宋		商	李元绩	68	
1082	文宗三十六年	8.26	宋		商	陈仪	26	

续　表

1087	宣宗四年	3.22	宋		商	徐晋	20	新注华严经板
1087	宣宗四年	4.05	宋		商	傅高	20	
1089	宣宗六年	10.03	宋		商	杨注	40	
1089	宣宗六年	10.13	宋		商	徐成	59	
1089	宣宗六年	10.22	宋		商	李珠	127	
1089	宣宗六年	10.22	宋		商	杨甫		
1089	宣宗六年	10.22	宋		商	杨俊		
1090	宣宗七年	3.04	宋		商	徐成	150	
1094	献宗即位年	6.19	宋		都纲	徐祐	69	
1094	献宗即位年	7.28	宋		都纲	徐义	28	
1094	献宗即位年	8.05	宋		都纲	欧保刘	64	
1094	献宗即位年	8.05	宋		都纲	杨保		
1095	献宗元年	2.25	宋		商	黄冲	31	慈恩宗僧惠珍
1095	献宗元年	8.11	宋		商	陈义	62	
1095	献宗元年	8.11	宋		商	黄宜		
1096	肃宗元年	10.22	宋		商	洪辅	30	
1097	肃宗二年	6.06	宋		商	慎奐	36	
1098	肃宗三年	11.06	宋		商	洪保	20	
1100	肃宗五年	9.25	宋		都纲	李琦	30	
1100	肃宗五年	11.16	宋		商			
1101	肃宗六年	11.14	宋		商			
1102	肃宗七年	6.14	宋		商	黄朱	52	
1102	肃宗七年	闰6.01	宋		商	徐修	3	
1102	肃宗七年	闰6.23	宋		商	朱保	40余	
1102	肃宗七年	9.21	宋		商	林白徇	20	
1103	肃宗八年	2.21	宋		纲首	杨招	30	
1104	肃宗九年	8.16	宋		都纲	周颂		
1110	睿宗五年	6.07	宋		商	李荣	38	

续　表

1110	睿宗五年	7.02	宋		商	池贵	42	
1113	睿宗八年	5.09	宋		都纲	陈守		
1116	睿宗十一年	4.24	宋		都纲	杨明		
1120	睿宗十五年	6.16	宋		商	林清		花木
1124	仁宗二年	5.24	宋		商	柳诚	49	
1128	仁宗六年	3.03	宋		纲首	蔡世章		高宗即位诏
1131	仁宗九年	4.23	宋		都纲	卓荣		来奏
1138	仁宗十六年	3.15	宋		商	吴迪	63	明州牒（徽宗崩御）
1147	毅宗元年	5.08	宋		都纲	黄鹏	84	
1147	毅宗元年	5.08	宋		都纲	陈诚		
1148	毅宗二年	8月	宋		都纲	郭英	330	
1148	毅宗二年	8月	宋		都纲	莊华		
1148	毅宗二年	8月	宋		都纲	黄世英		
1148	毅宗二年	8月	宋		都纲	陈诚		
1148	毅宗二年	8月	宋		都纲	林大有		
1148	毅宗二年	10.13	宋		商	彭寅		
1148	毅宗二年	10.13	宋		都纲	林大有		
1148	毅宗二年	12.02	宋		商	谭宝	14	
1149	毅宗三年	7.27	宋		都纲	丘迪	105	
1149	毅宗三年	7.27	宋		都纲	徐德荣		
1149	毅宗三年	8.01	宋		都纲	寥悌	64	
1149	毅宗三年	8.08	宋		都纲	林大有	71	
1149	毅宗三年	8.08	宋		都纲	黄辜		
1149	毅宗三年	8.11	宋		都纲	陈诚	87	
1151	毅宗五年	7.08	宋		都纲	丘通	41	
1151	毅宗五年	7.27	宋		都纲	丘迪	35	

续　表

1151	毅宗五年	7.27	宋		都纲	徐德荣	67	
1151	毅宗五年	8.05	宋		都纲	陈诚	97	
1151	毅宗五年	8.06	宋		都纲	林大有	99	
1152	毅宗六年	7.21	宋		都纲	许序	49	
1152	毅宗六年	7.23	宋		都纲	黄鹏	91	
1152	毅宗六年	8.07	宋		都纲	寥悌	77	
1157	毅宗十一年	7.25	宋		商			鹦鹉、孔雀、异花
1162	毅宗十六年	3.22	宋		都纲	侯林	43	明州牒（宋金战争）
1162	毅宗十六年	6.06	宋		都纲	登成	47	
1162	毅宗十六年	6.25	宋		都纲	徐德荣	89	
1162	毅宗十六年	6.25	宋		都纲	吴世全	142	
1162	毅宗十六年	7.25	宋		都纲	河富	43	
1163	毅宗十七年	7.16	宋		都纲	徐德荣		宋帝密旨、孔雀、沈香
1173	明宗三年	6.23	宋		都纲	徐德荣		
1175	明宗五年	8.01	宋		都纲	张鹏举		
1175	明宗五年	8.01	宋		都纲	谢敦礼		
1175	明宗五年	8.01	宋		都纲	吴秉直		
1175	明宗五年	8.01	宋		都纲	吴克忠		
1192	明宗二十二年	8.23	宋		商			《太平御览》
1205	熙宗元年	8月	宋		商			
1221	高宗八年	10.04	宋		商	郑文举	115	
1229	高宗十六年	2.26	宋		商·都纲	金仁羔	2	
1260	元宗元年	10.21	宋		商	陈文广		
1278	忠烈王四年	10.07	宋		商人	马晔		

出处：金渭显编著《高丽史中中韩关系史料汇编》上、下册，食货出版社，1983年3月。

如果表 2 所见"宋商"、"宋都纲"和"宋纲首"为宋代的海商,那么,可以知道在 245 年间有 135 次的宋商"来贡"。两年之内,就会有一次来航。而且他们不仅限于贸易,也将宋代的《大藏经》等书籍,以及宋朝的重要政治情报带给高丽。这些情况反映出被大海隔开的两个地域因为航行可以到达,故而在历史上留下了如此数量的记录。

上面是通过多年累积而留下来的数据,下面则可以认为是在短时间内留下众多记录的近世、近代海洋史的例子。

在清代,台湾的郑氏政权降清、清政府解除海禁令之迁海令之后,从中国大陆有许多中国商船来到日本长崎。其中,船只数量最多的年份是贞享五年(1687)和元禄元年(1688)。根据《华夷变态》的记载,可知此时来航船只在中国大陆的出港地。兹将它们制成如下一览表:

表 3　贞享五年、元禄元年(1688)年来到长崎的中国船一览表

公元	日本年号	编号	船名	出港地	乘员	备　考
1688	贞享 5	1				不明
1688	贞享 5	2	南京			《唐通事会所日录》一
1688	贞享 5	3	宁波	宁波	65	
1688	贞享 5	4	宁波	宁波	42	
1688	贞享 5	5	南京	上海	51	
1688	贞享 5	6	温州	温州	88	
1688	贞享 5	7	南京	上海	38	
1688	贞享 5	8	潮州	潮州	44	温州—潮州　砂糖
1688	贞享 5	10	南京	上海	45	
1688	贞享 5	11	南京	上海	64	
1688	贞享 5	12	福州	福州	25	
1688	贞享 5	13	福州	普陀山	35	
1688	贞享 5	14	福州	宁波	40	
1688	贞享 5	15	南京	上海	45	

续 表

公元	日本年号	编号	船名	出港地	乘员	备考
1688	贞享5	16	宁波	宁波	32	
1688	贞享5	17	广东	广南	95	
1688	贞享5	18	宁波	宁波	43	
1688	贞享5	19	宁波	宁波	46	
1688	贞享5	20	普陀山	普陀山	66	在福州借船
1688	贞享5	21	高州	高州	40	
1688	贞享5	22	泉州	泉州	44	
1688	贞享5	23	厦门	厦门	43	
1688	贞享5	24	高州	高州	43	
1688	贞享5	25	厦门	厦门	55	
1688	贞享5	26	福州	普陀山	38	
1688	贞享5	27	泉州	泉州	35	
1688	贞享5	28	福州	福州	37	
1688	贞享5	29	福州	福州	59	厦门—福州
1688	贞享5	30	南京	上海	58	
1688	贞享5	31	宁波	宁波	31	多宁波船
1688	贞享5	32	福州	福州	31	
1688	贞享5	33	广南	广南	59	
1688	贞享5	34	福州	福州	46	
1688	贞享5	35	高州	高州	61	多砂糖之类
1688	贞享5	36	普陀山	普陀山	63	
1688	贞享5	37	福州	福州	36	
1688	贞享5	38	宁波	普陀山	40	
1688	贞享5	39	福州	福州	56	
1688	贞享5	40	宁波	普陀山	27	
1688	贞享5	41	宁波	宁波	53	122号载返

续表

公元	日本年号	编号	船名	出港地	乘员	备考
1688	贞享5	42	福州	福州	54	
1688	贞享5	43	福州	长乐	36	
1688	贞享5	44	南京	上海	50	
1688	贞享5	45	海南	海口	32	厦门船—海南
1688	贞享5	46	福州	福州	38	
1688	贞享5	47	福州	普陀山	36	福州—普陀山
1688	贞享5	48	福州	福州	68	
1688	贞享5	49	福州	福州	63	
1688	贞享5	50	厦门	厦门	57	
1688	贞享5	51	福州	福州	62	
1688	贞享5	52	泉州	泉州	32	福州船—泉州
1688	贞享5	53	厦门	厦门	42	
1688	贞享5	54	厦门	厦门	29	船主为居住在厦门的浙江人
1688	贞享5	55	厦门	厦门	33	
1688	贞享5	56	泉州	泉州	31	
1688	贞享5	57	厦门	厦门	33	
1688	贞享5	58	厦门	厦门	35	船主为福州人
1688	贞享5	59	福州	福州	51	自闽江河口五虎门出航
1688	贞享5	60	宁波	宁波	50	
1688	贞享5	61	福州	福州	50	
1688	贞享5	62	厦门	厦门	55	
1688	贞享5	63	厦门	厦门	54	
1688	贞享5	64	宁波	普陀山	58	原福州船
1688	贞享5	65	福州	福州	62	原厦门船,船员均为厦门人
1688	贞享5	66	宁波	普陀山	50	
1688	贞享5	67	宁波	普陀山	36	

续 表

公元	日本年号	编号	船名	出港地	乘员	备考
1688	贞享5	68	宁波	宁波	53	
1688	贞享5	69	海南	海口	47	
1688	贞享5	70	宁波	普陀山	36	
1688	贞享5	71	厦门	厦门	53	
1688	贞享5	72	厦门	宁波	46	厦门—宁波
1688	贞享5	73	宁波	普陀山	34	在福州—宁波装货
1688	贞享5	74	南京	上海	33	
1688	贞享5	75	厦门	厦门	73	
1688	贞享5	76	厦门	厦门	38	
1688	贞享5	77	安海	安海	60	泉州、安海
1688	贞享5	78	福州	福州	36	
1688	贞享5	79	广东	广东	88	海上漂流至筑前
1688	贞享5	80	厦门	三盘	28	厦门—普陀山、三盘
1688	贞享5	81	厦门	普陀山	24	厦门—普陀山
1688	贞享5	82	广东	揭阳	37	广东揭阳—福州磁澳—天草
1688	贞享5	83	福州	福州	42	
1688	贞享5	84	泉州	揭阳	34	泉州—揭阳—甑岛
1688	贞享5	85	广东	广州	68	广州—萨摩、山川
1688	贞享5	86	南京	上海	51	
1688	贞享5	87	潮州	潮州	68	
1688	贞享5	88	广东	广东	61	中国人51人、日本人10人
1688	贞享5	89	南京	上海	47	
1688	贞享5	90	潮州	潮州	78	
1688	贞享5	91	南京	上海	27	小船
1688	贞享5	92	福州	长乐	46	
1688	贞享5	93	广东	潮州	39	

续 表

公元	日本年号	编号	船名	出港地	乘员	备 考
1688	贞享5	94	广东	南澳	58	潮州、南澳
1688	贞享5	95	潮州	潮州	40	
1688	贞享5	96	广东	南澳	70	潮州、南澳
1688	贞享5	97	咬留吧	咬留吧	45	爪哇国咬留吧
1688	贞享5	98	宁波	宁波	42	6/10—6/19
1688	贞享5	99	宁波	宁波	44	原福州船
1688	贞享5	100	福州	福州	34	福州—厦门 砂糖—福州
1688	贞享5	101	福州	福州	35	
1688	贞享5	102	福州	福州	38	
1688	贞享5	103	福州	福州	35	
1688	贞享5	104	福州	福州	43	
1688	贞享5	105	厦门	普陀山	36	厦门—普陀山
1688	贞享5	106	福州	福州	36	
1688	贞享5	107	厦门	厦门	51	
1688	贞享5	108	福州	宁波	33	
1688	贞享5	109	普陀山	普陀山	38	原福州船
1688	贞享5	110	宁波	普陀山	59	
1688	贞享5	111	厦门	厦门	36	在按针山受损,漂流到五岛
1688	贞享5	112	广东	南澳	51	原福州船,在南澳装载砂糖货物
1688	贞享5	113	福州	福州	44	
1688	贞享5	114	宁波	普陀山	36	原福州船,在宁波装载丝物
1688	贞享5	115	福州	福州	35	
1688	贞享5	116	福州	福州	31	
1688	贞享5	117	高州	高州	53	原宁波船,在高州装载砂糖
1688	贞享5	118	厦门	厦门	30	6/15—6/23
1688	贞享5	119	福州	福州	40	6/18—6/24

续表

公元	日本年号	编号	船名	出港地	乘员	备考
1688	贞享5	120	福州	福州	41	
1688	贞享5	121	福州	福州	57	
1688	贞享5	122	福州	福州	38	
1688	贞享5	123	南京	上海	60	日本新造船
1688	贞享5	124	宁波	普陀山	44	
1688	贞享5	125	福州	福州	39	
1688	贞享5	126	福州	福州	40	
1688	贞享5	127	宁波	普陀山	51	
1688	贞享5	128	福州	福州	43	
1688	贞享5	129	厦门	厦门	31	
1688	贞享5	130	福州	福州	87	
1688	贞享5	131	泉州	泉州	28	
1688	贞享5	132	广东	十二门	33	十二门—温州(舵损伤)
1688	贞享5	133	南京	上海	49	
1688	贞享5	134	台湾	台湾	35	
1688	贞享5	135	普陀山	普陀山	43	原福州船,在厦门装载砂糖,在普陀山装载丝织物
1688	贞享5	136	南京	上海	51	
1688	贞享5	137	福州	福州	49	
1688	贞享5	138	咬留吧	咬留吧	61	
1688	贞享5	139	普陀山	普陀山	41	船重 宁波与普陀山
1688	贞享5	140	广东	广东	37	
1688	贞享5	141	泉州	泉州	24	
1688	贞享5	142	潮州	潮州	47	
1688	贞享5	143	福州	福州	49	
1688	贞享5	144	麻六甲	广东	15	麻六甲—广东

续表

公元	日本年号	编号	船名	出港地	乘员	备考
1688	贞享5	145	宁波	宁波	66	
1688	贞享5	146	广东	广东	60	
1688	贞享5	147	广东	厦门	62	广东—厦门
1688	贞享5	148	厦门	厦门	46	
1688	贞享5	149	宁波	宁波	78	原大泥船,载返船
1688	贞享5	150	暹罗	暹罗	61	5/24—7/9
1688	贞享5	151	广东	广东	69	
1688	贞享5	152	暹罗	暹罗	103	内4人暹罗人
1688	贞享5	153	南京	上海	75	
1688	贞享5	154	南京	上海	37	
1688	贞享5	155	宁波	宁波	69	原福州船
1688	贞享5	156	广东	广东	25	海难船破,漂流至长门
1688	贞享5	157	福州	福州	48	
1688	贞享5	158	厦门	厦门	59	厦门—咬留吧—厦门
1688	贞享5	159	台湾	台湾	33	少量鹿皮、砂糖
1688	贞享5	160	漳州	漳州	42	
1688	贞享5	161	海南	台湾	32	海口—台湾 鹿皮砂糖
1688	贞享5	162	咬留吧	厦门	65	厦门进港,装载水、柴和蔬菜
1688	贞享5	163	咬留吧	咬留吧	38	
1688	贞享5	164	广东	广东	41	
1688	贞享5	165	台湾	台湾	61	
1688	贞享5	166	宁波	宁波	34	
1688	贞享5	167	沙埕	沙埕	55	
1688	贞享5	168	沙埕	沙埕	53	
1688	贞享5	169	南京	上海	58	
1688	贞享5	170	麻六甲	广东	25	麻六甲—广东—五岛漂流

续 表

公元	日本年号	编号	船名	出港地	乘员	备 考
1688	贞享5	171	南京	上海	67	
1688	贞享5	172	宁波	普陀山	41	
1688	贞享5	173	宁波	宁波	60	
1688	贞享5	174	福州	普陀山	49	福州—普陀山
1688	贞享5	175	南京	上海	82	
1688	贞享5	176	潮州	南窑	27	小船,到浙江南窑避风浪
1688	贞享5	177	厦门	沙埕	50	到沙埕避风浪
1688	贞享5	178	厦门	厦门	49	
1688	贞享5	179	南京	上海	65	
1688	贞享5	180	厦门	厦门	64	
1688	贞享5	181	南京	上海	52	
1688	贞享5	182	厦门	厦门	81	
1688	贞享5	183	宁波	宁波	39	
1688	贞享5	184	厦门	厦门	72	厦门—噶剌把—厦门
1688	贞享5	185	广南	广南	95	原厦门船
1688	贞享5	186	广南	广南	51	原福州船
1688	贞享5	187	台湾	台湾	58	
1688	贞享5	188	广东	广州	62	
1688	贞享5	189	安南	安南	77	
1688	贞享5	190	宁波	宁波	34	
1688	贞享5	191	广南	广南	52	原宁波船
1688	贞享5	192	宁波	宁波	46	
1688	贞享5	193	广南	广南	73	原厦门船,漂流到萨摩
1688	贞享5	194	南京	上海	101	上海—山东—萨摩漂流
			乘员合计		9291	(其中包括10名日本漂流者)

出处:《华夷变态》(东洋文库,1958年3月)上册第838页至中册第1058页。

表 3 是贞享五年和元禄元年(1688)一年之间来到长崎港的中国贸易船的一览表。贞享五年和元禄元年(1688)的正月一日,相当于公历 1688 年 2 月 2 日,年底的除夕二十九日为 1689 年 1 月 20 日,这一年有 353 天。

一年 353 日间,来到长崎的中国贸易船达到 194 艘,大致每两天就有一艘船进入长崎港。中国贸易船在长崎上岸者,除去送还的 10 名日本漂流者,以及船上人数不详的 2 艘之外,192 条船上有中国人 9271 名,平均每条船上有 48 名乘员上岸。也就是说,元禄元年有将近 1 万名中国人(外国人)在长崎上岸,不难想象,这在历史上是具有划时代意义的事情。他们虽然是为了贸易而来,不能忽视如此庞大的人员移动的这一事实。

接下来看看以上海为中心进行活动的平底型帆船——沙船的航运情况。

上海专卖棉布的商店德大号从事利用沙船进行航运的事业。

光绪十五年(1879),上海绮藻堂布业公所的《同业牌号簿》[①]中记有"林大成、倪德成、德大号、干永盛、协美号、萃美号、顺昌号"等专门的棉布业者的名号,其中就有德大号的名字。此德大号积极地使用沙船从事航运活动。

根据上海发行的报纸《中外日报》记载,从 1901 年 3 月 27 日到 1902 年 2 月 14 日为止,大约一年间在上海南市埠头入港的沙船,可知德大号从事航运的沙船名,兹按日语五十音顺序列记如下:

夏福顺

金永和、金魁顺、金吉兴、金义泰、金元宝、金合顺、金茂福、金全顺、金长顺、金万利

周乾顺

朱源泰、朱长兴、朱长顺、朱长利

徐义顺、徐广兴

陈安顺、陈恒顺、陈合顺、陈信顺、陈宝顺、陈同顺、陈隆顺、陈和

---

① 《江南土布史》,第 321 页。

顺、陈怡顺、陈馥顺

郑福兴

唐万顺

陆同顺、陆广顺

这32条沙船,或者属于德大号所有的船只,或者与德大号是缔结航运契约的佣船。

德大号使用这些沙船进行航运,航海47次,几乎集中于江苏省东北部沿海的青口到上海南市之间,在德大号经营中应该占有大的比重。兹将其航运的情况列表如下:

表4 德大号沙船航运记载

编号	出行日期(公元)	沙船名	出发地
939	1901.03.27	陈和顺	青口
944	1901.04.01	朱长利	青口
945	1901.04.02	徐广兴	青口
952	1901.04.09	陆广顺	青口
952	1901.04.09	金全顺	青口
955	1901.04.12	金合顺	青口
955	1901.04.12	金长顺	青口
960	1901.04.17	陈和顺	青口
967	1901.04.24	朱长利	青口
967	1901.04.24	陈安顺	青口
967	1901.04.24	陈隆顺	青口
975	1901.05.02	陈合顺	青口
978	1901.05.05	金长顺	青口
984	1901.05.11	陈同顺	青口
984	1901.05.11	陈和顺	青口
984	1901.05.11	陈宝顺	青口
984	1901.05.11	金全顺	青口

续表

编号	出行日期(公元)	沙船名	出发地
996	1901.05.23	陈合顺	青口
1007	1901.06.03	陈安顺	青口
1007	1901.06.03	陈同顺	青口
1024	1901.06.20	夏福顺	青口
1024	1901.06.20	朱长顺	青口
1032	1901.06.28	金吉兴	青口
1034	1901.06.30	朱长兴	青口
1090	1901.08.25	陈和顺	莱阳
1114	1901.09.18	唐万顺	青口
1188	1901.12.02	金永和	青口
1188	1901.12.02	陆同顺	青口
1188	1901.12.02	郑福兴	青口
1191	1901.12.05	陈怡顺	青口
1191	1901.12.05	陈馥顺	青口
1209	1901.12.23	陈恒顺	青口
1215	1901.12.29	陈和顺	青口
1220	1902.01.03	陈安顺	青口
1220	1902.01.03	陈同顺	青口
1220	1902.01.03	金元宝	青口
1232	1902.01.15	陈馥顺	青口
1232	1902.01.15	陈合顺	青口
1237	1902.01.20	金茂福	泊儿
1244	1902.01.27	金万利	青口
1244	1902.01.27	周乾顺	青口
1249	1902.02.01	金魁顺	青口
1262	1902.02.14	金义泰	青口

续 表

编号	出行日期(公元)	沙船名	出发地
1262	1902.02.14	徐义顺	青口
1262	1902.02.14	朱源泰	青口
1262	1902.02.14	陈信顺	青口
1262	1902.02.14	陈恒顺	青口
1262	1902.02.14	金魁顺	青口

德大号所从事的航海活动中,上表中进行过3次以上航海活动的沙船有如下3艘:

陈安顺沙船,根据《中外日报》第967号(1901年4月24日)、同报第1007号(6月3日)、同报1220号(1902年1月3日各报的报道),可知它是从江苏省东北沿海青口镇驶入上海南市的。

陈合顺沙船,根据《中外日报》第975号(1901年5月2日)、同报第996号(5月23日)、同报第1232号(1902年1月15日)各报的报道,可知从江苏省东北沿海青口镇驶入上海南市。

陈和顺沙船,根据《中外日报》第939号(1901年3月27日)、同报第960号(4月17日)、同报984号(5月11日)、同报第1090号(8月25日自莱阳)、同报第1215号(12月29日的报道),除了第1090号刊载的事例之外,可知其他4次都是从江苏省东北沿海青口镇驶入上海南市的。

如上所示,在一年的期限之内,棉布专营者德大号以32艘沙船从事航运活动,有的船只在一年内航行多达5次,由此可见航运业与棉布业兼营情况之一斑。

四、结　语

在研究前近代东亚海域间的交流的时候,就文献记载来看,该时期起主要作用的无疑是中国的海商。关于他们的活动,迄今未见多少研究。然而,仔细调查各种记载,可以了解到海商在从沿海到外洋这一广阔的海域上,与大海紧密相连,在历史上留下了许多足迹。他们从海外带回的财富有助于中国经济的发展。中国海商从海外带来的物品,有香料、白银、大米和海产品干货等等,种类极其丰富。他们带往各国的物品则有生丝、绢织品、陶瓷器、中药和茶叶等日常用品,许多国家渴望获得这些东西。

给这些海商活动造成损害的是寄生性的海盗,诚然,也有给予政府重大打击的海盗。所以,从这个意义上来看,海盗也是构成海洋史不可或缺的一个重要组成部分。[①]

以海洋为对象的历史研究近的刚刚兴起。迄今为止,明确以海洋史的角度进行的研究为数甚少。但是,可以用于海洋史研究的成果和史料却不少。吸收既往的研究,深入调查史料,将大大有益于今后展开的新海洋史研究。

而且,站在海洋史的角度上阅读史料,与海洋史直接相关者或许不多,但是,可以用于海洋史的资料却绝不会少。这是因为以往未能明确地从海洋史的研究角度而未能加以利用,一旦确定下研究的角度和力度,则能发现大量可资利用的史料大量存在。利用其中的一部分,就可以制成如前列示的一览表。概览这些史料,应该可以打开有关海洋史研究的新视角。

(复旦大学韩昇译)

---

① 松浦章:《中国的海盗》,东方选书28,东方书店,1995年12月。松浦章:《中国的海商与海盗》,山川书店,2003年12月。

第一编
明代的海外交流

第一章　郑和下西洋的随员

一、前　言

据《明史·宦官传·郑和》记载,永乐三年(1405)6月,永乐帝派遣郑和下西洋。该次下西洋,以王景弘等人为助手,统率官兵27800多人。在这次远征中,除了少数人之外,关于随行的2.7万多人的情况迄今不甚清楚。福建师范大学徐恭生教授在其所著的《郑和下西洋与〈卫所武职选簿〉》[①]一文中,介绍了以前未曾见到的关于郑和下西洋的随员情况。这部《卫所武职选簿》由北京故宫西华门内的中国第一历史档案馆收藏。该档案馆里还藏着1000万件清代档案以及在数量上远少于清代档案的明代档案约3000多件。[②]在那些明代档案中,收藏了许多简称为《武职选簿》、《卫所武职选簿》等档册,它们都是关于兵制的重要史料。徐恭生教授指出,在那些档册中,记载了许多有关郑和下西洋的情况。1995年8月中、下旬,我有机会在中国第一历史档案馆中查阅了这些册子,并在其他册子中也发现了许多相关记录。此外,在地方志中,我也发现了关于郑和下西洋的史料,在此介绍如下。

[①] 《郑和研究》1995年第一期。
[②] 《中国第一历史档案馆概述》,档案出版社1985年版,第3页。

二、中国第一历史档案馆收藏的《武职选簿》

中国第一历史档案馆收藏的《卫所武职选簿》共2册,103种分类,其中第86就是徐恭生教授介绍的《锦衣卫选簿 南京亲军卫》。徐教授从《锦衣卫选簿 南京亲军卫》中,抽选了33名跟随郑和远征的人员加以介绍。中国第一历史档案馆收藏的《锦衣卫选簿》大致长45.6 cm,宽42.3 cm,是万历二十二年(1594)的抄本,此外还留有其他许多册子。徐教授首次提出并发表了那些记载在《锦衣卫选簿》中跟随郑和远征的人物情况,并从《福州右卫选簿》和《天津卫选簿》中选出的有关郑和下西洋方面的史料。

○郑和下西洋关系史料

○50 《福州右卫选簿》

1 韩大嫡 韩贵(河内县人)宣德八年二月,韩贵系福州右卫左所试百户,韩大嫡长男,父原系总旗,因下西洋于白沙岸与苏干剌对敌厮杀有功,除前职,病故,钦准本人袭实授世袭百户。

2 李隆戍 (新宁县人)李隆戍补役永乐三年西洋公干,四年旧港外洋,杀获功升小旗,五年公干,七年升总旗,九年西洋公干,十三年升试百户。

3 蔡肃 (怀安县人)永乐十三年十二月,蔡肃原系福州右卫左所总旗,因二次下西洋等处,回还,永乐十三年九月二十四日钦升本卫所试百户。

4 夷得名 (盐城县人)宣德十年八月,夷福系福州右卫左所试百户,夷得名亲侄叔原系总旗,下西洋公干,于白沙岸与苏干剌对敌厮杀有功,升除前职,钦准本人替实授百户。

5 林拱 (福宁县人)宣德八年四月,林春系福州右卫左所试百户,林拱嫡长男,父原系总旗,因下西洋公干,升除前职,病故,钦准本人仍袭试百户。

6　罗垒伍　（福清县人）宣德十年二月,罗恭系福州右卫右所试百户,罗垒伍嫡长男,父原系总旗,因下西洋公干,回还,升除前职,钦准本人仍袭试百户。

7　万将军保　（江夏县人）永乐二年六月万十七岁,系福州右卫中所试百户,万将军保嫡长男,父原系总旗,因下西洋,升除前职,病故,敬准本人仍袭副千户试百户。

8　陈生真　（南丰县人）陈生真役永乐十四年小葛剌国旧港等洋有功,升总旗,七年等年阿枝国并苏门答剌公干有功,十三年升试百户,宣德二年交趾昌江阵亡。

9　李进保　（闽县人）李进保补役永乐三、四年,西洋旧港等处有功,升小旗,复往西洋,九年升总旗,十一年古里等国公干,有功升试百户。

10　蒲马奴　（晋江县人）宣德九年十月蒲荣年十七岁,系福州右卫后所试百户,蒲马奴嫡长孙,祖原系总旗,因下西洋公干,回还,升除前职,钦准本人仍袭试百户。

11　郑受保　（同安县人）郑受保补役永乐三年西洋等国公干有功,升总旗,七年锡兰山等国,升总旗,十一年西洋忽鲁等国公干,十三年升试百户。

○70　《天津卫选簿》

1　张文言　（应山县人）张翔系张文言嫡长男,父因二次下西洋,永乐十三年升副升户。

○86　《锦衣卫选簿》

1　何义宗　江都县人,先因年间兵革随父何仲贤到于占城充头目,洪武十九年差做通事,跟占城王子管领船只到京,回还木（本）国。二十年仍同使臣进象,钦赏缎匹回至广东,蒙勘合取回。二十一年钦留提调操练象只,拨充锦衣卫中右所总旗,三十年占城国招谕,引领占城王子等赴京朝见。三十五年往爪哇国,永乐元年回还,钦升锦衣卫驯象所百户,八月往西洋等国。三年回还,升驯象所副千户,钦授流官职事,八月往西洋等处公干。四年旧港阿鲁等处杀败贼众。五年升本卫所正千户,十一月往爪哇西洋等处公干。七年复选下西洋,八月敬升本卫指挥佥事。(徐慕生《郑和下西洋与〈卫所武职选簿〉》,文中记为第1号,本文略记为"徐氏1",下同。)

2 李满 武进县人,有伯父李大成,丁酉(元至元十七年,1357)从军,二十三年老将满代役。三十二年攻图济南,升小旗西水寨,升总旗。三十五年渡江除旗手卫中所百户。永乐元年,升本所副千户。二年钦与世袭。三年调锦衣卫衣左所,往西洋公干,有功升本卫所正千户。(徐氏2)

3 张汉 新城县人,曾祖父张通,洪武三十四年充仪卫司校尉。三十五年平定京师,升小旗,永乐四年往西洋等国,节次杀贼船。五年往锡兰山国,杀退番贼,升正千户。十年征西洋白沙岸,对敌有功。十三年升指挥佥事。(徐氏4)

4 宗信可 年二十一岁,南京锦衣卫指挥佥事,原籍交趾清华府,一世祖宗忠同,二世祖宗真。洪武六年进真忠合,故宗真到于占城,封充头目。九年差领牙象进贡。二十年与小旗操后拨锦衣卫中右所。二十三年伊枪充本卫所官象旗。三十五年往暹罗国功。永乐元年除本卫所世袭副千户,本年阿鲁洋杀获贼船功。五年升本卫所世袭正千户。十年往西洋公干功,十三年升本卫所流官指挥佥事。(徐氏5)

5 余英 番洋县人,祖余复亨,洪武十九年充军,三十三年招募升实授百户。三十四年西水寨,升副千户。三十五年金川门升旗手卫正千户。永乐元年为事仍复百户,五年调南京锦衣卫,七年西洋公干,升副千户,十年西洋公干,十三年升正千户,十四年西洋公干,十七年升指挥佥事。(徐氏6)

6 钟左 年四十九,系南京锦衣卫指挥佥事,原籍广东广州府东莞县人,始祖钟海清。永乐五年,应招率领本管头目人船,随同前来朝,升正千户,拨锦衣卫带俸。十三年,西洋二次有功升指挥佥事。(徐氏7)

7 何得清 归善县人,远年间流移旧港住过。永乐四年,蒙千户杨信奉敕谕,到得清顺招本官头目前来朝,钦除正千户,仍回旧港招谕。五年,拨锦衣金卫镇抚司带俸。十四年复往西洋,忽鲁谟厮等国公干,钦升锦衣卫流官指挥佥事。(徐氏8)

8　刘京　新城县人，曾祖父刘海。洪武三十四年，投充小旗，三十五年升锦衣卫总旗。永乐四年，升试百户，九年锡兰山，升正千户，十二年以西洋功升指挥佥事。（徐氏9）

9　李真　东莞县人，远年该福逻臣国奉敕招谕。永乐七年除授百户，十年西洋公干，十四年仍往西洋公干，十八年钦升锦衣卫荣镇抚。（徐氏10）

10　钟贵　宣德九年六月，钟贵系锦衣卫镇抚司带至急俸百户，钟二嫡长男父原，系旧港招谕到京，除授前职，今为老疾，钦准本人替职。

11　陈熙　松阳县人，有父陈兰芳。洪武二十五年，充校尉，二十六年调仪卫司，三十二年，升小旗。永乐二年，锦衣卫镇抚司带宫，五年往哇等国公干，七年升总旗，本年复往西洋公干，十三年钦升试百户，本年老职熙系嫡长男。

12　刘定住、刘让　房山县人，父刘定住。洪武三十二年，充校尉，三十三年功升小旗，永乐二年升总旗，七年差往西洋国公干，十五年钦升试百户。（徐氏11）

13　张贵　宣德三年八月，张耀年十五岁系锦衣卫衣中所张贵嫡长男，父原系总旗，因下西洋，升除前职，病故，钦准本人仍袭试百户。

14　何玉　（新城县人）何兴系何玉亲侄伯永乐十年西洋功升副千户，十七年西洋二次功升正千户。（徐氏12）

15　袁亨　宣德二年八月袁敬年十六岁，系锦衣卫衣左千户所百户袁亨嫡长男，父下西洋，有功未升，病故，本人先因年幼，已升副千户，俸优给，今出幼钦准袭流官副千户。

16　张文　宣德三年六月张通年十五岁，系锦衣卫衣右千户所百户张文嫡长男，父原系百户因下西洋，获功未升，病故，已升本人副千户，俸优给，今出幼钦准袭流官副千户。

17　徐兴　（新城县人）洪武年报效充校尉小旗，三十五年升总旗，永乐七年往西洋公干，十三年升试千户。（徐氏13）

18　胡谦、胡祯　奉化县人，祖胡谦，洪武二十四年军。永乐四年旧港等处，杀族（贼？）有功升小旗，九年回船，沿途杀贼有功升总旗，十

年西洋公干,十二年升试百户。(徐氏14)

19　刁先　刁英年二十九岁,栖霞县人,曾族刁先,永乐元年充力士,九年杀退番贼奇功升总旗,十三年西洋二次有功,升试百户。(徐氏15)

20　郑兴　(顺天府宛平县人)郑兴……永乐九年杀退番贼有功,本年七月升试百户,十二年下西洋有功,未升,病故。(徐氏16)

21　尹仲达　(香山县人)永乐四年随招谕千户杨信赴京,本年升正千户锦衣卫镇抚司带俸,十五年西洋公干。(徐氏18)

22　张政　(通州人)正统九年八月,张海系南京锦衣卫锦衣右所敬盖司试百户,张政嫡长男,父原系总旗,二次下西洋,于白沙岸与苏干剌厮杀有功,回升前职,钦准本人替实授世袭百户。(徐19)

23　昝成　(新城县人)昝成……永乐三年旧港等处,有功升试百户。(徐氏20)

24　王真　(龙岩县人)王真永乐二十年选跟太监王景弘等下西洋公干,擒获伪王苏干剌等节次有功回还,永乐二十二年升锦衣卫左所正千户。(徐氏21)

25　刘福才　宣德二年五月,刘全年十七岁,系锦衣卫衣前所千户,带支俸流官百户,刘福才嫡长男,父因下西洋,锡兰山获功,未升,病故,先已升本人副千户,俸优给,今出幼钦准袭流官副千户。

26　张原　永乐五年,并升小旗,七年升总旗,九年锡兰山阵亡。无儿男,葛住系亲弟蒙本卫所保送兵部,查张原锡兰山阵亡奏升总旗试百户。

27　陈永华　(广东广州府东莞县人)陈永华,永乐三年差旧港招谕金仲礼等,五年升副千户,六年拨锦衣卫镇抚司带俸,十七年西洋等处有功,十八年四月升正千户。(徐氏22)

28　沈友　新城人,……永乐九年杀败番贼,升锦衣卫衣中所,实授百户。宣德二年八月沈旺年十六岁,系锦衣卫衣中千户所流官百户沈友嫡长男,父下西洋,有功未升,病故,本人先因年幼已升副千户,俸优给,今出幼钦准袭流官副千户。

29　易文整　(东安县人)易文整,……永乐九年西洋功升实授百

户,十年西洋公干,十三年升副千户。(徐氏23)

30　张和　武进县人,……张浩,张和庶长孙,祖原系总旗革除年间除百户,西洋公干,回升副千户、复下西洋、回升正千户。(徐氏24)

31　刘受　(高平县人)刘受,……永乐七年西洋公干,升试百户,节次西洋公干,升实授百户。(徐氏25)

32　刘春　(新城县人)刘春……[永乐]九年锡兰山有功升百户。(徐氏26)

33　张林　(永清县人)张林……[永乐]七年选充下西洋,升试百户。(徐氏27)

34　刘移住　(西安府华阴县人)刘移住,……永乐七年,选下西洋公干,八年至锡兰山国给赐,九年为国王亚烈苦奈儿,悖逆夺官军钱粮就行征剿擒国王,杀败番贼回还,本年升总旗,十年复下西洋公干。十二年至苏门答剌,闰九月白沙岸与苏干剌对敌厮杀,回还,十三年钦升锦衣卫中后所试百户。宣德五年,仍往西洋公干,八年回还,患手足残疾,铭系嫡长男,九年钦准替授锦衣卫中后所实授世袭百户。(徐氏28)

35　蔡荣　(广东海阳县人)蔡荣,永乐三年庶旧港招谕,……十年西洋公干。

36　李青　原系总旗,因下西洋公干,回还升除前职病故。

37　陶旺　原系下西洋有功。(徐氏31)

38　张虑　深泽县人,洪武三十年,充锦衣卫力士,永乐五年公干,七年升小旗,九年征剿擒番,升锦衣卫后所试百户。(徐氏32)

三、天启《海盐县图经》中的郑和下西洋史料

在明朝天启四年(1624)出版的《海盐县图经》卷一〇"官师篇·第五下·皇明"条中可见到同郑和一起下西洋的武官名字,有关人物事迹将抄录列出。同一书中的"海宁卫"条中引用的王文禄《卫职黄志》,列举了武官的组织及其功绩。例如,武职,自公侯伯下,指挥,千、百

户,视子男世袭。指挥上有把总、参将、总兵、都督。流官不世袭。指挥有使,有同知,有佥事,千户有正,有副。百户有试,有冠带。……有开国功、靖难功、征蛮功、平寇功、下西洋功、海运功、开屯功……等等。本稿列举了其中与"下西洋功"有关的人物。

○左所　百户

1　沈仁志　黄岩人。洪武七年,编水军卫,……子亚显补。永乐十七年征西洋,升百户。

○右所　百户

2　范兴　夏津人。编鹰扬卫,永乐四年征交趾,下西洋。十二年升试百户。

3　朱尾达　漳浦人。洪武五年,编长淮卫,调水军。永乐四年下西洋征夷,十八年升百户。

○中所　百户

4　王福一　会稽人。……子亚员补,[洪武]十七年,至永乐十二年下西洋,升试百户。

○后所　千户

5　沈贵　麻城人,至正癸卯(二十三年,1363)归隶水军卫,没。子瘦儿补,永乐七年征西洋,升小旗,又征西洋,升试百户。

○澉浦所　千户

6　林景清　海丰人,洪武十六年编隶镇南卫,子公保代,征南,殁。弟公养补,调江阴卫。永乐中下西洋,升总旗,征忽鲁谟厮国,升试百户。

○澉浦所　百户

7　黄子成　东莞人,洪武十六年,募隶镇南卫,海运殁,子本奴补。下西洋,升总旗,又征西洋,永乐七年升百户。

○乍浦　千户

8　朱祥三　永嘉人,至正丁未(二十七年,1367)归隶水军卫。子亚文补,永乐中征西洋爪哇国,十八年授试百户。

○乍浦　百户

9　杨僧儿　东河人。……子正补,靖难累功,升凤阳卫百户。永乐七年征交趾,殁。

    10　陶小乙　滁州人,……子九,补。[洪武]十九年,至永乐十二年下西洋白沙岸战捷,升总旗,十四年升试百户。

    11　刘大　仪真人,至正丙申(十六年,1356)归隶江阴卫,子斌补,永乐三年下西洋,升小旗,九年西洋锡兰山谷擒王,升百户。

四、结　语

    上述是从中国第一历史档案馆收藏的《武职选簿》及《福州右卫选簿》、《天津卫选簿》、《锦衣卫选簿》及地方志天启《海盐县图经》中发现的关于郑和下西洋的武职人员的史料,其中对62名人员情况作了介绍。这些随员均是从永乐三年(1405)到宣德八年(1433)间随郑和七下西洋的人员,其中包括很多不只一次而是二次以上的随员。由此可见,他们显然是以有航海经验的人作为优先选择对象的,包括领导者郑和本人。但我认为在此介绍的只不过是很少的一部分,有可能还有许多记录尚未发现。尤其从中国第一历史档案馆收藏的选簿数量来看,可能还可以发现许多饶有趣味的史实。这种史料的收集,不是只靠个人调查就可以解决的。今后,如果郑和研究会组织起来进行调查,编纂资料集,这对外国的郑和研究者来说也是大有益处的。

(原刊《郑和研究》1996年第2期。浙江大学王海燕译)

第二章 明代的海外各国通事

一、前　言

　　中国自古以来就与海外各国保持着良好的交通关系。毫无疑问，中国与言语并不相通的外国能够取得交流，很大程度上是凭借通事之力才得以实现的。

　　《元史》卷二〇五《奸臣·桑哥传》中就对桑哥的外语能力有如下一段记录：

> 桑哥，胆巴国师之弟子也，能通诸国言语，故尝为西蕃译史。

可见，桑哥最初是以他的"通诸国言语"的特长而得到重用的。

　　明代与此前的各个朝代一样，在与海外各国的交流上，同样倚重通事。《明史》卷三三二《西域传》中有"宣德、正统朝，犹多重译而至"的记载，可见宣德、正统二朝来到中国朝贡的西域各国，靠复数语种的通事经过屡次翻译才得以实现与明朝的交流。《明史》卷六三《乐志》谓"九夷重译梯航到"，讲得亦是同一情况。另外《明史》卷一二六《沐英传》有"诸番、番部有重译入贡者"的记录，可见，不仅是明朝与外国之间的交流，即使在中国所支配的地域之内，部分少数民族与明朝的交流,亦需要借助屡次的翻译才能实现。

在明末来到中国的天主教会传教士汤若望的传记里,出现了关于回回科秋官正吴明炫的记录。吴明炫自述祖先本是西域人,在隋代时来到中国而被任命为历官:

> 臣祖默沙亦黑等一十八姓,本西域人,自隋开皇己未,抱其历学,重译来朝,授职历官,历一千五十九载,专管星宿行度。①

吴明炫的祖先来到中国时,亦是通过了多重翻译才与中国取得交流。

那么,在明代,通晓海外各国语言的通事究竟是些什么样的人呢?关于这个问题,清代考据学大师赵翼在其所著的《廿二史札记》卷三四中有"海外诸番多内地人为通事"的记录,一针见血地指出,在明代,来到中国朝贡的海外各国通事,大多是中国人。

拙稿试图就来到明代中国朝贡的海外各国的通事做些考证。

二、明代的译官

明朝因为实行与海外各国交通的朝贡体制,为了与来自海外的各国使节进行交流,明朝自己培养翻译人才。据《明史》卷七一《选举三·任官》所载:

> 任官之事,文归吏部,武归兵部,而吏部职掌尤重。吏部凡四司,而文选掌铨选,考功掌考察,其职尤要。选人自进士、举人、贡生外,有官生、恩生、功生、监生、儒士,又有吏员、承差、知印、书算、篆书、译字、通事、盐运司首领官,中外杂职,入流未入流官,由吏员、承差等选。此其大凡也。其参差互异者,可推而知也。

---

① 《清史稿》卷二七二《汤若望传》。

可见，通晓外国语言的"译字"、"通事"有被提拔叙用的机会。在明朝的官僚体系中，有着独自培养翻译人才的教育制度。

再者，《明史》卷七二《职官一·礼部》对通事有如下一段描述：

> 主客分掌诸蕃朝贡接待给赐之事。诸蕃朝贡，辨其贡道、贡使、贡物远近多寡丰约之数，以定王若使迎送、宴劳、庐帐、食料之等，赏赉之差。凡贡必省阅之，然后登内府，有附载物货，则给直。若蕃国请嗣封，则遣颁册于其国。使还，上其风土，方物之宜、赠遗礼文之节。诸蕃有保塞功，则授敕印封之。各国使人往来，有诰敕则验诰敕，有勘籍则验勘籍，毋令阑入。土官朝贡，亦验勘籍。其返，则以镂金敕谕行之，必与铜符相比。凡审言语，译文字，送迎馆伴，考稽四夷馆译字生，通事之能否，而禁饬其交通漏泄。凡朝廷赐赉之典，各省土物之贡，咸掌之。

可见，在对负责外交活动的礼部来说，能严守国家机密的通事是不可或缺的。

那么，通事们需要掌握哪些国家的语言呢？对于这个问题，《明史》卷七四《职官三·提督四夷馆》中有如下一段记载：

> 提督四夷馆。少卿一人，正四品，掌译书之事。自永乐五年，外国朝贡，特设蒙古、女直、西番、西天、回回、百夷、高昌、缅甸八馆，置译字生、通事，通事初隶通政使司，通译语言文字。正德中，增设八百馆（八百国兰者哥进贡）。万历中，又增设暹罗馆。

可见，明朝需要掌握蒙古、女直、西番、西天、回回、百夷、高昌、缅甸等国语言的翻译人才。故而，明朝于永乐五年（1407）设置了与蒙古等北部、西部少数民族相关的译字生、通事等机构。后来又增设了八百馆、暹罗馆两个翻译机构。

那么，这些掌握外国语言的通事究竟是些什么样的人物呢？《明史》卷一六七《哈铭传》中有如下记录：

有哈铭者,蒙古人。幼从其父为通事,至是亦侍帝。帝宣谕也先及其部下,尝使铭。也先辈有所陈请,亦铭为转达。帝独居毡庐,南望悒郁。二人时进谐语慰帝,帝亦为解颜。……哈铭从帝还,赐姓名杨铭,历官锦衣指挥使,数奉使外蕃为通事。孝宗嗣位,汰传奉官,铭以塞外侍功,独如故。以寿卒于官。

从这段记载可以知道,蒙古人哈铭,幼年之时就随同其父亲来到中国成为通事,受到明朝屡次差使。后来,他得到明朝政府的信任,受赐姓名杨铭,成为锦衣指挥使,经常担任通事与外蕃进行交流。

相对于哈铭那样的外国人通事,明朝政府以汉人为通事的例子亦不少见。《明史》卷三三二《西域四·撒马儿罕》记载:

　　[嘉靖]十五年入贡复如故。甘肃巡抚赵载奏:"诸国称王者至一百五十余人,皆非本朝封爵,宜令改正,且定贡使名数。通事宜用汉人,勿专用色目人,致交通生衅。"部议从之。

甘肃巡抚赵载不信任外国人通事,特别不信任西域的色目人通事,所以他极力建议任用汉人通事。关于此事,《世宗实录》"嘉靖十六年(1537)正月壬寅(二十二日)"条中有着更为详细的记录:

　　礼部覆甘肃巡抚赵载所议二事,一言,西域土鲁番、天方、撒马儿罕各国称王者,百五十余,皆非本朝封爵。……今宜役译审酋长体例,使臣名数,及查四夷一切事宜,定为限制,冒滥称王者,责令改正,违例入贡者,以礼阻回。每国分为等第,每十人许二人赴京,余留在边听赏。一言,外夷通事,皆以色目人为之,往往视彼为亲,视我为疏,在京,则教其分外求讨,伴回,则令其潜买禁物,且诸夷之中,回夷最黠,其通事宜以汉人,勿令交通以生夷心。诏如议。

嘉靖十六年(1537),甘肃巡抚赵载围绕着中国西北地域的中外关系,指出了与这些西域各国在交流上出现的问题点。其一,西域各国随意称王,大多并未获得明朝政府允许,因而有必要查明事实,取缔冒滥称王者。其二,外国人通事来到明朝,滋生出很多问题。特别是色目人通事,他们来北京的时候营求格外赏赐,回国之际则多方购买违禁之物,影响非常恶劣。因而有必要废黜这些色目人通事,而代之以汉人通事。

据上可知,重视外交的明朝与通交各国,在文化的交流上出现了很多问题。这些问题往往在最初交往时即已发生,且多以通事为肇始者。

三、明代的海外各国通事

自永乐帝派遣郑和下西洋以降,许多海外各国来到明朝朝贡。这些海外国家与中国在言语上并不相通,但是却凭借通事之力取得了丰富的交流成果。下文以安南、日本、琉球、占城、暹罗、爪哇、满剌加等海外各国为例,来探讨明代的海外各国通事。

(1)安南国通事

越南在明朝时被称为安南。明朝与安南在交往上因为通事而出现问题,可见于《明史》卷三二一《安南传》中的记载:

> [弘治]十年,灏卒,私谥圣宗。其改元二,光顺十年,洪德二十八年。子晖继,一名镠,遣使告讣,命行人徐钰往祭。寻赐晖皮弁服,金犀带。其使臣言,国主受王封,赐服与臣下无别,乞改赐。礼官言,安南名为王,实中国臣也。嗣王新立,必赐皮弁冠服,使不失主宰一国之尊,又赐一品常服,俾不忘臣事中国之义。今所请,紊乱祖制,不可许。然此非使臣罪,乃通事者导之妄奏,宜惩。帝特宥之。

弘治十年(1497),安南黎朝的国王黎思诚过世,其子黎镠继位为王。

为取得继承的合法性,黎镔派遣使者来到明朝请求册封。此次请封外交,安南与明朝在意识形态上发生了一场小规模的冲突。对于该次冲突,明朝的弘治帝认为问题并不出在使者身上,而是因为通事的误译而产生的。弘治帝可能认为,通事仅仅从事语言翻译工作,并不涉及其他外交活动。但是,从这个例子我们可以知道,通事在外国活动上承担了相当重要的角色。

(2) 日本国通事

明朝在 15 世纪初将日本纳入自己的册封体系之中,日本则定期向中国派出遣明使者。关于日本遣明使团中的通事,《明史》卷三二二《外国三·日本》有如下的记载:

> 成化四年夏,乃遣使贡马谢恩,礼之如制。其通事三人,自言本宁波村民,幼为贼掠,市与日本,今请便道省祭,许之。戒其勿同使臣至家,引中国人下海。

成化四年(1468)的日本遣明使团中,有 3 名通事并非日本人而是中国人,他们原来是宁波的村民,在幼年时期就被倭寇强行卖到了日本。他们希望能返回家乡祭拜祖先坟墓。他们的请求虽然得到明朝政府的许可,但是不准与使节团同行返乡,并且严禁他们教唆其他中国人下海出国。

关于这些中国人通事的情况,《明实录》"成化四年六月戊戌(十日)条"中有着更为详细的记录:

> 日本国通事林从杰等三人奏,原系浙江宁波等府卫人,幼被倭贼掠卖与日本,为通事。今随本国使臣入贡将还,乞容便道省察。从之。仍禁其勿同使臣至家,及私引中国人下番,如违,听有司治罪。

可见,这三名通事系浙江省宁波府的林从杰等人。他们是在幼年时期就被倭寇强行卖到日本,后来成为日本遣明使团的通事。因为此次跟随遣明使团朝贡明朝,他们借机向明朝提出了返乡祭拜祖坟的请求。

另据当时的日本使者的遣明记录《戊子入明记》,这次使团的通事有以下5名:

柴通事　沈通事　薛通事　张通事　林通事　阮通事①

其中的林通事,或许就是《明实录》中所见的林从杰。因为这5名通事都是中国风格的一字姓,所以可以推想这五名通事很有可能都是中国人。

(3) 琉球国通事

对明朝极为恭顺的朝贡国之一是琉球国。那么,琉球国的通事又是如何的呢?《明史》卷三二三《外国四·琉球》对之有如下记载:

琉球居东南大海中,自古不通中国。元世祖遣官诏谕之,不能达。洪武初,其国有三王,曰中山,曰山南,曰山北,皆以尚为姓,而中山最强。……二十三年,中山来贡,其通事私携乳香十斤,胡椒三百斤入都,为门者所获,当入官。诏还之,仍赐以钞。

洪武二十三年(1390),琉球中山王遣使前来朝贡。跟随使团的通事,私自携带乳香十斤、胡椒三百斤来到南京,为会同馆的监门官吏所察觉。

相关记录还见载于《太祖实录》"洪武二十三年正月庚寅(二日)"条中:

中山王所遣通事屋之结者,附致胡椒三百余斤、乳香十斤,守门者验得之以闻,当没入其赀。诏皆还之,仍赐屋之结等六十人钞各十锭。

---

① 《大日本史料　第八编之一》,东京大学史料编纂所,1913年3月,1968年6月复刻,第551—552页。

这里出现了琉球所派遣的这名通事"屋之结"的名字。他私自带到南京的物品为胡椒三百余斤和乳香十斤。这些物品并非琉球的物产,而是琉球国从事南海贸易所获得的贸易品。屋之结试图将这些物品在南京出售,以购回其所需要的中国货物。这些被查出来的走私物品按照中国的法律本来是要被没收的,但是洪武帝却厚意将其归还。

另据琉球国的《中山世谱》卷三《察度王》所载:

> [洪武]二十三年庚午,王派遣通事屋之结等,表贺方物,世子武宁,亦贡马五匹、硫黄二千斤、胡椒二百斤、苏木三百斤。①

可见,当时的琉球国王是察度王,而被派遣的通事是屋之结(即屋之结)。但是,《中山世谱》却有意隐去了屋之结携带走私物品乳香十斤、胡椒三百余斤的事实。

成化年间的琉球遣明使中有位名叫"蔡璟"的使者。据琉球国的《中山世谱》卷五《尚德王》所记:

> [成化]五年己丑,王遣长史蔡璟等,奉表入贡,已又遣查农是等入贡,宴赉悉如例。②

成化五年(1469),琉球中山王尚德派遣长史蔡璟等来明朝朝贡。据《明史》卷三二三《外国四·琉球》的记载,蔡璟到达中国后,对自己的身世有如下一段描述:

> 成化五年,其贡使蔡璟言:"祖父本福建南安人,为琉球通事,传至璟,擢长史。乞如制赐诰赠封其父母。"章下礼官,以无例而止。

---

① 《中山世谱》卷三,《琉球史料丛书》第4卷,1940年12月初版,1990年5月复刻再版,凤文书馆,第43页。

② 《琉球史料丛书》第4卷,第74页。

琉球国长史蔡璟，其祖父本来是福建省泉州府南安县的百姓，后来来到琉球国成为通事。蔡璟最初继承父亲和祖父担当通事，后来被提拔为长史。以琉球国长史的身份来明朝朝贡的蔡璟希望成化帝能封赠自己的父母，却被礼部官员以向无此例为由拒绝。蔡璟应当是后来被称为"闽姓三十六姓"的明朝人的子孙。

（4）占城国通事

安南南部的占城国亦是明朝的朝贡国。关于占城遣使明朝的情况，《明史》卷三二四《外国五·占城》中有如下记载：

> 正德五年，沙古卜洛遣叔父沙系把麻入贡，因请封。命给事中李贯、行人刘廷瑞往。贯抵广东，惮行，请如往年古来故事，令其使臣领封。廷议，遣官已二年，今若中止，非兴灭继绝义。倘其使不愿领封，或领归而受非其人，重起事端，益伤国体，宜令贯等亟往。贯终惮行，以乏通事、火长为词。廷议令广东守臣采访其人，如终不得，则如旧例行。

正德五年（1510），占波王古来逝世，其子沙古卜洛同年派遣其叔父沙系把麻入贡，并请求世袭王位。正德帝派遣给事中李贯和行人刘廷瑞前往占城册封沙古卜洛为王。但是李贯等人来到广东之后，却以缺乏通事为理由，拒绝远道跋涉占城。在这里，缺少通事成为明朝册封使逗留广东的一个重要理由。

（5）暹罗国通事

暹罗国于弘治十年（1497）遣使入贡。该次暹罗遣明使的通事中，有一名出生于福建的中国人。《孝宗实录》"弘治十年九月辛卯（十三日）"条中对之有如下一段记述：

> 暹罗国所遣通事秦罗自陈为福建清流县人，因渡海飘风，流寓暹罗国，今使回便道，乞展墓，依期归国。许之。

暹罗国所派遣的通事秦罗，自称是福建省汀州府清流县之人，他于旧年出海之际遭遇海难,漂流至暹罗国,因此就在暹罗国定居下来。此次因为被任命为暹罗国遣明使的通事,才得以返回祖国。秦罗向明朝政府提出了祭奠祖坟的请求,获得了批准。秦罗显然是中国出身的暹罗通事。

（6）爪哇国通事

正统元年(1436),爪哇国遣使来到明朝朝贡。这批爪哇遣明使中有一名中国人。《英宗实录》"正统元年闰六月壬辰(二十八日)"条有如下一段记录：

> 爪哇国使臣财富八致满荣自陈,初姓洪名茂仔,福建龙溪民,取鱼为业,被番倭掳去,脱走于爪哇,改今名。遣进方物来京,愿乞复业。上命有司给脚力口粮,送还本家。

爪哇国使者财富八致满荣自称,他原名为洪茂仔,本来是福建省漳州府龙溪县的渔民。在一次捕鱼活动中,他不幸被倭寇所抓走。后来他逃到爪哇国,改名为财富八致满荣。他此次虽然以爪哇国使者的身份来到明朝,但是希望正统帝允许他回家乡重操捕渔旧业。他的请求得到了正统帝的批准,并得到了政府发给的返乡旅费补贴。

正统三年(1438)前来朝贡的爪哇使节团中,其使者和通事中均有中国人。《英宗实录》"正统三年六月戊午(六日)"条的记录为：

> 爪哇国使臣亚烈马用良,通事良殷、南文旦奏：臣等本皆福建漳州府龙溪县人,因渔于……上命殷还乡,冠带闲住。用良、文旦许祭祖,有司给口粮脚力。

可见,爪哇国的使者马用良和通事良殷、南文旦原是福建省漳州府龙溪县人,他们在捕鱼时因遭到海难,漂流至爪哇国。马用良和南文旦请求返乡修建先祖坟墓,良殷则请求返乡定居。这些请求全部获得正统帝的允准。

但是,当时还有些中国人伪称中国使者赴爪哇国交涉。《英宗实录》"正统十年三月乙未(二十二日)"条中有如下记录：

> 福建缘海民，有伪称行人正使官潜通爪哇国者。

可知福建沿海地区有百姓，自称明朝使者秘密内通爪哇国。

《宪宗实录》"成化元年(1465)七月戊申(三日)"条中还有这样的记录：

> 爪哇国遣使臣梁文宣入贡方物，舶至广东。广东广海卫有段镇者，常泛海为奸利，识文宣，因诱出其附余货物，没之，且导其舶泊潮州港。指挥周岳受委封盘，又私留其玳瑁百余斤。巡按御史以闻，命追问岳，以镇为奸利日久，发充大同威远卫军。

当时爪哇国的使者梁文宣等人来到广东之时，广东广海卫的军官段镇因与梁文宣有交情，于是就利用职务之便侵吞了爪哇国使团的部分货物。段镇还诱劝使者将爪哇船航行至潮州港。潮州港的指挥周岳在检查货物时又侵吞了爪哇国使者的玳瑁100余斤。后来这件事情被巡按御史发现，周岳受到追查的处分，段镇则被流放到山西大同的威远军。当时爪哇国方面的使者梁文宣，很有可能是同时充任通事的中国人。

《明史》卷三二四《外国五·爪哇》中还有关于弘治年间爪哇国入贡情况的记录：

> 成化元年入贡。弘治十二年，贡使遭风舟坏，止通事一舟达广东。礼官请敕所司，量予赐赉遣还，其贡物仍进京师，制可。自是贡使鲜有至者。

弘治十二年(1499)，爪哇国所派遣的遣明船遭遇海难，仅有通事所搭乘的一艘船到达广东。这名通事可能是通晓海路的中国人。

《孝宗实录》"弘治十四年三月壬子(四日)"条还有一个例子：

> 江西信丰县民李招帖与邑人李廷方、福建人周程等，私往海外诸番贸易，至爪哇，诱其国人哽亦宿等赍番物来广市之。

江西省赣州府信豐县人李招帖和李廷方和福建人周程等私自出海贸易，来到爪哇国。弘治十四年(1501)，他们作为爪哇国的使者来到广州。不难想象李廷方等来到广州，同时也充任了爪哇国的通事。

(7) 满剌加国通事

正德三年(1508)来明朝朝贡的满剌加国通事亦是中国人。《明史》卷三二五《外国六·满剌加》记载为：

> 正德三年，使臣端亚智等入贡。其通事亚刘，本江西万安人萧明举，负罪逃入其国，赂大通事王永、序班张字，谋往淳泥索宝。而礼部吏侯永等亦受赂，伪为符印，扰邮传。

正德三年来中国的满剌加国使节团中的通事，是江西省吉安府万安县人萧明举。萧明举因为在明朝犯了法，亡命海外，成为满剌加通事。萧明举来北京后，贿赂满剌加的大通事王永、礼部官员侯永等，计划去淳泥搜寻宝物。关于萧明举等人的活动，《武宗实录》"正德五年(1510)正月己卯(二十二日)"条中亦有着相近的记录：

> 满剌加国王所遣使有亚刘者，本江西万安人萧明举也，以罪叛入其国，为通事。至是，与国人端亚智等来朝，并受厚赏，因赂大通事王永、序班张字，谋往淳泥国索宝，而礼部吏侯永等亦受赂，伪造符印，扰害驿递。后与亚智等二十一人相纷争，遂谋诸同事彭万春等共劫杀之，尽得其财物。事觉，逮至京明举拟凌迟，万春等处斩，各枭首示众，王永减死罚米三百石，张字、侯永等戍边。

萧明举等人后来与满剌加使者端亚智发生矛盾，杀死端亚智并劫取了使团的财物。该事后来被查处，萧明举被凌迟处死，其他的牵连者为数甚众。

四、结　语

如上所述,在明代来到中国的海外各国的朝贡使团当中,有不少中国人通事。他们之所以成为海外各国的通事,其理由不一而足:或是因为遭遇到海难事故而漂流海外,后来成为外国通事返回故国;或是秘密从事海外走私贸易,长期旅居海外,后来参加外国使团而充任通事之职;或者在明朝犯罪而逃亡海外,之后担任朝贡使节而返回明朝。

这些通事,不仅为明朝提供了与外国交流的翻译服务,还为明朝提供了其他外国知识。《明史》卷三二六《外国七·阿丹》有如下一段记载:

> 嘉靖时,制方丘朝日坛玉爵,购红黄玉于天方、哈密诸蕃不可得。有通事言,此玉产于阿丹,去土鲁番西南二千里,其地两山对峙,自为雌雄,或自鸣。

可见明代的海外各国通事对海外各国的地理、物产情况也是相当了解的。

另外,明代各国的海外通事在明朝与海外各国的通好关系上起到了纽带作用,但是他们的活动并非一定会带来正面的通好效果。譬如《宪宗实录》"成化十六年(1480)十二月丁未(二日)"条中记载道:

> 兵部言,通事人等多扇惑外夷,代之饰词奏请,……附馆伴之人齎至京师,令大通事亲为阅实。

可见,这些海外通事往往唆使海外诸国,或者帮助他们向明朝提出各种超出本分的奏请。为了避免此类事件的发生,明朝要求在外国使者到达京师后,需由明朝方面的大通事仔细检查他们的奏请文书。

(原刊《明史研究》第 9 辑。台湾海洋大学卞凤奎译,郑洁西校译)

第三章　嘉靖十三年的朝鲜使者在北京所遇到的琉球使者

一、前　言

相对于宋朝、元朝比较开放的对外交往政策,明朝的海外政策显得相对保守——它严格限制着海外船只进港。但是,明朝在另一方面又允许朝贡各国派遣的朝贡船来航中国。关于明朝的朝贡国,据正德《大明会典》卷九六《朝贡一》所记,位于东海、南海的朝贡番国有高丽、暹罗、琉球、占城、真腊、安南、日本、爪哇等国。[①] 而后来重修于万历朝的《大明会典》在其记录中则对之有所调整,其卷一〇五《朝贡一·东南夷》中列记了朝鲜、日本、琉球、安南、真腊、暹罗、占城、爪哇、彭亨、百花、三佛齐、浡泥、须文达那国、苏门答剌、西洋琐里、琐国等朝贡国家[②],朝贡国的数目有所增加。

万历《大明会典》卷一〇五《朝贡一·东南夷》所记的朝贡国中被列为序首的是朝鲜国,它自"永乐以来,每岁圣节、正旦、皇太子千秋

---

① 《正德大明会典》第二卷,汲古书院,1989年6月,第356页。
② 《正德大明会典》第二卷,汲古书院,1989年6月,第359页。《大明会典》第三册,广陵书社,2007年1月,第1585—1595页。

节,皆遣使奉来朝贺,贡方物"①,几乎每年都要来到明朝朝贡。朝鲜国在地理上位于朝鲜半岛之上,其领土与中国大陆相接壤,所以它所循行的朝贡路线几乎都是陆路。与之相对,朝鲜以外的其他朝贡国,譬如日本、琉球等地处海外的朝贡各国,其朝贡路线则基本上要仰赖于旧式帆船的海上渡航。

明朝规定,日本的朝贡周期为"十年一来贡"②,即日本是隔十年向明朝朝贡一次的朝贡国,而列名日本之下的琉球国则"每二年许朝贡一次"③,是隔年向明朝朝贡的国家。此外的安南、暹罗、占城、爪哇等国的朝贡周期为"三年一朝贡"④,除了与明朝领土接壤的安南之外,其他朝贡国在朝贡之际都要向明朝派遣朝贡船只。

经陆路前来明朝朝贡、朝贡活动最为频繁的朝鲜,每当其朝贡之际,不仅对中国的国情时事倾心关注,而且对同属明朝朝贡国的其他海外各国也抱有极大的兴趣。只要一有机会,朝鲜的朝贡使者就会争取与那些同时来到明朝朝贡的海外各国的使者进行接触,积极获取对方国的信息。这种事例在朝鲜方面的记载中屡见不鲜。⑤

以下就嘉靖十三年(1534)同时来到明朝朝贡的朝鲜使者与琉球使者在北京的邂逅相遇这一特殊案例作些探讨。

二、嘉靖十三年入京的朝鲜使者日记中所见的琉球使者

关于嘉靖十三年(1534)来到明朝朝贡的朝鲜使者,《明世宗实录》

---

① 《大明会典》第三册,第1585页。
② 《正德大明会典》第二卷,汲古书院,1989年6月,第362页。
《大明会典》第三册,第1587页。
③ 《正德大明会典》第二卷,汲古书院,1989年6月,第361页。
《大明会典》第三册,第1587页。
④ 《正德大明会典》第二卷,汲古书院,1989年6月,第359—362页。
《大明会典》第三册,第1588—1590页。
⑤ 松浦章:《朝鲜使者、台湾、琉球情报》,《南岛史学》第63号,2004年4月,第1—13页。

卷一六〇"嘉靖十三年(1534)闰二月乙巳(八日)"条中对之有这么一段记载：

> 朝鲜国王李怿差吏曹判书苏洗让等进表及方物马匹，贺皇嗣诞生，给赏如例。

朝鲜国王李怿为祝贺嘉靖皇帝喜得皇嗣，特意派遣使者往赴北京进呈表文，贡献方物。关于这位刚刚诞生的大明皇子，《明史》卷一七《世宗一》"嘉靖十二年八月乙未"条中有"以皇子生，诏赦天下"①的记载，可见，因为他的诞生，明朝宫廷里举行了专门的祝贺活动。不过，这位皇子并非后来继承嘉靖帝帝位的隆庆帝，隆庆帝出生于嘉靖十六年(1537)正月二十三日，系嘉靖皇帝的第三子。② 这虽然是后话，但是由上可知，每值明朝皇帝的皇子诞生之时，朝贡国一般会派出使者前来祝贺，朝鲜国如此，琉球国亦是如此。

此次受到派遣的朝鲜使者为苏世让。他将自己在北京的所见所闻，记录到了他的《阳谷赴京日记》③之中。最早翻刻这部日记的日本

---

① 《明史》第2册，中华书局，1974年4月，第225页。

② 《明穆宗实录》卷一："穆宗……皇帝，世宗……皇帝第三子也。……嘉靖十六年正月二十三日，上诞生。"

③ 《阳谷赴京日记》的最初翻刻，见载于《青丘学丛》第1号(大阪屋号书店，1930年8月)所收"资料"之"事大纪行(上)"(第175—204页)中。中村荣孝在解题中称：

> 本书系第十一代朝鲜国王中宗朝的文人苏世让所著，一直鲜为世人所知。去年三月，朝鲜总督谱修史官洪熹于全罗北道益山群金马面东古都里苏世让宗孙苏详永所藏的古书中发现了此份底稿。原本附有后人所书外题"阳谷先生手墨"。因苏详永所收藏的《阳谷集》所收本书题名为"赴京日记"，故今名之为"阳谷赴京日记"，并与文中添入句读以便阅读。(第176页)

由此可知，苏世让的《阳谷赴京日记》是在1930年以后才广为世人所知的。拙稿所用《阳谷赴京日记》，系采自中村荣孝的活字翻刻本。

另外，《青丘学丛》第4号(1931年5月)所收"资料"的"事大纪行(下)"中收录了翻刻的康熙二年(1663)往赴北京的朝善君李俣的"朝善君癸酉燕京录"(资料，第3—16页)，《青丘学丛》第6号(1931年11月)所收"资料"的"事大纪行(下)"中则收录了"朝善君癸酉燕京录(续)"(第17—32页)。

学者中村荣孝对该书的内容有着如下评述:

> 本书系苏世让自中宗二十八年(嘉靖十二年,1533)癸巳十二月受命为皇太子诞生进贺使,与书状官李梦弼、质正权应昌等同赴明朝之际的往返记录。①

据中村荣孝的评述可知,《阳谷赴京日记》是一部苏世让使节团赴明朝贡的往返记录。其中的记载提到了朝鲜使者在北京与琉球使者的邂逅。关于苏世让在北京与琉球使者的相遇和交流,今抽录其相关内容胪列如下:

> 嘉靖十三年二月二十五日晴。入通州东门,出西门。自此至皇城四十里间,狭路人家栉比。至朝阳门,少憩城外庙堂,乃入到寓玉河馆西照。②
> 闰二月十六日晴。琉球国使臣十八人来寓西馆。其国人来,留福建府,惯习华语而朝。故其言语、衣服,略似华人。③
> 闰二月十八日晴。……夕,琉球国两使臣来见,引入对坐馈。仍问其风土之宜,地气甚暖,冬不重衣,春秋则单衣,一年两度耕获,俗尚淳朴,又好为僧。所产则沉香、象牙、玳瑁、胡椒、白檀等物。日本国只隔大海,而人心俗不同,故不喜相通云。④
> 闰二月二十二日晴。主事来问寒暄,遂往问琉球上使之病而去。即与书状,往其厅称谢。⑤
> 闰二月二十三日晴。琉球使臣麻布渡、梁椿、马吾剌、陈赋,及伴送贾英、洪世美来见,饮茶而去。⑥
> 闰二月二十四日雨。……午后,琉球使送其六色土物,即修

---

① 《青丘学丛》第1号,第176页。
② 林基中编《燕行录全集》二,东国大学校出版部,2001年10月,第401页。
③ 《燕行录全集》二,第403页。
④ 同上书,第403—404页。
⑤⑥ 同上书,第404页。

回奉。①

　　闰二月二十七日,四更赴朝,适皇帝视朝于奉天门。入候左腋门,于官行五拜礼,东西相向而立。夏尚书入跪正南御路上,夏序班拉余趋入,跪于尚书之后,一行之人皆随之。琉球人又入跪于后。尚书措笏曰,朝鲜国王差陪臣某官某进贺云。皇帝答曰,知道,吃酒饭。尚书曰,唯。扣头而退于光禄寺。吃酒饭后,上御路扣而退。帝前后一不视朝,而是日出视。服黑衣,有斋戒云。②三月七日晴。……日夕,往问琉球上使梁太溥疾,仍与副使等坐其馆,啜茶而还。③

　　三月十二日晴。促食发行。④

由上可知,琉球使者在逗留北京期间拜访了朝鲜使者的寓馆。朝鲜使者则不失时机地向琉球使者咨询了琉球的风土、气候、农业生产等情况。在彼此的谈话中,还触及了琉球人"又好为僧"这一宗教方面的问题,明示了五百年前琉球即是佛教王国这一事实。⑤另外,琉球使者称琉球的物产为"沉香、象牙、玳瑁、胡椒、白檀等物",但这并非事实。关于这个问题,琉球方面的文书《历代宝案》在卷四二—二五文书中有如下一段记载:

　　琉球国中山王世子尚清为进贡等事,切照本国所产物稀少,缺乏贡物,深为未便,为此今遣正使马沙开、都通事梁杰等坐驾义字号小船一只装载磁器等货前往佛大泥等国出产地面两平收买苏木、胡椒等物回国,预备下年进贡大明天朝。所处今差去人员,别无文凭,诚恐到处官司,盘阻不便,王府除外今给黄字肆号半印勘合执照付正使马沙开等收执前去,如遇经过关津把隘去处,及沿海巡哨官军验事即便放行,勿得留难,因而迟悞不便,所有执

---

①②③④ 《燕行录全集》二,第404、405、407、408页。
⑤ 知名定宽:《琉球佛教史之研究》,榕树书林,2008年6月。

照,须至出给者。①

此外,《历代宝案》卷四二一二六文书中还有如下一段相似记载:

> 琉球国中山王世子尚清见为进贡等事,切照本国物产稀少,缺乏贡物,深为未便,为此今遣正使陶美、通事程仪等坐驾地字号海船一只装载磁器等货前往暹罗等国出产地面两平收买苏木、胡椒等物回国,须备下年进贡大明天朝。所据今差去人员别无文凭,诚恐到处官司盘阻不便,王府除外,今给黄字捌号半印勘合执照,付正使陶美等收执前去,如遇经过关津把隘去处,及沿海巡哨官军验实,即便放行,勿得留难,因而迟误不便,所有执照,须至出给者。②

据上可知,琉球国因为国土贫瘠、物产稀缺,在向明朝朝贡时经常贡品不足,所以往往在朝贡前一年将瓷器等货物运往佛大泥和暹罗等东南亚各国,用以购回用作贡品的苏木和胡椒。由此可知,琉球使者的"所产则沉香、象牙、玳瑁、胡椒、白檀等物"这一陈述,显然并非事实。

关于嘉靖十三年(1534)来到明朝朝贡的朝鲜使者与琉球使者的邂逅,朝鲜方面相关文献,除了苏世让的《阳谷赴京日记》之外,还有成均进士苏巡所著的《葆真堂燕行日记》。苏巡是苏世让的侄子,他于当年随同苏世让出使明朝,并留下了《葆真堂燕行日记》这一入明记录。苏巡的日记与苏世让的日记一样,也留下了很多两国使者邂逅的记录。下面抽选《葆真堂燕行日记》中的相关记录胪列如下:

> 皇明嘉靖十二年癸巳冬,叔父阳谷先生以皇太子诞生进贺使入中国,余以带率子弟陪行,而来往原隰之日,拜谢殿陛之时,随

---

①② 《历代宝案》第二册,台湾大学,1972年6月,第1355、1356页。

所瞻见而记其事实焉。①

嘉靖十三年二月二十五日,晴既明,乃行由通州东门,穿西城而去城。……晚至玉河馆,行四十里也。……②

闰二月十六日,晴,在玉河馆,午晚琉球使臣上下并十八人来寓西河。其语音略同中华,见人拜礼甚恭。③

闰二月十八日,晴,在玉河馆。……夕,琉球两使臣来见。引入许坐饮之以酒,问其国节序寒暖,则冬不重衣,夏不去扇,春秋皆单衣。问百谷则一年种麦一度,稻及诸种,正月始耕,五月收食,是月又耕,九月获取。问风俗则习尚淳朴,又好僧。其地产则沉香、象牙、玳瑁、胡椒、白檀等物,皆出地方,不可尽说,问境界远近,则国在海中,四面不甚远大。问经过胜地,则一路虽多可观,只如南京、苏、杭之胜,甲于天下,触眼壮观,难以殚录。问四境最近,曰日报只隔大海,可与相通,而但以人心俗不同,故不喜相往云。问以何物来献,曰不过前所陈之物而已。问毕,辞去。④

闰二月二十二日,晴,在玉河馆。主事为问佚,遂往问琉球使臣之病,还坐其馆使与书状往谢近来当受赏赐,云,大慰一行之人,今日始见书册买卖之人,抱负物货争来示之。……⑤

闰二月二十三日,晴,在玉河馆。朝食后,琉球使臣麻布渡、梁椿、马吾剌、陈赋,及伴送贾英、洪世实等来见,使与两君即出对叙寒暄,各进茶而罢。……⑥

闰二月二十四日阴,在玉河馆。……午后,琉球人等送以六色物,还以数件报之。⑦

三月七日,晴,在玉河馆。……夕,往问琉球国梁太溥病,因与副使等相话,啜茶而来,已而夏序班来到,即引见内厅,设酒相

---

① 林基中编:《燕行录全集》三,东国大学校出版部,2001年10月,第346页。
② 《燕行录全集》三,第388—389页。
③ 同上书,第397页。
④ 同上书,第398—399页。
⑤ 同上书,第400—401页。
⑥ 同上书,第401页。
⑦ 同上书,第402页。

话来,副使亦恭各给砚一面。①

三月十二日,晴,促食欲发。……②

据上可知,苏世让的《阳谷赴京日记》与苏巡的《葆真堂燕行日记》大致相同地记录了在北京玉河馆③与琉球使者相与邂逅的情况。此次来到北京朝贡的琉球使者总计18人。苏世让在日记中记录了琉球使者经福建来到北京,使用汉语,穿着上与中国别无二致等等情况。他通过与琉球使者的对话,咨询了琉球的国情,了解到琉球"冬不重衣,夏不去扇,春秋皆单衣"的气候特点和小麦、水稻的栽培情况。此外,他还获悉了琉球的出产"沉香、象牙、玳瑁、胡椒、白檀"这一说法,但这显然并非事实,因为这些物产都是获取自琉球与东南亚的贸易。

苏巡的日记虽然在大体上与苏世让的日记相似,但也留下了许多苏世让日记中阙载的内容,譬如,苏巡通过琉球使者之口,了解到不在朝鲜使者朝贡路线上的南京、苏州、杭州等城市"甲于天下"的景观。

如上所述,嘉靖十三年(1534),来到明朝朝贡的朝鲜使者在北京邂逅了同样前来朝贡的琉球使者。关于这次邂逅,除了出使当时的日记记录之外,朝鲜使者还将此事向朝鲜国王做了汇报。汇报里多有日记中所未见的内容。

三、嘉靖十三年入京的琉球使者

关于嘉靖十三年(1534)来到北京、与朝鲜使者邂逅相遇的琉球使者,《明世宗实录》卷一六一"嘉靖十三年三月戊申(二日)"条中对之有

---

① 《燕行录全集》三,第415页。
② 同上书,第417页。
③ 松浦章:《明清时代北京的会同馆》,收录于《神田信夫先生古稀纪念论集·清朝和东西》,山川出版社,1992年3月。

如下一段记录:

> 琉球国中山王子尚清遣陪臣梁椿等贡马及方物,宴赉如例。

关于这批琉球遣明使,琉球史料《中山世谱》卷七"尚清王"中也有相关记载:

> [嘉靖]十二年癸巳秋,遣正议大夫梁椿、使臣马吾剌等奉表贡方物。①

该条记载的下面还有如下一段注文:

> 旧制,外国贡使到京师,皆有防禁,五日一出馆,令得游观贸易,居常皆闭馆不出,惟朝鲜、琉球防之颇宽。②

据此注文可知,一般的外国使者在到达北京之后,出于防卫上的考虑,明朝在制度上规定,使者每五天方可外出游观贸易一天,其余时间则必须留在寓馆之内,惟有朝鲜和琉球两国的使者没有受到如此严格的防范。

该年的琉球使者马吾剌曾经参加过嘉靖八年(1529)的琉球赴明使节团。③ 关于正使梁椿以下的琉球使者,《历代宝案》在第一集二九中有如下的记载:

> 琉球国中山王世子尚清为进贡等事,今特遣正议大夫梁椿、使者马吾剌等赍捧表文壹通,坐驾黄字号海船壹只,装载马壹拾伍疋、硫黄贰万斤赴京贡所据。今差去人员别无文凭,诚恐所在官司盘阻不便,王府除外,今给黄字拾陆号半印勘合、执照付存留

---

①② 《琉球史料丛书》第四,名取书店,1941年9月,第94—95页。
③ 《琉球史料丛书》,第94页。

在船通事梁显等收执前去,如遇经过关津、把隘去处及沿海巡哨官军验实,即便放行,勿得留难,因而迟误不便,所有执照,须至出给者。今开:

赴京正议大夫梁椿;

使者贰员,马吾刺、麻布度;

通事壹员陈赋;

存留在船使者壹员丘刺子;

存留在船通事壹员梁显;

人伴贰拾叁名;

官船火长直库贰名;

田祥阇班那;

稍水共壹百四拾名;

嘉靖拾贰年八月贰拾日。

右执照付存留在船通事梁显

等准此为进贡等事执照。①

琉球国中山王世子尚清为了向明朝进贡,交付给正议大夫梁椿和使者吾马刺等表文一道,命他们开驾黄字号海船一艘,运载贡马十五匹、硫磺两万斤前来明朝朝贡。梁显作为留存在船通事,也参加了此次使节团。

关于此次受命为正使的琉球国正议大夫梁椿,《吴江梁氏家谱》"正议大夫椿"条中有如下一段记载:

弘治十七年甲子七月十二日,为进贡事,奉使为存留船通事,随正议大夫程琏等入闽。

嘉靖八年己丑八月十五日,为进贡事,奉使为都通事,随长史蔡瀚等入闽赴京。

---

① 《历代宝案》第二册,台湾大学,1972年6月,第994页。
冲绳县立图书馆编《历代宝案》第二册,冲绳县教育委员会,1992年3月,第228页。

嘉靖九年庚寅八月二十一日，为预备下年进贡货物事，奉使为都通事，同使益沙每等，带器等货，前往佛大泥国，出产地面两平，收买苏木、胡椒等物回国。

　　嘉靖十二年癸巳正月二十一日，为寻问消息事，奉使为正议大夫，同通事陈赋等入闽。

　　嘉靖十二年癸巳八月二十日，为进贡事，奉使为正议大夫，同通事陈赋等入闽赴京。①

据上可知，梁椿于弘治十七年（1504）首次来到明朝朝贡。他当时是作为存留船通事随正议大夫程琏来到福建的。此后，他于嘉靖八年（1529）受命为都通事来到福州，继而往赴北京参与进贡事务。次年的嘉靖九年（1530），他作为都通事往赴大泥国从事贸易活动。关于该次贸易活动，《历代宝案》卷四二一二七文书中有如下记载：

　　琉球国中山王世子尚清见为进贡等事，切照本国产物稀少，缺乏贡仪，深为未便，为此，今遣正使益沙每、都通事梁椿坐驾天字号海船壹只，装载磁器等货前往佛大泥国出产地面两平收买苏木、胡椒等物回国，预备下年进贡大明天朝所据。今差去人员，别无文凭，诚恐所在官司盘阻不便，王府除外，今给黄字玖号半印勘合执照，付正使益沙每等收执前去，如遇经过关津把隘去处及沿海巡哨官军，验实即便放行，勿得留难，因而迟悮不便，所有执照，须至出给者。

　　今开
　　正使壹员益沙每副使贰员金志良马不他都通事壹员梁椿通事壹员梁显
　　火长壹名红芝管船直库壹名吴剌每稍水共壹百拾叁名
　　嘉靖玖年（1530）捌月贰拾壹日行

---

① 《那霸市史资料编第一卷六家谱资料二（下）》，那霸市企画部市史编集室，1980年3月，第757页。

右执照付正使益沙每、都通事梁椿等,准此为进执照贡等事。①

可见,梁椿在嘉靖九年(1530)被派往佛大泥国从事购买苏木和胡椒的贸易活动。这些货物是琉球向明朝朝贡所必需的朝贡品。此后的嘉靖十二年(1533)正月,梁椿作为正议大夫被派往明朝,其目的是探询前年所派遣使节的消息。同年八月,他作为进贡使赴北京朝贡,碰巧邂逅了同样来北京朝贡的朝鲜使者。

嘉靖十二年(1533)与梁椿同时渡航福建的通事陈赋和在船通事梁显在各自的家谱中亦有相关记录。通事陈赋的记录为:

　　嘉靖十二年癸巳八月二十日,为进贡事,奉使为通事,隋正议大夫梁椿赴闽上京。②

在船通事梁显的记录则为:

　　嘉靖十二年癸巳八月二十日,为进贡事,奉使为存留在船通事,隋正议大夫梁椿等赴闽。③

可见,他们都是嘉靖十二年(1533)梁椿使节团中的成员。

　　陈赋作为通事得以与梁椿一起往赴北京朝贡,他在上文提及的朝鲜使者苏世让的日记中有"惯习华语"的记录,可见他应该是一名擅长汉语的琉球人。陈赋此后于嘉靖十四年(1535)被委任为都通事,嘉靖十六年(1537)、二十二年(1543)、二十六年(1547)则均被任命为正议大夫往赴北京朝贡,他自嘉靖十二年(1533)随同梁椿首次赴北京以来,总共有五次上京朝贡的经历。④

　　朝鲜使者苏世让回国后,曾向朝鲜国王李怿汇报在北京邂逅琉球

---

① 《历代宝案》第二册,台湾大学,1972年6月,第1357页。
② 《那霸市史资料编第一卷六家谱资料二(下)》,第488页。
③ 同上书,第763页。
④ 同上书,第488页。

国使臣之事。这在朝鲜的《中宗实录》卷七七"中宗二十九年(嘉靖十三年)四月庚申(二十四日)"条中得到了记录:

> 上御思政殿,引见进贺使苏世让。……上曰:"琉球国使臣前日来我国者,今赴京乎?"世让对曰:"琉球使臣乃梁椿也,与臣同在一馆。梁椿使人来曰:'我年二十八往还于朝鲜。今闻使臣来此,可喜也。'臣亦遣人谢之。其后琉球国正使梁椿病卧,其副使及下人皆来请见,臣即冠带出见,行茶礼,仍曰:'去年庚寅年,贵国之人漂到我国地方,我殿下解送上国归贵国,几人生还乎?'答曰:'或死于上国地方,只四人生还。我国王不胜感喜,因路远未得修谢。今欲向宰相展谢。'即起作揖,再三称谢而退。……"①

从苏世让的回答中可以知道,琉球国正议大夫梁椿于28岁之时曾经去过朝鲜,因而此际在北京邂逅朝鲜使者,他尤为欣喜。这在上文提及的朝鲜使节日记中也得到了印证。然而,梁椿在此次的北京之行上却不幸染上了疾病。

不过,朝鲜国王李怿与苏世让的问答中最大的话题是中宗二十五年(即引文中所谓的"去庚寅年",嘉靖九年,1530)琉球人漂流到朝鲜的事件。

关于当时琉球人漂流到朝鲜这一事件,《中宗实录》卷六九"中宗二十五年(嘉靖九年,1530)八月丙寅(九日)"条中对之有如下一段记录:

> 传曰:予观济州牧使启本,则其所获人,非贼倭也,乃琉球国人。此亦邻国之人,衣服饮食等物,令该司别加措置,送还事其速考启。②

---

① 《李朝实录》第二三册,学习院东洋文化研究所,1959年12月,第340页。
② 《李朝实录》第二三册,第67页。

朝鲜将这些漂流而来的外国人抓住之后，发现他们并非倭寇，而是邻国的琉球，所以马上就将他们保护了起来，还给他们提供了衣物和食品。

接着，同书的"中宗二十五年（嘉靖九年，1530）八月戊辰（十一日）"条继续记录道：

> 传于政院曰：琉球国人若来，则令禁府详问其根因可也。前者琉球国使臣或有出来之时，而今则不出来，必阻于日本国对马岛而然也。其不来之由及水陆程途远近，并问之。且其所进新稻穗，令户曹取种，而并问一年之内，几度种获也。①

中宗指示朝鲜官员对漂着朝鲜的琉球人进行审问。中宗所指示的几件审问事项中，琉球的水稻生产尤其突出，于此可见中宗对之所抱有的极大关心。接下来的审问详情，则见载于"中宗二十五年（1530）十月丁巳朔日"条中：

> 禁府以推问琉球国人之书启。其书契曰："漂流七人，其名一曰丰加那，二曰阿加豆，三曰无亇那，四曰他亇者那，五曰危那，六曰宾五里，七曰媵其。倭、汉学通事，皆不解其语，使济州押来人问之，则其人答曰：'以琉球国人，居于亇岛。今年七月间，以刈稻事，出来于尼南院岛，遭风漂流。第九日到泊于无涯之境，有一官员，见之哀怜，馈其酒食，因此上来。'又问：'丁巳年间，尔国人漂流到我国者，谁也？生存与否，汝知之乎？'答曰：'他罗亇岛居牛母也称名人，生存。'又问曰：'尔国朝贡于中原耶？'答曰：'我国使臣，将苏木、胡椒等物，载船入贡事，闻其奇，不得目睹。'又问曰：'尔国王衣服，及下人男女服色，何以为之？'答曰：'国王及下人男女等，以木绵裹头。'又问曰：'父母之丧，饮酒食肉乎？'答曰：'不食肉也。'又曰：'汝等赍新稻穗，一年几度种获，水田何月耕种，而

---

① 《李朝实录》第二三册，第68页。

何月收获耶?'答曰:'十月付种,四月收获,四月付种,十月收稻。'"

曰:"无他可问之事,请移于延接都监,使礼曹推之何如?"

传曰:"倭、汉学通事及济州押来人,皆未能善解其语。前者琉球国使臣梁广出来时,有倭人解其语者适来,使之问答,已有其例。今来倭人,亦有知琉球国语者耶?凡常之言,非当避忌,可使倭人问之。"仍传于政院曰:"琉球国漂流人,移于延接都监可也。但日气渐寒,待异国之人,不可不厚,衣服笠子,其速备给事,言于礼曹。"①

据上可知,朝鲜官员对漂流到朝鲜的七名琉球人进行了审问调查,知道了他们的名字分别叫做丰加那、阿加豆、无亇那、他亇者那、危那、宾五里、滕其。这些琉球人既不懂日语,也不会汉语,彼此间的交流极为困难,朝鲜政府最后是请了"济州押来人"来帮助审问,方才知道了他们是居住在"亇岛"的琉球人。这些琉球人于该年七月完成当地的水稻收割之后往赴"尼南院岛",不幸于途中遭遇海难而漂流到朝鲜。在漂流进入第九天的时候,他们进入了朝鲜境内。有一名朝鲜官员仁慈地给他们提供了食物。此后,朝鲜方面向他们咨询了琉球国的中国朝贡品、琉球国王和一般庶民的服饰、葬仪中的饮食、水田耕作等等诸多问题。

接下来,关于这些琉球漂流民的处置问题,成为朝鲜朝廷不得不解决的一个问题。据《中宗实录》卷六九"中宗二十五年(1530)十月戊午(二日)"条记载:

礼曹启曰:"解琉球言语倭人,问之于倭馆,只有日本国倭司猛左马助家久,故使倭学通事问曰:'汝知琉球国人乎?'答曰:'我国以贸易相通往来,如见其人,则可解其人之语'云。且考前例,则琉球国使臣梁广、梁春等出来时,上使能通汉语,故使我国汉通

---

① 《李朝实录》第二三册,第 80 页。

事待之,副使能解倭语,故使我国倭通事待之。厥后琉球国漂流人出来,其时日本国倭三郎、四郎称号者适来,故欲付送,而三郎、四郎不肯受去,故我国通书于对马岛,付倭人贞胜,使之转送本国也。"传曰:"琉球国漂流人,已移于延接都监,不可拿致推之,礼曹堂上亲往问之。"①

因为不解琉球语言,朝鲜方面向釜山倭馆的对马使者咨询了通晓琉球语言的人才。逗留倭馆的"左马助家久"刚好是合适的人选。借助"左马助家久"的翻译,朝鲜方面审问到了琉球漂流民的情况。

接着,关于这些琉球漂流民的处理,朝鲜政府展开了讨论。据《中宗实录》卷六九"中宗二十五年(1530)十月己未(三日)"条所载:

> 礼曹启曰:"琉球国漂流人,使倭人问之,亦不解其语,但曰:'此琉球国人也,而居于野岛[距琉球国甚远],异于本国之人。'大抵漂流人,他无可问之事,入送之事,今当措置。若通谕于对马岛,使倭人率去,则其间恐有欺罔之事。臣等之意,此漂流人,入送于中原,转送于本国,则可以万全生还矣。"传曰:"琉球国漂流言语,倭人且不能善解,则果无可问之事。彼岂无思恋本土之心,况当日寒之时,莫如速还。但礼曹意,则送由中原,可得万全矣,若送由中原,则不得已付送于今正朝使之行矣。然异国之人,既不能解其言,而率去似难。且入送于中国,而不逢琉球国使臣,则势不可弃置,而且必还率来矣。其招议政府及礼曹堂上全数议之。"②

这些琉球漂流民,来自远离琉球本岛的离岛。关于对他们的处置,朝鲜礼曹的讨论结果是,与其将他们交给日本对马人而产生诸多问题,不如将他们交给中国转道送回琉球。但是,朝鲜国王却持有异议,他认为,因为日本人不通这些琉球漂流民的语言,礼曹提出来的将他们

---

①② 《李朝实录》第二三册,第80页。

交给中国处理未尝不是一个好办法,但是将他们送去中国需要派遣遣明使者,而且朝鲜使者到了北京之后也未必遇得上琉球使者,所以琉球国王对礼曹的提法顾虑颇重,要求进行再次讨论:

> 三公及左参赞赵元纪、右参赞金珰议启曰:"琉球国漂流人入送于中国之议,自前有之,而不得成也〔成宗朝〕。其时来此倭人以徼利为重,故不肯受去。厥后通书于对马岛主,付送于本国矣。今来漂流人,入送于中原,似为未安。凡无前例之事,不可开端,今亦授倭人以送,而若不从,则更议处之何如?"礼曹判书俞汝霖、参议韩承贞启曰:"臣等见前者琉球国漂流人入送回答书契,则乃贞胜回答书契,与琉球书契大有异焉。臣恐贞胜书契乃中间所为也。且倭人率去时,求请之物甚多。若给求请之物,而反为倭人之所欺,则前日接待漂流人之功全无矣。且我国漂流人〔前有济州人漂流于琉球国者〕亦入自中国而还,请依此例入送于中国何如?"传曰:"今来漂流人,于予好生之心,岂不欲万全而送之。但入送于中原得见琉球国使臣,则可以送之,若不见其本国之人,则不可弃置而来,势将还率来矣。以此计之,不亦难乎。政府之言甚当。令该司磨炼,使倭人率去。"①

再次讨论的结果是,将琉球人送回本国的最佳途径是将他们交给从对马岛来到朝鲜的日本使者,借助日本之手辗转将他们送回琉球。朝鲜方面接下来的处理计划见载于《中宗实录》卷六九"十月辛酉(五日)"条中:

> 礼曹启曰:"琉球国漂流人入送事,本曹时方磨炼。若使倭人率去,则不得已令日本国倭司猛佐马助家久受去矣。当初漂流人推问于太平馆时,佐马助家久先言曰:'此漂流人,若还本土,吾当受去。'其时不知朝廷处置,故不答。其后更问于东平馆,则倭人

---

① 《李朝实录》第二三册,第80—81页。

曰:'吾非如他国人受本国爵禄。与此国人无异,当尽力护送。但岛主处不可不书契通谕,而萨摩州乃吾本土,当为书契而过行'云。且问曰:'我国人今赴中原,与琉球国使臣相会,则汝之率去虚实可知矣。'倭人曰:'漂流人若候风而去,经一年入本国矣。'"传曰:"漂流人,倭人若欲率去,则对马岛主及琉球等处,并成书契,而送之萨摩州,则倭人日本土云不须书契也。"①

朝鲜朝廷将漂流琉球人托付对马使者送还本国,对此,对马人佐马助家要求朝鲜方面提供书契以便向对马岛主交代。

但是,当上述的朝鲜朝廷的决定传到琉球漂流民耳中之后,却掀起了不小的波澜。这在《中宗实录》卷六九"中宗二十五年(1530)十月癸亥(七日)"条中有着记载:

礼曹启曰:"琉球国漂流人付送倭人事已定,今不更启矣。但分礼宾寺官员[太平馆别坐]牒呈云:'漂流人闻倭人率去之奇,以手指其顶,中夜痛哭'云。本曹不信此言,使郎官率济州押来人,亲问其漂流人,则果如前所言云。故敢启。"传曰:"漂流人令倭人率去,转送于本国,果有受害之弊,至为哀怜。知道。"②

当听说朝鲜方面要将琉球漂流人交给日本送还之后,这些琉球人昼夜痛哭。听闻此事的朝鲜国王也虑及将琉球漂流人交给日本送还可能会产生诸多弊害,不禁产生了怜悯之心。

继而,围绕琉球漂流民的送还本国问题,朝鲜方面的讨论在《中宗实录》卷六九"中宗二十五年(1530)十月甲子(八日)"条的记录中有了发展:

传于政院曰:"琉球国漂流人事,前者议得之时,礼曹则以为:'我国人漂流于琉球国者,[济州人也,]亦自中原而来。'此臣意亦

①②《李朝实录》第二三册,第81、83页。

令此漂流人,入送于中原,则可以万全,生还于本国矣。大臣及予意以为,异国人,不可率尔奏闻上国,而且入送于中原。若不逢琉球国使臣,则势不得不还率来。此皆未便,故欲令今来倭人付送事,已议定矣。昨闻礼曹所启之言,至为哀怜。若送中原,则奏闻而送之耶?虽不奏闻,称我国人而率去,遇其国使臣,而付送耶?彼琉球国使臣,必知汉语,而且解文字也。且若漂流人,留置于此,而今正朝使行次时不送,则当使正朝使,入去于中原,言于琉球国使臣曰:'汝国漂流人,某等几人,漂流到泊于我国矣。且庚申年[杨广、杨春出来时]以后,音闻不通何耶?近闻日本国,介于两间,或夺取图书云,故不送耳。又未知汝国使臣,又于几时,到中原乎?吾亦欲于后行次率来付汝'云。似当。且邻国使臣,近来久不往来矣。然日本国,乃交通之国也。岂有害使臣之理乎?今亦遣我国使臣,交付于日本国何如?思恋本土,欲万全生还,谁无是心?领议政以病在家,遣注书问之可也,左议政今往山陵,众议若未定,则亦遣注书问之可也。"①

可见,关于琉球漂流人的送还问题,在朝鲜朝廷再次被提上了议案。这次的讨论结果,是考虑不借助对马通过日本送还本国,而是考虑经由中国送还本国:

礼曹回启曰:"于琉球国漂流人处,使济州押来人言其付倭人入送之事,则有恐惧不肯之色,言其入送于中原,则有欣欣喜悦之色。乃曰:'若入送于中原,则吾国使臣必乘船越海入来'云。皆束手罗拜而叩头。"②

对于朝鲜的这个决定,琉球漂流民表示了无限的欣喜。

但是,这个决定的最终敲定,还是颇为费了一些周折。《中宗实录》卷六九"中宗二十五年(1530)十月乙丑(九日)"条中有谓:

---

①② 《李朝实录》第二三册,第83、84页。

且琉球国漂流人,今当奏闻入送,而若于中原逢琉球国使臣,则不得已成书契送之。而且言于琉球国使臣曰:"汝国漂流人某人等,付汝入送也。"①

同条中还有下文记述:

正朝使吴世翰承命而至,闻传教后启曰:"臣闻琉球国漂流人率去中原事,此人素居南方温暖之地,性不耐寒,岂于冰冻之时能远行乎?自平安道义州由东八站过辽东至帝都,其程甚远,故我国使臣随去通事等,皆以毛衣卫其一身,而滨于死域者亦多,其艰苦可知。况此漂流人,只受例赐之衣服,势不能远去矣。若于中路见伤得死,则诚非小事。且饮食,江南人虽供馈,而皆粝饭麤食,其何能食。不得已一行赢粮,以疗朝夕之饥。"②

……

传于政院曰:"琉球国漂流人已令倭人受送事,言之矣。今若闻入送中原之议,则倭人必不信,而且有自惑之理。以权辞言之事,言于礼曹。"③

……

台谏启前事。宪府又启曰:"今此琉球国漂流人,还送本国事广议,而朝廷所见各异,故命付今行正朝使奏闻中朝,转解本国。臣等之意,此人等言语,不能尽解,不可的指为琉球国之人。且外国漂流之人,不先咨禀上国,而遽使转解,有违于事大之礼。"④

最终,据《中宗实录》卷七〇"中宗二十六年(1531)二月癸未(二十八日)"条中的如下记录:

---

① ② ③ 《李朝实录》第二三册,第 84 页。
④ 同上书,第 84—85 页。

> 传于政院曰:"正朝使先来通事,中原所闻,书来耶?若不书来,即令书启可也。其琉球国人,无事带去耶?带去,而置之何所耶?凡衣食之事,何以处之?若不逢琉球国使臣,则后来转送于本国事,亦何以措置耶?"即问于通事书启。①

可知,这批琉球漂流民最终被送往了中国。关于明朝方面的反应,通过反馈回朝鲜的明朝礼部的奏本可以窥其大概。《中宗实录》卷七〇"中宗二十六年三月甲午(九日)"条谓:

> 敕书眷黄曰:"礼部题:'为发解瑠球国漂流人口事,主客(清)[请]吏司桉呈奉本部,送礼科秒出朝鲜国王奏等因,奏奉圣旨,览王奏具见忠敬'"云云。又曰:"再照,朝鲜素称礼义之国,岁修职贡,罔敢[怠]遑。况累次送回辽东走去人口,曾经巡抚衙门奏称,各尽臣节。今又能抚兹外国流民,请命中国,不惟照恤怜拯溺之仁,抑亦尽忠君报国之义。迹其忠敬,实可嘉尚"云。②

可见,明朝对朝鲜的送还琉球漂流民活动作了嘉奖。

此后的朝鲜朝廷对琉球的情况继续保持关心,如《中宗实录》卷九八"中宗三十七年(嘉靖二十一年,1542)七月壬戌(十四日)"条中就有如下一段记录:

> ……窃闻琉球国,其官制、言语,一与中原无异。琉球以外夷,尚且遣子弟入学,况我国则中原待以礼义乎?今者以此奏之,必许其请矣。上下唯当坚定此议,不复挠改也。……③

---

①② 《李朝实录》第二三册,第112、113页。
③ 《李朝实录》第二四册,学习院东洋文化研究所,1960年3月,第441页。

四、结 语

如上所述,每年都向明朝朝贡的朝鲜不但关注明朝的国情和时事,还对其他海外各国也抱有极大的关心。朝鲜使者对琉球国情的关心,即是其中的突出一例。嘉靖十三年(1534)来到明朝的朝鲜使者与同时来到明朝的琉球使者在北京会同馆、玉河馆相与邂逅,进行了比较深入的交流。这些交流情况,在朝鲜使者苏世让及其侄子苏巡的日记中得到了比较完整的记录。借助朝鲜使者的记录,我们可以还原两国使者所进行的丰富而深入的交流实况。从朝鲜使者和琉球使者在北京仅仅相遇几天的记录中,我们可以窥见16世纪前期东亚世界各国的不同国情和彼此间在文化交流上的一端。

(原刊《南岛史学》[日文]第72号,2018年11月。郑洁西译)

第四章　万历四十五年暹罗国遣明使
——明代朝贡形态述论

一、前　言

众所周知,明王朝自建国之初便实施海禁政策,但与此同时又允准海外诸国派遣使者前来朝贡。关于来自东南亚各国的朝贡使者,判明其真伪的方法之一,便是核对明朝所颁发的"勘合",此亦是人所周知的。勘合的基本形态从万历朝重修的《大明会典》中可以窥见一斑。在万历《大明会典》卷一〇八"勘合号簿"诸条目中,列记着勘合发放①的实例和发放勘合的诸国名单。其文曰:

> 洪武十六年始给暹罗国,以后渐及诸国。每国勘合二百道,号簿四扇。如暹罗国,暹字号勘合百道及罗字号底簿各一扇,俱送内府。罗字勘合一百道及暹字号簿一扇,发本国收填。罗字号簿一扇,发广东布政司收。比余国亦如之。每改元,则更造换给。

---

①　田中健夫:《勘合符・勘合印・勘合贸易》,《日本历史》第393号,1981年1月。该文考察了"勘合"这一词汇,批判了日本学术界的通说。本文则由语汇问题更进一步讨论使用方面的问题。

计有勘合国分

暹罗　日本　占城　爪哇　满剌加　真腊　苏禄国东王　苏禄国西王　苏禄国峒王　柯枝　浡泥　锡兰山　古里　苏门答剌　古麻剌

以洪武十六年(1383)向暹罗国①发放勘合为起点,此后先后向日本、占城、爪哇、满剌加、真腊、苏禄国东王、苏禄国西王、苏禄国峒王、柯枝、浡泥、锡兰山、古里、苏门答剌、古麻剌等国发放勘合。这些国家全部都是经由海路前来中国的国家。

暹罗是最早获得勘合的国家。万历四十五年(1617)发生了判别其使者真伪的事件,给今人留下了了解包括勘合发放在内的朝贡原始形态的线索。本稿试图以暹罗国的朝贡为中心,探讨明代的朝贡形态。

二、明代暹罗国的朝贡

万历《大明会典》卷一〇五"朝贡·暹罗"条载:

---

① 关于明清时代中国与暹罗国之间关系史的有关论考见以下揭载,但其中明代后期的研究为数很少:

梁嘉杉:《论明清广东国际贸易与近代中泰之关系》,《中泰文化论集》(二)1958年,《广东文献》,1977年6月,第2期。

张美惠:《明代中国人在暹罗之贸易》,《文史哲学报》1951年12月,第3期。

李光涛:《明清两代与暹罗》,《大陆杂志》,1962年1月,24卷3期。

黎东方:《泰国历史略谈》,《大陆杂志》,1961年8月,23卷3期。

藤原利一郎:《明初与暹罗之交涉》,《史窗》第21号,1962年12期;《永乐时期明与暹罗之交涉》,《史窗》第22号,1964年2月。

高崎美佐子:《18世纪清泰交涉史》,《茶水史学》,1967年12月。

Saeain Viraphol:《朝贡与谋利:中暹贸易》,1997。

根本文夫:《明实录所见暹罗国纪事》,《上智史学》30号,1985年11月。

饭岛明子:《泰国1688年"革命"——关于阿由达雅王朝对法关系的考察》,《东南亚——历史与文化》第5期,1975年11月。

增田ERIKA:《RAMA一世的对清外交》,《东南亚——历史与文化》第24期,1995年6月。

> 暹罗国,国滨海,本暹与罗斛二国,后并为一。洪武四年,其
> 国王参烈昭毗牙遣使。……自后三年一朝贡,贡道由广东。

暹罗国本分暹国与罗斛二国,统一后从洪武四年(1371)开始向中国朝贡。其贡期为三年一贡,贡道经由广州而至北京。由《明实录》的记载可知暹罗国在有明一代向中国派遣使者有以下事例。

表1　明代暹罗国遣明使一览表

序号	年代	暹罗国王名	遣明使名	朝贡品
1	洪武四年九月	参烈昭毗牙	昭晏孤蛮	象/六足龟
2	洪武四年十二月	参烈宝毗牙思多罗禄	婆坤冈信	金叶表/方物
3	洪武四年十二月	参烈昭毗牙	奈思侪剌识悉替	金叶表/方物
4	洪武五年一月		宝财赋	表/黑熊/白猴/苏木/胡椒
5	洪武五年十月		昭委值	表/方物
6	洪武五年十月	国王女兄/参烈思狞		金叶表/方物
7	洪武五年十一月		奈思侪剌识悉替	金叶表
8	洪武六年闰十一月	参烈宝毗牙思里多罗禄	奈昭甄多罗	表/方物
9	洪武七年三月		沙里拔	方物
10	洪武七年十一月	世子·苏门邦王昭禄群膺	昭悉里直	皇太子/方物
11	洪武八年一月		遣使	
12	洪武八年十月		婆坤冈信/昭甄多罗	表
13	洪武八年十一月	旧明台王世子·昭勃罗局	奈暴苍	金叶表/方物
14	洪武十年九月	子·昭禄群膺		金叶表/象/象牙/胡椒/苏木

续　表

序号	年　代	暹罗国王名	遣明使名	朝贡品
15	洪武十一年三月	昭直班		表/方物
16	洪武十一年十二月		遣使	
17	洪武十二年十二月	参烈宝毗牙思里多罗禄	亚刺几　文智利	表/方物
18	洪武十三年六月		遣使	方物
19	洪武十四年二月		陈子仁	表/方物
20	洪武十五年六月		班直三	表/方物
21	洪武十六年一月		遣使	表/方物
22	洪武十七年一月	参烈宝毗牙思里多罗禄	遣使	表/方物
23	洪武十七年八月		昭禄　奈霭观	表/方物
24	洪武十八年一月		遣使　昭禄巴霭	方物
25	洪武十九年二月		昭依仁	胡椒/苏木/乳香
26	洪武十九年九月		冒罗	表/方物
27	洪武二十年七月		坤思利济利职替	胡椒 1 万斤/苏木 10 万斤
28	洪武二十一年八月		遣使	
29	洪武二十二年一月	世子·苏门邦王昭禄群膺	冒罗	马/苏木/丁香
30	洪武二十二年六月	（遣使）		方物
31	洪武二十二年十月	思利檀刺儿思谛		表/番马/象齿/硫黄/胡椒/降香
32	洪武二十三年四月	思利檀刺儿思谛		表/苏木/胡椒/降香/全部 17 万 1880 斤
33	洪武二十四年四月		李奈名	象牙 40/生玳
34	洪武二十六年一月	参烈宝毗牙	李三齐德	金表/方物

续 表

序号	年　代	暹罗国王名	遣明使名	朝贡品
35	洪武二十六年十二月		冒勾	方物
36	洪武二十八年十一月	嗣王·苏门邦王昭禄群膺	奈婆郎直事剌	表/方物
37	洪武三十年八月		奈婆郎	表/方物
38	洪武三十年十月		奈斯匆罗	表/方物
39	洪武三十一年一月	苏门邦王昭禄群膺	遣使	表/方物
40	洪武三十一年五月		奈斯匆罗	方物
41	永乐一年二月		遣使	
42	永乐一年九月		奈霭侪剌	
43	永乐二年九月	昭禄群膺多罗谛剌/谢恩	奈必	表/象牙/诸品香/蔷薇水/龙脑/五色织文丝缦
44	永乐二年十一月	昭禄群膺多罗剌	奈霭纳孛利	方物
45	永乐三年三月		遣使	
46	永乐三年七月	昭禄群膺多罗剌	鲁寿贤	方物
47	永乐三年十一月	昭禄群膺多罗剌	奈婆郎/直事剌	方物
48	永乐四年三月	昭禄群膺多罗剌	奈必	马/方物
49	永乐四年九月	昭禄群膺多罗剌	虎都卜的毛那那	方物
50	永乐五年十月	昭禄群膺多罗剌	奈婆郎/直事剌	表/驯象/鹦鹉、孔雀
51	永乐六年十二月	昭禄群膺多罗剌	虎都无霞味奈义霞	方物
52	永乐七年一月	昭禄群膺多罗剌	奈使赖卒	仪物/祭·仁孝皇后
53	永乐七年十月	昭禄群膺多罗剌	坤文昆	表/方物
54	永乐八年十二月	昭禄群膺多罗剌	曾寿贤	马/方物

续 表

序号	年代	暹罗国王名	遣明使名	朝贡品
55	永乐九年十一月	昭禄群膺多罗刺	奈义	方物
56	永乐十年十二月	昭禄群膺多罗刺	坤文昆	表/方物
57	永乐十四年五月	昭禄群膺多罗刺·卒,子·三赖波磨刺礼的赖	奈世贤	告讣·请袭爵诏
58	永乐十五年十二月	三赖波磨刺礼的赖	奈叫	表/方物
59	永乐十六年五月	遣使/奈叫		方物
60	永乐十八年四月	三赖波磨刺礼的赖	奈霭纳·80人	
61	永乐十九年四月	三赖波磨刺礼的赖	奈怀·60人	方物
62	永乐十九年十月		正使·阿哈麻	
63	永乐二十年七月	三赖波磨刺礼的赖	坤思利亦	方物
64	永乐二十二年二月	三赖波磨刺礼的赖	坤梅	方物
65	宣德一年九月	三赖波磨刺礼的赖	亚烈陈宝	方物
66	宣德一年十一月	三赖波磨刺礼的赖	奈温	金叶表/方物
67	宣德二年五月	三赖波磨刺礼的赖	黄子顺	方物
68	宣德三年三月	三赖波磨刺礼的赖	奈注德刺·42人	方物
69	宣德三年闰四月	三赖波磨刺礼的赖	奈勾	方物
70	宣德四年五月		奈勾·45人	
71	宣德八年九月	悉里麻哈赖	坤思/利弗	方物
72	宣德九年五月	悉里麻哈赖	坤思利刺者万直	
73	正统二年九月		奈霭纳孛纳/通事·奈麻沙	方物
74	正统三年二月	悉里麻哈赖	副使·罗渐信	表/马/方物
75	正统三年三月	悉里麻哈赖	把总·奈芯临	孔雀/方物
76	正统三年九月	悉里麻哈赖	通事·奈麻沙	表/马/象牙/犀角/方物
77	正统九年二月	谷戎有替下	坤沙群	表

续 表

序号	年代	暹罗国王名	遣明使名	朝贡品
78	正统十一年三月	思利并罗麻奈惹智刺	正·副使·奈三铎	方物
79	正统十一年十月	思利并罗麻奈惹智刺	坤普论直	方物
80	正统十二年八月	思利并罗麻奈惹智刺	坤普论直	表/方物/碗石1380斤
81	景泰六年十二月		坤罟悦	方物
82	景泰六年五月	把罗蓝米孙刺	坤罟悦	方物
83	天顺一年三月		副使·马夏扶/马黄报	
84	天顺六年九月	字刺蓝罗者直波知	坤普伦直	马/兜甲/佩刀
85	成化九年五月		坤烈者林沙	方物
86	成化十一年三月		李英者捧沙	表/方物
87	成化十三年四月		正使·坤怗谢提	方物
88	成化十三年十一月		副使·坤禄群谢提	金叶表/方物
89	成化十六年七月		正副使·奈刺捧沙	象/方物
90	成化十八年七月	请封	正·副使/坤望群谢提	方物
91	成化二十三年七月		正副使/坤江悦	金叶表/方物
92	成化二十三年九月	国隆勃刺略坤息利尤地亚	坤江悦	金叶表
93	弘治四年八月	国隆勃刺略坤息利尤利	陪臣、正副使、坤贴谢提	金叶表/方物
94	弘治六年八月		副使·闷团奈贴	
95	弘治十年九月		通事·秦罗	

续　表

序号	年　代	暹罗国王名	遣明使名	朝贡品
96	弘治十年九月	国隆勃剌略坤息利尤地	正·副使/坤明斋	
97	弘治十六年六月		正·副使/坤怙米的利	
98	嘉靖五年十二月	坤思悦剌者来的利		方物
99	嘉靖三十三年九月	勃略坤息利尤池牙	遣使	金叶表/方物
100	嘉靖三十七年闰七月	勃略坤息利尤池牙	遣使	金叶表/方物
101	嘉靖三十八年九月	勃略坤息利尤池牙	坤应命的类	方物
102	万历三年六月		遣使·印信勘合烧失	再支给
103	万历二十年九月		遣使/夷使27员	
104	万历三十九年十二月	普埃	握坤奈万低厘·26员	表
105	万历四十五年十月		遣使	金叶表1通/方物14800 金/孔雀3对
106	万历四十七年八月	王妃	遣使	孔雀/象牙/降香
107	天启一年六月		遣使	
108	天启二年十二月		遣使	金叶表/方物
109	天启三年二月	森烈伯错	遣使	方物
110	崇祯十六年		遣使①	

从表1可以清楚看到,包括明初暹国和罗斛国并立时代在内,从

---

① 上表主要据《明实录》作成,但崇祯十六年的暹罗朝贡情况是根据下述资料补充的:道光《广东通志》(同治三年重刊)卷三三〇《列传(六三)·外蕃·暹罗》:"崇祯十六年犹入贡。"华文书局,《中国省志汇编》10,第8册,第5439页。

洪武四年(1371)到天启三年(1623)的253年间,共朝贡109次,平均2.32年1次。但相对从洪武四年(1371)到永乐十年(1412)的42年间朝贡56次而言,永乐十四年(1416)到天启三年(1623)的208年间仅有53次。明初迄永乐十年(1412),平均朝贡1.33次,但永乐十四年(1416)以后的明中后期却每3.92年一次,显示了明初频繁、15世纪至明末频度稀疏的走向。

三、万历四十五年暹罗国遣明使

明朝对海外诸国遣使朝贡,其对策是在沿海各处的宁波、福州、广州等地设置市舶司。《明史》卷七五《职官(四)·市舶提举司》关于市舶司的职能记述如下:

> 掌海外诸蕃朝贡市易之事,辨其使人表文勘合之真伪,禁通番,征私货,平交易,闲其出入,而慎馆榖之。①

可见,市舶提举司的基本职能是审查因朝贡来航的使者及其向明朝皇帝递交的表文、勘合符之真伪,确认来航国的使者是否即该国的使节。

其中最为重要的是勘合符。《太祖实录》洪武十六年(1383)夏四月乙未条记载:

> 遣使赍勘合文册,赐暹罗、占城、真腊诸国。凡中国使至,必验勘合相同,否则为伪者,许擒之以闻。

可见,海外诸国以暹罗、占城和真腊为代表,勘合符作为验证向这些国家派遣的中国使者真伪的方法被使用。另一方面,由海外诸国遣来的使节到中国之际,也使用过这种方法加以确认。

---

① 《明史》(中华书局)第6册,第1848页。

《明史》卷八一《食货(五)·市舶》记载:

> 海外诸国入贡,许附载方物与中国贸易,因设市舶司,置提举官以领之。所以通夷情,抑奸商,俾法禁有所施,因以消其衅隙也。洪武初,设于太仓黄渡,寻罢。复设于宁波、泉州、广州。宁波通日本,泉州通琉球,广州通占城、暹罗、西洋诸国。①

由此可知,宁波、泉州、广州等地的市舶司之提举官,担任确认来航中国使者真伪的职能。

(1) 万历四十五年的暹罗使节

关于万历四十五年(1617)暹罗国的遣明使,《神宗实录》万历四十五年冬十月乙未(28日)条记述:"暹罗国进贡金叶表文一通,方物一万四千八百斤,孔雀三对。"此处只记录了暹罗国进贡所携带的金叶表文一通,土产一万四千八百斤和孔雀三对,而没有记录来朝之际在广州发生的问题。

下面提到的这个万历四十五年(1617)暹罗国向中国朝贡的记录,是田生金于万历四十五年在刻本《按粤疏稿》②卷五中,以"报暹罗国进贡疏"为题,记录的这次朝贡详情。关于田生金本人,《兰台法鉴录》卷二〇、八二丁表载:"田生金,字成叔,湖广麻城县人。万历三十二年进士,四十年由顺天府推官,选四川道御史。"③此外,民国《麻城县志前编》卷八上《选举志(一)·进士》万历三十二年(1604)项中载:"田生金,太仆卿。"④可见田生金是一位万历三十二年成为进士曾任四川道御史的人物。

《按粤疏稿》卷五之"报暹罗国进贡疏"的内容,是从此下的记述开始的:

---

① 《明史》(中华书局)第7册,第1980页。
② 本稿据影印件引证。
③ 北京图书馆善本丛书,第533页。
④ 《中国方志丛书》,华中地方第357号,第三册,第574页。

> 题为进贡事。据广东布政司经历司呈奉本司札付,蒙臣牌,据广东市舶提举司呈报暹罗国贡使到省缘由,并开造方物货数册到院。为暹罗国入贡旧例,贡使皆赍前次贡回敕书,勘合送验为凭。今据称,接贡船回,被水淹没无存。

暹罗国的进贡船驶入广州港,广东市舶司点检所载货物,发现该使未携上次朝贡之际带回的敕书和勘合符。其理由为:前次的接贡船在航途中沉没。

据"所有勘合号纸,前次用罗字三号"的说法,那么上一次用的勘合应是罗字三号勘合。但是,这次朝贡之际恐怕连合乎罗字四号的勘合都没有携带,所以如何处置这位使者就成为了问题。该疏又载:

> 今将凭以辨真伪,况该司原查金盘公文,彼时当一并付贡使还国兹既称有回文,是必司文已至该国矣。何敕书、勘合独云淹没。

在判断使节的真伪时,尽管已经见到由前次的使节带回去的金盘公文的回文,但为何偏偏没有敕书和勘合符呢?这使得中国方面大生疑惑。

结果,因为对暹罗国使节疑念频生,明政府就对他们进行了调查,于是有了这份"报暹罗国进贡疏"。该次暹罗国使节的构成如下:

> 七月二十三年日午时。据暹罗国正贡使浮那申实替剌迈低厘、副贡使闷剌申里哈、三贡使昭提他提剌、正通事许胜投报前事,称厘等奉国王命,赍金表、土仪等物,入贡天朝,并开船主那打头目人等共一百四十余员名口前来。

暹罗国朝贡使由正使、副使、三使、正通事、船主以下乘员 140 余人组成。他们同外国船的入贡一样,经虎门抵广州停泊于黄浦江,市舶司

的提举等明朝官员登船作了检查,其结果为:

> 有该国印信纸、写唐字表文一通,其方物备表文、内尚一层固封进上金叶表文(据旧例,到部方开,不敢擅开)及递出该国印信封筒一封,称内回布政司、先年查考金盘事文书给付来役赍投外,细查系真进贡,非有欺伪。

通过登船检查,因有暹罗国印的文书,故判明系真使节,伪使节的理由不存在了。但是,前次使团既已遇难,为何又独有布政司的回文呢? 其理由如以下记述:

> 既称贡人船俱没,本司差人李高今独有回文,何也? 查四十一发贡船,开驾已晚,风汛不利,船行至虎条门停泊,李高因回家安置家口。至八月内,信报,急往虎跳夷船,稍稍开航。在大海中,高所搭小船不能进矣。至十月,禀乔布政,准往海澄县搭商船前去彼国,是以接贡人船俱没而高在别船无事也。

接贡船既已沉没,广东布政司发给的回文为何安然无恙? 追问其原因,原来万历四十一年(1613)的接贡船归航之际,因船行风汛不是最佳时期,便在虎跳门停泊,使乔布政使派遣的李高来不及追上接贡船。至10月,经乔布政使同意,李高再搭海澄县的商船将回文带到暹罗国。故接贡船虽遭海难,而唯有由另一只船送去的广东布政使司的回文抵达了暹罗国。

(2) 进贡船所载货物

关于万历四十五年的暹罗国使节,在"报暹罗国进贡疏"中称:"正贡船一只,护送船一只",有进贡船和护送船二艘来航。但《神宗实录》万历四十五年冬十月乙未(28日)条中仅称:"暹罗国进贡金叶表文一通,方物一万四千八百斤,孔雀三对",其他情况不明。故凭"报暹罗国进贡疏",可判明进贡之际所携货物的详情:

国王进贡品　　金叶表文一通　象牙 300 斤　孔雀 2 对
　　　　　　　苏木 3000 斤　　束香 300 斤　　降香 300 斤
　　　　　　　白豆蔻 300 斤　　树香 300 斤　　大枫子 300 斤
王妃进贡品　　象牙 150 斤　　孔雀 1 对　　苏木 1500 斤
　　　　　　　束香 150 斤　　降香 150 斤　　白豆蔻 150 斤
　　　　　　　树香 150 斤　　大枫子 150 斤
正使进贡品　　苏木 200 斤　　乌木 300 斤
副使进贡品　　苏木 200 斤　　乌木 300 斤
三使进贡品　　苏木 200 斤　　乌木 300 斤
正通事进贡品　苏木 200 斤　　乌木 300 斤
副通事进贡品　苏木 100 斤
辨事进贡品　　苏木 100 斤　　乌木 100 斤
船主进贡品　　乌木 500 斤
大总管进贡品　苏木 200 斤　　乌木 200 斤
二总管 92 名进贡品　苏木 200 斤
大伙长进贡品　苏木 200 斤　　乌木 200 斤
二伙长进贡品　苏木 100 斤
大那打进贡品　苏木 200 斤　　乌木 200 斤
二那打 2 名进贡品　苏木 400 斤　乌木 400 斤
财副 2 名进贡品　苏木 200 斤
干事进贡品　　苏木 100 斤
机察 2 名进贡品　苏木 200 斤
执库 94 名进贡品　苏木 400 斤
押工 6 名进贡品　苏木 600 斤
千副 6 名进贡品　苏木 600 斤
舵工 4 名进贡品　苏木 400 斤

　　以上是暹罗国王及以下 222 人所携带贡品。试以品名对此进行归类整理,其结果如下所示:

品　名	数　量	比例(%)
孔雀	3 对	
象牙	450 斤	3%
束香	450 斤	3%
降香	450 斤	3%
白豆蔻	450 斤	3%
树香	450 斤	3%
大枫子	450 斤	3%
苏木	9300 斤	63%
乌木	2800 斤	19%

表中,包括孔雀3对与特产苏木等在内,揭载了全部所携货物14800斤的详细情况。《明实录》仅记为"方物一万四千八百斤"的货物详细内容,从这份"报暹罗国进贡疏"可知一清二楚。尤其是苏木占全部货物的63%,乌木占19%,两者共计超过80%。下表是对国王及以下人员所携贡品的构成所作的分析。

进贡品提供者	人　数	积载货物量	记载货物比率
国王	1 名	4800 斤	32.4%
王妃	1 名	2400 斤	16.2%
正使等使节	6 名	2300 斤	15.6%
暹罗船乘员等	214 名	5300 斤	35.8%
合计	222 名	14800 斤	100%

《明实录》中所载计有方物14800斤,而据"报暹罗国进贡疏",可知这次的贡品非国王一人之物,国王的贡品仅占全部所载货物的1/3,若加上王妃的部分,也只占大约50%,其余50%的货物,是正使、乘员等随行人员携带的进贡品。看上去虽然是进贡,但其本质却是以交易为目的。

四、结　语

通过分析田生金的《报暹罗国进贡疏》,我们了解到明朝的朝贡国暹罗来航广州入港以后的具体情况。明朝市舶司在朝贡国朝贡时必要的检查程序如下:首先核对由明朝颁发给朝贡国国王的国印盖讫的国书,这在暹罗国的场合便是核对金叶表文;其次是核对上回朝贡时给予的敕书、勘合、布政使司的回文等。可见,判断贡使之真伪,仅有勘合是不充分的。

另外,万历四十五年暹罗国的朝贡品,不仅有暹罗国王呈送万历皇帝的贡品,而且有暹罗王妃的贡品,还带来了上至贡使下至随员的许多货物。这显然说明,暹罗国对明朝的朝贡,主要是以贸易为目的的。

(原刊于《郑和研究》1999 年第 2 期,总第 41 期)

第二编
明末清初的海外交流

第一章　明末袁崇焕与朝鲜使者

一、前　言

　　概观明清时代的中外交通史,会发现一些颇为令人费解的细节。譬如说,当明朝的辽东地区落入后金军之手后,朝鲜使者为何不经由比较安全的山东半岛贡路进入北京,而是冒着极大的风险横渡渤海来到北京。笔者想就这些细节的理由作些考察。

　　明朝与朝鲜国的关系,自高丽末期的亲明派李成桂势力建立朝鲜国之后,两国之间一直维持着朝鲜国对明朝的宗属关系。但是,明代末期满族势力兴起,两度侵略朝鲜,迫使朝鲜中断与明朝的宗属关系。其间,两国友好关系总共维持220余年之久。

　　朝鲜国定期地向明朝派遣使者。其贡道见载于万历《大明会典》卷一〇五"礼部六三·朝贡一·东南夷上·朝鲜国"条:

　　　　贡道由鸭绿江,历辽阳、广宁,入山海关,达京师。

可见,这条朝贡路线起于朝鲜国,越过朝鲜半岛北部的鸭绿江,经辽东通过山海关到达北京。①

但是,当明末满族势力兴起以后,朝鲜国的朝贡路线发生了很大的变化。由于满族势力进入了辽东地区,使得朝鲜使者在前往北京时,再也不能经由辽东这条路线了。朝鲜使者不得不从朝鲜半岛西北部沿辽东半岛南端航海至山东半岛的登州,再经山东省到达北京。这给朝鲜使者带来了海洋航行上的困难。

但是,这条贡路也没有维持太久。驻守宁远的明朝将领袁崇焕提议,朝鲜使者前往北京的朝贡路线不能因循上述经由山东半岛的路线,而应该取道于辽东半岛的南端,再往北横渡渤海来到宁远,接着从宁远开始改行陆路,经山海关到达北京。这条路线对朝鲜使者来说,是一条比取道山东半岛更为困难的路线。但是这条朝贡路线一直为朝鲜使者所使用,直至明朝灭亡前夕。

二、朝鲜朝贡路线的变化

朝鲜使者自明初开始一直循行取道辽东的朝贡路线,但是后来却不得不变更朝贡路线,这是满族势力侵入辽东所致。

朝鲜的《光海君日记》卷一六三"光海君十三年(明天启元年,后金天命六年,1621)三月庚午(二十八日)"条载:

> 义州府尹郑遵驰启,本月十三日,奴贼大势攻陷沈阳,十九日进犯辽阳。

---

① 关于朝鲜使者朝贡路线的先行研究,管见所及的有:孙绳祖《明与朝鲜国交之检讨》,见《文史杂志》第四卷7、8期合刊,1944年10月。商鸿逵《明代的中朝友好关系》,见《五千年来中朝友好关系》,收入《开明文史丛刊》,1951年10月。全海宗《朝中关系史研究》,[韩国]一潮阁,1970年5月。这些研究对明末朝鲜国前往中国的朝贡路线均未详论。笔者在《明朝末期朝鲜使者所见到的北京》一文中对明末朝鲜的朝贡路线有所提及,见岩见宏、谷口规矩编《明末清初研究》(京都大学人文科学研究所,1989年3月)。

上述引文说明天启元年(1621)三月十三日,后金军已攻陷沈阳卫,辽东形势十分危急。因此,滞留北京的朝鲜使者,不能再通过辽东路线回国,不得不取道于经山东陆路后再从海路返回朝鲜。结果,朝鲜使者在归途上遇到了极大的困难和挫折。这在《光海君日记》卷一六四"光海君十三年四月甲申(十三日)"条中有记载:

> 赴京使臣朴彝叙、柳涧回自京师,遭风漂没,时辽路遮断,赴京使臣刱开水路,未谙海事,行至铁山嘴,例多败没。

如上所载,朝鲜使者的此次归程,由于被迫取道海路,结果在辽东半岛南端的铁山嘴遭遇了严重的海难。但是,因为辽东形势的持续紧张,此后朝鲜国往赴明朝的朝贡路线,除此路线之外别无其他更好的选择,所以虽然几度遭到海难,但是仍然被继续循行。

但是,几年以后,明朝要求朝鲜变更朝贡路线,取道朝鲜使者更不熟悉、航道更为漫长的另一路线。这在朝鲜的《仁祖实录》卷二〇"仁祖七年(明崇祯二年,1629)闰四月丙子(二十日)"条中有记载:

> 中朝改定我国贡路,由觉华岛,从经略袁崇焕议也。

上述将朝鲜国前往明朝的朝贡路线改为经由宁远近海的觉华岛这一提案,是由明朝的经略袁崇焕提出来的。袁崇焕之所以要提出这样的提案,可参考该提案提出约两个月前的一条记事。《崇祯实录》卷二"崇祯二年(朝鲜仁祖七年,后金天聪三年,1629)三月"条记载:

> 袁崇焕奏设东江饷司于定远,今东江自觉华岛转饷,禁登、莱商舶入海,毛文龙累奏不便,崇焕不听。

由此可见,袁崇焕为了从经济上孤立盘踞海岛的毛文龙势力,禁止山东地区特别是登州、莱州的商船出海航行。这样一来,渤海的制海权,可以完全掌握在以据守宁远的袁崇焕为代表的明朝手上。又据《东江遗事》所载：

> 改贡道于宁远，皆所以图文龙也。①

袁崇焕之所以要朝鲜使者改变贡道，其目的是为了对付毛文龙。毛文龙以近乎独立政权的形式盘踞于皮岛，这对明朝来说是一个有害无益的存在。

关于盘踞海岛的毛文龙势力，兵科都给事中张鹏云在崇祯二年（1629）六月二十三日的题本中有如下描述：

> 数年来，逃难辽民集聚各岛，文龙借之以冒兵，借之以冒赏矣。②

因为辽东遭到满洲势力的侵犯，辽东百姓多逃到辽东半岛的近海岛屿上避难，毛文龙将这些逃难民收编为自己的军队，并以之为借口向明朝政府索要军饷。其费用据张鹏云所言达数百万之多：

> 文龙费国家数百万金钱，竟无一实。③

毛文龙徒然耗费明朝数百万两银子的军饷，却毫无任何成果可言。张鹏云进而说道：

> 文龙据海自恣，由于事权太重。④

可见，毛文龙盘踞皮岛，建立了近乎独立政权的个人势力。

袁崇焕为了孤立毛文龙，对他实施了海上封锁政策。这个海上封锁政策影响了朝鲜使者的朝贡路线。其结果是，朝鲜使者必须按照袁

---

① 据中国历史研究所资料丛书。
②③④ 《明清史料》甲编第八本第722丁表。

崇焕的指示，从海上航行至辽东半岛的觉华岛，在宁远登陆，然后再从此处经由原来的陆路前往北京。

崇祯二年(1629)—崇祯九年(1636)间的朝鲜使者朝贡路线图
(明朝)北京——山海关——宁远……觉华岛……(朝鲜)宣川
〔陆　　　　路〕〔海　上　航　线〕

但是，这条朝贡路线较天启元年(1621)经由山东的朝贡路线更为困难。关于这一点，可从朝鲜学者郑经世的《愚优先生文集》卷三"奏文"中的"请复登州旧路奏文"(仁祖八年，明崇祯三年，后金天聪四年，1630)中窥见一斑：

> 崇祯三年四月初四日，据进贺兼谢恩陪臣李忔在山海关驰启，臣等一行，乘船五十日，始到觉华岛，得达宁远，海程之险，有难尽陈。自平岛至登州，风便一日程，而至觉华岛，则殆将倍之。所谓双岛者，南、北汛口，相去绝远，中间又无岛屿，依泊之处，目见冬至使尹安国，到此沉没。

可见，朝鲜使者如果由朝鲜国扬帆出港，经辽东半岛南岸沿海航行，如果顺风仅需一日就可以从辽东半岛南端到达山东半岛的登州。但是，若将航船驶往觉华岛，则需要在海上航行50天。而且，从金州卫近郊的北汛口到觉华岛的途中没有可供停泊的岛屿，这导致了航行的愈加困难。

郑经世奏文中所提及的朝鲜使者李忔的朝贡路线所经地点，在《乱中续杂录》第三"仁祖己巳十月"条中有如下记述：

```
八月二十六日  广鹿岛
九月  初二日  平岛
      初六日  旅顺口
      初八日  铁山嘴
      十三日  南汛口
```

> 十四日　北汛口
> 十月　十九日　觉华岛东边海岸
> 二十一日　宁远城①

李忔等人费了好多周折，最终才到达宁远城：

> 臣等一行，自大同江乘船，五十日得达宁远。②

可见，朝鲜使者从大同江乘船出海，需要在海上航行五十余日才能到达宁远城。所以，郑经世在同一奏文中奏请道：

> 乞圣明，许复登州旧路以便。

请求恢复经由登州的海上贡路，但没有得到明朝的批准。

崇祯九年(1639)的朝鲜使者循行同样的海上贡路。他们离开辽东半岛后，于九月十八日看到了远在前面的觉华岛：

> 西北望觉华岛，杳然若一点弹丸。③

但是，他们到达觉华岛的时间是在同月的二十一日：

> 二更过觉华岛，到泊宁远前洋。④

从看到觉华岛到到达觉华岛，花费了整整三天时间。

据上可知，由袁崇焕提出的经过觉华岛的艰难的朝贡路线，一直被朝鲜使者沿用到明朝灭亡前夜的崇祯九年(1639)，这一年的使者是

---

①② 《乱中杂录》，[首尔]民族文化推进会，1977年12月，第285页。
③ 金堉《朝京日录》，见《燕行录选集》上卷，[首尔]成均馆大学校大东文化研究所，第208页。
④ 同上书，第208页。

朝鲜向明朝派出的最后一批使者。

三、袁崇焕与朝鲜使者

袁崇焕是改变朝鲜使者朝贡路线的关键人物。关于袁崇焕及其驻守辽东一事，先作一些简单的介绍。

袁崇焕于万历四十七年(1619)中进士，此后被任命为福建省邵武县知县。关于他在邵武知县任上的事迹，光绪《重纂邵武府志》卷一五《名宦传》下有他的传记：

> 袁崇焕，字元素，东莞人，万历进士。天启初任，明决有胆，略尽心民事，冤仰无不伸，素矫健有力，尝出救火，着靴上墙屋，如履平地，后以边才累荐，官辽东经略。

天启二年(1622)，邵武知县袁崇焕上京朝觐天启皇帝。接着，正月甲子(二十八日)，因为御史侯恂的推荐，袁崇焕作为经略辽东的得力人选被留置北京：

> 见在朝觐邵武县知县袁崇焕英风伟略，不妨破格留用。[①]

袁崇焕马上被提拔为兵部职方司主事。[②] 不久又升任为山东按察司佥事山海监军：

> 升兵部主事袁崇焕为山东按察司佥事山海监军。[③]

[①] 《明熹宗实录》卷一八"天启二年正月甲午"条。
[②][③] 同上书，卷一九"天启二年二月壬午"条。

此后,袁崇焕于天启六年(1626)三月受命巡抚辽东、山海等处。①天启七年(1627)十一月升任都察院左都御史兼兵部右侍郎添注②,崇祯元年(1628)二月则升任为兵部尚书兼右副都御史督师蓟辽登莱天津移驻关门③,接着在崇祯二年(1629)进位为太子太保。④但是,一年后,袁崇焕因为擅自斩杀毛文龙事件,于崇祯三年(1630)八月被处死。⑤袁崇焕的任官经历与辽东的防护事业密切相关。

关于袁崇焕,当时的朝鲜方面多有关于他的传闻。《乱中续杂录》卷二"仁祖丙寅(明天启六年,后金天命十一年,1626)九月"条中有如下记载:

> 天朝得袁崇焕为经略,时年二十七,智虑深远,用兵如神,今在广宁,多设方略,临敌策应,发谋千万,优备火具,以逸待劳,鞑奴大举累进,连败而还。⑥

据此记载,可以推算出袁崇焕大约出生于1600年(万历二十八年),其时年仅二十几岁⑦,但却思虑深远,决断迅速、准确,深为朝鲜方面所敬重。

袁崇焕为了对付后金军的攻势,准备了大炮等先进武器严阵以待,在战略上做了充分准备。因为袁崇焕的存在,使得后金军的进攻愈加困难。袁崇焕被朝鲜誉为辽东防备的重镇。

但是,袁崇焕在崇祯二年(1629)年底因为后金军的攻势而疲于奔命。这一点在朝鲜的《仁祖实录》卷二二"仁祖八年(崇祯三年,1630)

---

① 《明熹宗实录》卷六九"天启六年三月壬子"条。
② 明《□宗□皇帝实录》"天启七年十一月己丑"条,中央研究院历史语言研究所校印本《明实录》附录一,第46页。
③ 《崇祯实录》卷一"崇祯元年二月甲辰"条。
④ 同上书,卷二"崇祯二年十月戊午"条。
⑤ 同上书,卷三"崇祯三年八月甲寅"条。《崇祯长编》卷三七"崇祯三年八月甲寅"条。
⑥ 《乱中杂录》第245页。
⑦ 据阎崇年、俞三乐合合编的《袁崇焕资料集录》上(广西民族出版社1984年版)前言,袁崇焕出生于明万历十二年(1584)年四月二十八日,卒于崇祯三年(1630),可见当时袁崇焕的实际年龄为43岁。

四月癸丑(四日)"条中有如下记载如下：

> 进贺兼谢恩使李忔在北京，驰启曰：臣行入宁远，值袁军门出巡锦州，留待逾月，始向前路。奴贼于十一月二十七日(崇祯二年)夜，自棚路潘家口，毁长城而入，克汉儿庄，进围遵化县，京外震惊。袁军门领兵过关，臣令译官问安，仍探贼报，则曰奴贼窃发，本来如此，不之忧也，然不可轻进，须更观势，发行去。军门领诸将及一万四千兵，发向西路，而遵化已陷，总兵赵率教，遇贼战死，军门入蓟门，贼到城外不攻，径取西路，军门由间路，驰进北京，与贼对阵于皇城齐华门，贼直到沙窝门，袁军门、祖总兵等，自午至酉，鏖战十数合。

崇祯二年底，到达宁远的朝鲜使者李忔听闻袁崇焕出兵阻击清军的进攻。此后，清军越过长城侵犯北京，明军被迫在皇城的齐华门、沙窝门附近与清军作战。

当时的情况在清朝的《太祖实录》卷五"天聪三年(明崇祯二年，1629)十月辛丑(二十日)"条中亦有记载：

> 见宁远巡抚袁崇焕、锦州总兵祖大寿兵二万屯沙窝门外。

袁崇焕和祖大寿率领明军2万人驻屯在沙窝门外，其兵力较朝鲜方面的记录要多出6000人。

据朝鲜方面的《乱中续杂录》卷三"仁祖己巳(明崇祯二年，1629)十二月"条记载，朝鲜进贺使李忔于当年十月二十二日会见了袁崇焕，并对当时的情景有着如下的记述：

> 军门亦言，自辽被兵，无鲜使之趾久，信使重来，再见汉官威仪，今昔之感，欣然怆然，云云。①

---

① 《乱中杂录》第285页。

由此可知，因为辽东受到满族势力的军事威胁，朝鲜使者难以前来朝贡，导致明朝威信下降，这使得袁崇焕深为遗憾。但是由于袁崇焕等人的努力，明朝的威信又得到了恢复，在宁远地区建立起对满族势力进犯的坚固防御体系，从而促使了朝鲜使者重新往来于这个地区。

由于袁崇焕的建议，朝鲜使者重新经过宁远往赴北京朝贡。这对朝鲜使者来说是一条更为艰难的入贡之路，但是对袁崇焕和明朝来说，则具有"再见汉官威仪"的重要意义。

四、结　语

拙稿以明末朝鲜使者前往北京的朝贡路线的变更问题为课题，指出了该条朝贡路线的变更不仅与后金军进犯辽东事件紧密相关，与袁崇焕驻守辽东地区亦有重大关系。

对袁崇焕来说，防御满族势力对辽东地区的入侵，不仅要在辽东建立起坚固的防御体系，而且还要促使朝鲜使者前来朝贡，使他们能安全地前往北京，用以再次向国内外显示出明朝的巨大威信。

袁崇焕不可能不知道，对于朝鲜使者来说，取道觉华岛这一海上航线，是极为困难的朝贡路线，但是袁崇焕和明朝为了恢复中国的威信，作出了这一重大决定。

（最初发表于1988年的袁崇焕国际学术讨论会，辽宁兴城，1988年8月27日。郑洁西译）

第二章　天启年间毛文龙占据海岛及其经济基础

一、前　言

后金国努尔哈赤起兵,于天命四年(明万历四十七年,1619)萨尔浒之战打败明军后,旋即南下,进入辽东,目标直指长城。在他南下的过程中,能与之相抗衡的明朝军事力量是占据辽东半岛南岸沿海诸岛屿的毛文龙势力。

毛文龙从天启元年(后金天命六年,朝鲜光海君十三年,1621)到崇祯二年(后金天聪三年,朝鲜仁祖七年,1629)被明朝将领袁崇焕处死的八年间,一直占据着辽东半岛南部沿海黄海流域中的诸岛屿,特别是以占据平岛、皮岛之地,与后金势力相抗衡。

毛文龙具备能够与后金势力相抗衡的经济实力,主要仰仗于朝鲜国。关于这一点,田川孝三在研究中已经将之明确指出了。[①] 然而,有关毛文龙独立的经济基础方面的情况,更详细的史料应当是明人汪汝淳著于天启三年(后金天命八年,朝鲜光海君十五年、仁祖元年,1623)的《毛大将军海上情形》一书。

---

① 田川孝三:《关于毛文龙和朝鲜的关系》,青丘丛说,1932年。

关于《毛大将军海上情形》的研究，至今已有台湾李光涛的《跋毛大将军海上情形》①和北京中央民族大学王锺翰的《毛大将军海上情形跋》②。但是，这两位学者主要从书志学的角度对《毛大将军海上情形》进行了研究，而对毛文龙依托辽东半岛近海海岛独立的状况并未加以考察。

《毛大将军海上情形》一书对毛文龙占据辽东半岛南部沿海岛屿而形成的海上势力及其跋扈状况作了详细的记载。本文拟以汪汝淳《毛大将军海上情形》为基本史料，就毛文龙势力在海岛的经济基础作一详细的考察。

二、毛文龙占据椵岛

《明史》卷二五九《袁崇焕传》载：

> （袁）崇焕始受事，即欲诛毛文龙。文龙者，仁和人。以都司援朝鲜，逗留辽东。辽东失，自海道遁回，乘虚袭杀大清镇江守将……（王）化贞遂授文龙总兵，累加至左都督，挂将军印，赐尚方剑，设军镇皮岛如内地。皮岛亦谓之东江，在登、莱大海中，绵亘八十里，不生草木，远南岸，近北岸，北岸海面八十里即抵大清界，其东北海则朝鲜也。岛上兵本河东民，自天启元年河东失，民多逃岛中。文龙笼络其民为兵，分布哨船，联接登州，以为犄角计。中朝是之，岛事由此起。③

原辽东都司毛文龙，因袭击位于鸭绿江中游右岸镇江堡后金军有功，得到广宁巡抚王化贞的荐举，先后出任总兵官、左都督。其后毛文龙

---

① 李光涛：《跋毛大将军海上情形》，载《明清档案论文集》，联经出版社，1986 年，第 251—254 页。
② 王锺翰：《毛大将军海上情形跋》，《淡江史学》第五期，1993 年 6 月，第 169—175 页。
③ 《明史》，中华书局，第 22 册，第 6715 页。

设军镇于皮岛。皮岛亦称之为东江,位于山东半岛东部沿海登州、莱州大海中,绵亘八十里,不生草木,离北岸海面八十里即后金地界,其东北则是朝鲜国。岛上居住的百姓多数是天启元年(1621)满洲贵族南下时从辽东逃难而来的。毛文龙将他们征为士兵,分布哨船,巡视海面,使登州成为和中国本土联络的一个窗口。

毛文龙把位于海上的皮岛作为根据地,无论是对压制明朝的后金,还是对向毛文龙提供军需物资援助的朝鲜国来说,都是一个棘手的对象。

关于这一点,朝鲜国方面的史料《东史约》"朝鲜纪·仁祖上·壬戌十四年(光海君十四年,明天启二年,后金天命七年,1622)"条里有一条名为"明总兵官毛文龙来龙川椵岛,一名东江"的记载:

> 初,明遣总兵官毛文龙招集辽民,进驻宣川。虏怨之,以奇兵数千突入龙川,兵卒轰被杀,文龙弊然遇之计无所出,府使李尚吉极力藏护伟得脱免。辽民之被虏者,虏令脆坐受箭,一箭不繁,则使之拔箭。来纳辽人自拔矢洗拭脆进,虏又射之,难知必死而一承指挥,不敢谁何如失魂之人,见者惨伤,而尚吉乘机济活甚众。至是,文龙入据龙川之椵岛,设营留镇,辽民来投,遂成大镇。

毛文龙招集辽东民众,用以对抗后金,但结果受到了后金的反击而遭到失败。其后,毛文龙以朝鲜国龙川的椵岛为根据地,继续抵抗后金军。椵岛就是皮岛,或称平岛,也称东江。毛文龙在此设营留镇,辽东民众纷纷来投,椵岛遂成大镇。

朝鲜的《光海君日记》卷一六七"光海君十三年(1621)七月乙丑(二十六日)"条记载:

> 义州府尹状启,广宁御史遣游击毛文龙招降镇江,其人相率内应,杀贼署佟养真等七十余名。①

---

① 《李朝实录》第 33 册,学习院东洋文化研究所,1962 年 10 月,第 717 页。

在该条史料后面还有一条注释，其记为：

> 毛文龙南方人，辽阳城陷时，逸出自旅顺口浮东来，寄居龙义间，以为牵掣之计，始甚单征，其后入据椴岛，声势日盛，奴贼不能无东顾之虞。既而欺诳中朝托以接济辽民二三十万，岁发帑银二十万，潜结宦官魏忠贤辈，都不发包，入诸内珰，岛粮则专责我国……。①

毛文龙召集镇江民众并在椴岛建立据点，这对朝鲜国来说，无论是在政治方面还是在经济方面，都可以说是一个很大的负担。

关于毛文龙进入椴岛时的情况，在《乱中杂录》"续杂录第二·壬戌·天启二年·光海君十五年（明天启二年，后金天命七年，1622）九月"条里有这样的记载：

> 毛文龙入龙川椴岛，设营留镇，辽民来投者日众。②

这条史料说明毛文龙一进入龙川椴岛就设营留镇，从辽东投奔而来的民众因此日益增多。

《光海君日记》卷一八三"光海君十四年（明天启二年，后金天命七年，1622）十一月癸卯（十一日）"条记载：

> 铁山府使驰启，毛将不意乘船，入据椴岛。③

这条史料说明，在朝鲜国铁山府官员的报告里，也称毛文龙于天启二年（后金天命七年，1622）十一月突然来到椴岛。该条史料的夹注记为：

---

① ③ 《李朝实录》第33册，学习院东洋文化研究所，1962年10月，第717、809页。
② 《乱中杂录》，韩国古典丛书3，民族文化推进会，1977年12月，第231页。

是后,辽民皆卷入岛中,接屋甚盛,作一都会,东南商船来往如织。近海草木,尽于樵苏。椴岛或称皮岛、棱岛。至是,文龙改以云从岛,以协己名。①

毛文龙的据点椴岛,由于众多的辽民随毛文龙纷沓而至,使之一举而成为一大都会,各地的商船也因此往来如梭。椴岛又称皮岛、棱岛,当毛文龙占据该岛后,便用自己的号改其岛名为云从岛。

关于椴岛的地理状况,朝鲜的《英祖实录》卷一五"英祖四年正月丙寅(十五日)"条记载为:

椴岛及长尾岛,水草甚盛,允合牧马。昔在高丽,三别抄据济州而叛,胡元剿灭,是于济州入于胡元版图,故出送大宛马种,牧养岛中……今若求得大宛种牝牡各数十匹,先牧于椴岛,稍待肥泽,入送济州,留养取种,则国内马可蕃矣。②

正如上面所记,椴岛是一个水草茂盛、适合放牧的地方。早在高丽时代,该地牧养的马匹就被源源不断地送到济州。

《仁祖实录》卷六"仁祖二年五月辛酉(八日)"条记为:

遣判敦宁金尚容于毛都督军门,时辽民之来投椴岛者,日以益多,接济之事,专责于我,朝廷忧之,特遣金尚容,谕以老弱入送山东之意。③

到仁祖二年(后金天命九年,1624),来椴岛避难的辽东人急剧增加,自然增加了朝鲜国的负担,迫使朝鲜国不得不考虑将其中的老弱者遣送到山东。

---

① 《李朝实录》,第33册,学习院东洋文化研究所,1962年10月,第809页。
② 《李朝实录》,第43册,学习院东洋文化研究所,1965年7月,第3页。
③ 《李朝实录》,第34册,学习院东洋文化研究所,1962年11月,第117页。

据《乱中杂录》"续杂录第二·乙丑·天启五年·仁祖三年(后金天命十年,1625)九月"条记载:

> 毛文龙镇居椵岛军,总五六万,位高力重,自处骄傲,向我国多有不测之态,西关将士无不置疑,且常使人往来房中,似有交通之迹。①

毛文龙来到椵岛大约三年间,其军事力量达到了五六万,成为一股不容忽视的势力。特别是对朝鲜国来说,总猜想着将发生什么不测的事情。而且,最大的难题是毛文龙与敌对的后金军之间交换使者,互相往来。这对朝鲜国来说,有关毛文龙的去留在事前不能察觉成为一件令人十分着急的事。有关朝鲜国揭露毛文龙与后金军之间的交通事件,神田信夫的研究已经相当详明了。②

在《满文老档》"天命七年(明天启二年,1622)六月十五日"条的记载里,有从凤凰城、汤山、险山等三处守堡送来的奏报,即"毛文龙遣人乘夜前来窥探,请遣千兵前来"③。于是,"汗命副将额克兴额率兵二千,于十八日前往"④。可见,努尔哈赤派遣副将的同时,也送去了2000人的兵力。凤凰城等三个守堡全都设立于紧邻朝鲜国的地方,而此时毛文龙的军营就在镇江堡附近。

《满文老档》"天命八年(明天启三年,1623)二月三十日"条记载努尔哈赤给他的属下发了一道命令,即"据悉毛文龙差五十人执书挑唆等语。戍守南海沿岸之统兵大臣等,为免敌于各驻军两地之间有隙可乘,当严加搜寻踪迹"⑤。由此可见,努尔哈赤已经十分了解毛文龙在南部沿海的军事实力。

---

① 《乱中杂录》,第244页。
② 神田信夫:《有关〈满文老档〉中所见到的毛文龙"书简"》,《朝鲜学报》第37、38辑,1966年1月。
③ 《满文老档》Ⅱ太祖2(满文老档研究会译注,东洋文库1956年8月),第614页。
④ 《满文老档》Ⅱ太祖2,第614页。
⑤ 《满文老档》Ⅱ太祖2,第676页。

又《满文老档》"天命八年(明天启三年,1623)四月初三日"条记载了从山海关来投降后金军的明人密探那里得到的情报,即:

> 山海关有兵五十万,其中蒙古兵十万,取广宁路而进,毛文龙兵二十万,取南路而进。两路之兵,皆于本四月十九日到来之也。①

从上述的这些史料记载中不难发现,后金方面很显然已经掌握了毛文龙以皮岛等地为据点,以及毛文龙为确保这些据点而所做的事情。关于毛文龙在椴岛的军事力量,《续乱中杂录》记为五六万,而《满文老档》则称"毛文龙兵二十万"。那么,其具体情况究竟如何呢?笔者将在下面进行探讨。

三、毛文龙和椴岛(平岛、皮岛)

毛文龙于天启二年(朝鲜光海君十四年,后金天命七年,1622)在朝鲜国龙川椴岛设置据点,详细记述其状况的是题署为"天启癸亥仲秋朔日,天都汪汝淳书"的明人汪汝淳于天启三年(后金天命八年,1623)八月一日所写的《毛大将军海上情形》。

首先,从书志学方面对《毛大将军海上情形》作若干考述。

(一) 关于《毛大将军海上情形》

据笔者所见,在我国题名为《毛大将军海上情形》的书有两部,即分别收藏于国立公文书馆和关西大学图书馆内藤文库的两个抄本。

国立公文书馆所藏的《毛大将军海上情形》,因为抄写于江户时代(1603—1868)初期,所以镌有显示林罗山(1583—1657)藏书标志"江云洞树"的藏书印章。林罗山在正保四年(1647)春天将藏书分给了三男鹫峰和四男读耕斋。不久,因明历三年(1657)发生的江户大火,藏

---

① 《满文老档》Ⅱ太祖2,第710页。

书被烧毁。① 所以现存于国立公文书馆林罗山原藏书应该是在正保四年(1647)春天以前得到的。由此可以推论,国立公文书馆收藏的《毛大将军海上情形》,是在该书完成的天启三年(后金天命八年,1623)八月一日到正保四年(1647)间,林罗山得到并成了他的藏书。

关西大学图书馆所藏的《毛大将军海上情形》是藏于内藤文库的内藤虎次郎博士的旧藏书。但是,对其得到的途径目前尚不清楚。两种抄本的《毛大将军海上情形》都是一行18字、10行,共21页。两书不仅行数、字数相同,而且各页记述的内容也几乎一样。但若以林罗山本页码为基准的话,内藤本的页码如下表一,有13页错乱的现象。

○罗山本、内藤本《毛大将军海上情形》比较表(表一)

林 本	内 藤 本	林 本	内 藤 本	林 本	内 藤 本
第1页a	第1页b	第8页a	第3页b	第15页a	第12页b
第1页b	第8页b	第8页b	第4页a	第15页b	第16页a
第2页a	第2页b	第9页a	第4页b	第16页a	第16页b
第2页b	第6页a	第9页b	第5页a	第16页b	第17页a
第3页a	第6页b	第10页a	第5页b	第17页a	第17页b
第3页b	第7页a	第10页b	第11页a	第17页b	第18页a
第4页a	第7页b	第11页a	第11页b	第18页a	第18页b
第4页b	第8页a	第11页b	第15页a	第18页b	第19页a
第5页a	第8页b	第12页a	第15页b	第19页a	第19页b
第5页b	第9页a	第12页b	第14页a	第19页b	第20页a
第6页a	第9页b	第13页a	第14页b	第20页a	第20页b
第6页b	第10页a	第13页b	第13页a	第20页b	第21页a
第7页a	第10页b	第14页a	第13页b	第21页a	第21页b
第7页b	第3页a	第14页b	第12页a		

(注)林罗山本、内藤本所注明的页码,即各以第几页a,第几页b来表示。

---

① 福井保:《内阁文库书志研究——江户幕府红叶山文库本考证一》(日本书志学大系12,青裳堂书店1980年6月),第142—144、155—160页。

林罗山本和内藤本的封面都题有"毛大将军海上情形由庚堂棒"（表一：林罗山本的第 1 页 a，内藤本第 1 页 b）字样；林罗山本有标在汉文旁的读法符号、用日语读汉字时标记在汉字左侧的语音顺序符号和用日语读汉文时在汉字右下方写的假名，而内藤本只有标在汉文旁的读法符号和用日语读汉字时标记在汉字左侧的语音顺序符号，没有用日语读汉文时在汉字右下方写的假名。但是，两书的书写形态极其相似。

还有一部《毛大将军海上情形》，收藏于北京大学，奉台湾淡江大学郑樑生名誉教授赐示，得到了该书的复印件。北京大学图书馆所藏的《毛大将军海上情形》一书，其书写形状、页数、内容和内藤文库本相同，详细情况将另文撰述。

（二）《毛大将军海上情形》里椵岛的经济基础

《毛大将军海上情形》的开头如下：

> 毛大将军海上情形
> 当戊午，奴酋发难于辽左。识者久已知之，盖庚戌，突关杀戮之惨，业已昭著于前。

戊午年，即明万历四十六年（后金天命三年，1618）努尔哈赤发难于辽东，而实际上努尔哈赤起兵于庚戌年，即万历三十八年（1610），《毛大将军海上情形》接下来写道：

> 毛大将军孤悬海上，犹幸得舒撑天之手，以展其生平岛万一。

毛文龙作为大将军，他唯一的依托是海上。

> 将军屯兵平岛，开督府于朝鲜之新改馆驿，日以招集辽民，安插屯种，拣练将士为事。凡归止之辽民，每口月给粮三斗。奴自去冬杀阿骨后，残酷日甚，杀戮日众，故民离怨而归将军者日众，

即编剃辽兵逃者亦多归公,今军声大振。

毛文龙屯兵平岛,在朝鲜国新改馆驿开督府,招集辽民,训练将士。凡来归之辽民,每人每月给粮三斗。自从后金军杀害阿骨以后,投奔而来的辽民日益增多。这是天启二年(后金天命七年,1622)冬天以后的事。

公初屯驻弥串,往来林畔及朝鲜馆驿,以逼近镇江。辛酉腊月之战,畏奴马窃窥,……不能容众,遂迁平岛。

毛文龙最初屯驻弥串,由于天启元年(后金天命六年,1621)十二月攻打镇江堡的后金军失败丢失了据点,不得已只好移驻平岛。

平岛原名皮岛,公更名也。

平岛原名皮岛,毛文龙移驻该岛后,将之更名为平岛。关于平岛,《毛大将军海上情形》一书里有如下的描述:

环山峭壁,绵亘一二百里。环海通潮,日凡两汐,奴马不能渡,冬月冰坚时当严防。公招集辽民,安插屯种。周回岛屿,星列棋置如石城。

毛文龙所占据的平岛,周围约一二百里,因为一天有两次涨潮,所以后金军的马不能渡过来。但是,到了冬天的十月、十一月和十二月,海面结起了很坚厚的冰层,这时当严加防御。毛文龙来该岛后,招集辽民,开垦屯种。平岛周围又有众多的小岛屿,构筑成一道很难攻克的天然屏障。石城岛内的情况是这样的:

有田万亩。设参将刘可绅领兵二千人防守。

如上所记,岛内可耕作的田地约有1万亩,由参将刘可绅率兵2000名加以防守。毛文龙不仅在平岛,而且在鹿岛、常山岛、广禄岛也配备了兵力。其中鹿岛的情况是:

> 周围数十里,山环险峻,设游击朱尚元领兵一千名防守。

鹿岛周围山势险要严峻,由游击朱尚元率兵1000名加以防守。而常(长)山岛的情况是:

> 长百余里,有田万亩。设守备钱好礼领兵三百名防守。

常(长)山岛有可耕作的田地达万亩。毛文龙派守备钱好礼率兵300名加以防守。广禄岛的情况是:

> 有田数万。设游击张继善领兵三千余名防守。

广禄岛在平岛等岛屿中规模最大,拥有可耕作的田地达数万亩。毛文龙派游击张继善率兵3000名进行防守。在崇祯二年(1629)六月兵科给事中张鹏云的题本里,有如下记载:

> (毛)文龙所居皮岛,去奴八百余里……数年来,逃难辽民,集聚各岛。文龙借之以冒兵,借之以冒饷久矣。闻诸岛如长山、石城、广鹿等处,皆有可耕之田,即以之分布各岛,各为屯种。①

正如张鹏云所说,毛文龙占据的皮岛距努尔哈赤势力约800余里,数年来,逃难的辽民纷纷来到这里,成为毛文龙扩充军事势力的供应源。长山城、石城、广鹿岛等有可耕作的田地是确凿的。《毛大将军海上情形》一书里没有记载平岛、皮岛的兵力和耕地,但是,该书有石城岛等

---

① 《明清史料》甲编,第8本,722丁表"兵科都给事中张鹏云题本"。

四岛的兵力和耕地面积,现列表如下:

石城岛等四岛的守备兵力及耕地面积(表二)

岛　名	守备官员	守备兵力	耕作面积
石城岛	参将　刘可绅	2000 名	1 万亩
鹿岛	游击　朱尚元	1000 名	—
长山岛	守备　钱好礼	300 名	1 万亩
广禄岛	游击　张继善	3000 余名	数万亩
守　备　总　兵　力		6300 余名	

关于这些岛屿的经济实力,《毛大将军海上情形》一书里有更详细的记载:

> 去今两岁,开垦颇多,各岛除选兵外,合有辽男妇四五十万。今秋成,便可积谷十余万,此招集屯驻之情形也。

根据天启初年两年间各岛屯垦情况来看,四岛人口除 6300 余名士兵外,还有男女辽民达四五十万。若遇上丰收年成,即可收获粮食 10 余万石。但仅仅这些对于毛文龙来说是不够的,他还得仰仗朝鲜国和明朝提供的粮饷。关于这一点,同书也有记载:

> 饷自朝鲜易主后,月助饷万石。

"朝鲜易主"发生在天启三年(后金天命八年,1623)三月,在这次政变中光海君被废,仁祖即位。因此,朝鲜国向平岛运送军粮应该是在同年四月以后。此后,朝鲜国每月向毛文龙势力提供 1 万石粮食。该书又记载:

> 天津岁三运,登、莱岁二运,合船三百艘,每船可运米四五百石,则通岁约共运米十余万。

如上所记，明朝从天津一年三次，山东的登州、莱州一年二次，用300艘船将约合10余万石的粮食运送到毛文龙的驻守地。毛文龙不仅从明朝、朝鲜国两地得到了援助，而且他还想出了让天津、登州的商船来平岛的办法。对此，《毛大将军海上情形》记载道：

> 登、津商货往来如织，货至彼，一从帅府挂号，平价咨鲜易粮，以充军实。公自给价还商，市参以归。此一转移，每岁亦不下数万矣。

当商船来航之际，毛文龙军府登录商船并统一制定货物价格，致使商船来往不绝。这样的情况正如上面提及《光海君日记》中所说的"东南商船，来往如织"一样，说明各地的商船都以平岛等为航行的目的地。

（三）来自平岛等地的难民

毛文龙在平岛等建立了一个宛如独立的政权，但是对逃难到此的辽民来说，这里的生活一点也不快乐，其中有一部分人作为难民又逃亡到了朝鲜国。

《备边司誊录》"仁祖二年（明天启四年，后金天命九年，1624）三月二十四日"条记载：

> 副元帅李守一所捉唐人王廷立、王廷照、王成有、丁有传等四人，情状极为殊常，着令坡州牧使严加防护，亲自押来，详细盘问得情，然处置宜当。①

上面的史料记述了王廷立、王廷照、王成有、丁有传等四名"唐人"被朝鲜国捕获的事情。

同书四月一日又条记述了除丁有传以外，与上面提及名字不同的三人供词，即：

---

① 国史编纂委员会编纂：《备边司誊录》一，景仁文化社1982年10月，第199页。

唐人供招：一名王廷超，年四十七，住辽东城里。万历四十七年，为鞑贼所擒，留住寨下，以种田为事。天启一年，逃来于北兵，使营下，留三个月。上京分遣乔桐，仅留二个月半。又移送于南海，留住三年。至上年十月分，入送于都督营下，未有所属，佣力得食，饥谨日甚，将至人相食，不得已出逃去，三月二十日间，铁山宣川了向来过平壤，到开城府……

一名马有才，年二十七，住沈阳堡。万历四十八年，为金台实军兵所擒，留住村家，以薪樵、耘耕为事。至八个月逃来，与本国一人名，同时越江、义州来到……上年六月分上京，十月分入送于都督营下，与王廷超等同时逃来……

一名王廷有，年二十九，住铁岭卫。万历四十八年，卫鞑贼所擒，距贼城一日程村舍留住，以薪樵得食，至六个月，与王廷超同时逃来……上年十月分，送于都督营下，此后逃来……

一名丁有传，年三十八，住沈阳。万历四十八年六月，卫鞑贼所擒，留住城外，以耕樵为事，留四个月，与上顶王廷赵、王廷有等，一时逃来于北兵营……上年十月分，入送于都督营下，逃来缘段置。①

上述供词里有一人，名王廷超，47岁，家住辽东城里。万历四十七年（1619）被满洲贵族捕获，从事农业劳动。天启元年（1621）从那里出逃，天启三年（1623）十月前后，来到毛文龙军营里。在这里因为食物不足，到了人相食的地步，只好再次逃亡，于天启四年（1624）三月渡过朝鲜半岛，经过平壤，来到开城府。

第二人名马有才，27岁，家住沈阳，万历四十八年（1620）被后金军捕获，从事八个月左右的农业劳动后出逃，越过鸭绿江，来到义州。天启三年被送到毛文龙的军营。不久，和王廷超一起逃到了朝鲜国。

第三人名王廷有，29岁，家住铁岭卫。万历四十八年（1620）被满族贵族捕获，住在城外，从事农业劳动，六个月后与王廷超一块出逃。

---

① 《备边司誊录》一，第204页。

天启三年被送到毛文龙的军营,随后从该地逃了出来。

第四人名丁有传,38岁,家住沈阳。万历四十八年六月被满洲贵族捕获,住在城外,从事农业劳动,四个月后与王廷超、王廷有等一起出逃,天启三年十月被送到毛文龙的军营。但不久,又从这里逃到了朝鲜。

这四人供述的共同点是他们都是居住辽东的百姓,万历四十七、八年前后被后金军捕获,后来从那里逃到朝鲜国。但是,他们在逃到朝鲜国之前,都有"入送于都督营下"的经历,即送到海岛毛文龙的控制地,在这里他们不堪生活的窘迫,不得已又逃到了朝鲜国。这说明毛文龙统治下海岛的生活,最大的问题是粮食不足。

在《备边司誊录》朝鲜国官吏的报告,反映了他们对难民的同情。如该书"仁祖二年(明天启四年,后金天命九年,1624)十月一日"条的记载:

> 坡州所捉唐人王廷超、马有才、王廷有、丁有传等四人,盘问后所指别单疏启奏。此人等曾自虏中走回北道,废朝时,分配于南海弥岛等处。上年冬间,解送于都督衙门矣。渠辈在岛中艰食,思恋久住之处,一时逃来云,其情理或然。似无他肠,而都督前不可不报知。但其饥饿颠卧,将填沟壑之状,有不忍见,若泛然以逃来移咨,则是置之死地。①

朝鲜国方面也苦思焦虑地考虑着这四个人的境遇。他们从后金逃到朝鲜国北边,光海君时代被送到了朝鲜国弥岛等地,仁祖元年(明天启三年,后金天命八年,1623)又被转送到毛文龙统治下的岛屿。但是,因为食物不足,再次逃回到了朝鲜国。这些人被后金军捕获而出逃,后又从毛文龙统治地逃亡的事态,说明毛文龙统治地对辽东百姓来说也不是一个很好的栖身之所。

---

① 《备边司誊录》一,第205页。

四、结　语

毛文龙袭击位于辽东南部镇江堡的后金军失利后,于光海君十四年(明天启二年,后金天命七年,1622)占据辽东半岛南部沿海的岛屿,并以此为其根据地,继续与后金军相对峙。

在毛文龙占据海岛后不久的天启三年(后金天命八年,朝鲜光海君十五年、仁祖元年,1623)八月,汪汝淳完成了《毛大将军海上情形》一书。这是一部保存至今有关毛文龙事迹极其珍贵的资料。据笔者所见,现存的《毛大将军海上情形》一书,共有三部,分别保存在日本国立公文书馆、关西大学图书馆内藤文库和中国北京大学图书馆。

《毛大将军海上情形》一书记述了毛文龙占据海岛的地理状况、人口、军事力量等相关内容。毛文龙占据海岛力图阻止后金军的进一步南下,但对明朝来说,这也成了一个很大的负担。为此,明朝政府分别从大津一年三次,从山东登州、莱州一年二次,用300艘船将约计10余万石的粮食运送到毛文龙驻地。

此外,海岛虽然有大约10万亩的耕地,但是即使是丰收年节也不敷该地居民的饮食。还有那些为躲避后金军的南下而逃难来到平岛等辽东沿海岛屿的辽东百姓达数十万之多。毛文龙统治下的岛屿对这些逃难来的辽东百姓来说,也不是一个良好的栖身之所,而是一个充满饥饿、食不果腹之地。

(原刊《明代中国的历史位相:山根幸夫教授追悼纪念论丛》[日文],汲古书院,2007年。南开大学李小林译)

第三章　明末清初中国商船带到日本的海外政治情报

如果从"锁国状态下的国际交流"的角度来考察历史，那么，研究日本在东亚地区是怎么收集临近各国，特别是中国和朝鲜的政治动向的情报，便成为一个很有意义的课题。

日本是一个四面环海的岛国，它不像大陆各国那样相互以国界相接。可以说，日本是一个比较容易具备安定的政治条件的国家。但是，日本对大陆各国的政治动向并非漠不关心，它一直在努力收集大陆各个时期的政治动向情报，并在体制上做出相应的准备。有事实表明，8世纪中期，日本曾得到有关中国唐代发生"安史之乱"的情报，这是古代日本收集海外情报的一个例子。8世纪中期，中国东北地区有一个名叫"渤海"的国家。天平宝字二年（758）九月十八日，前往渤海国的日本使节小野朝臣田守在渤海大使杨承庆的陪同下回国。小野归国后于十二月十日向日本朝廷报告了"唐国之消息"即有关中国的情报，其中提到了天宝十四载（755）安禄山发动叛乱自称大燕圣武皇帝的情况。对此，当时的日本政府特意向九州地方发出指令说，即便没有使者来，也不要放松戒备。这件事记载于《续日本纪》中，由此可以了解到当时日本对海外的政治情报是非常关心的。

中国方面在历史上也作过不少收集外国情报的工作。比如中国收集有关丰臣秀吉企图征服明朝计划的情况。根据目前所掌握的资料来看，丰臣秀吉正式宣布他要征服中国的想法是在天正十三年

(1585)秋季。不过,估计在此之前他已经开始考虑此事了。

天正十四年(1586),丰臣秀吉为实行征明的计划命令武将出兵朝鲜。天正十五年(1587)六月十五日,丰臣秀吉平定了九州岛,同时下令对马使节转告朝鲜国王请他来日本。天正十八年(1590)八月十九日,朝鲜使节在对马宗义智的陪同下到达京都。丰臣秀吉向使节说明了日本要经由朝鲜征讨明朝的企图。朝鲜方面对此十分震惊,但是并不相信这个计划能够实现。

关于丰臣秀吉的这一侵略企图,当时的在日明朝人部分地将之透露给了明朝方面,同时,明朝方面也在搜集相关情报。这是明万历十九年(日本天正十九年,1591)的事。该年四月,前往琉球的中国商人在琉球得知了日本传来的情报,遂将丰臣秀吉的企图报告明朝。这件事见载于《明实录》同年八月条中。

同年八月,丰臣秀吉宣布了他准备征讨明朝的最后决定。这一决定传到一位名叫许仪后的中国人那里。许仪后是中国江西省人,他在一次出海时被倭寇俘获,后来被卖到了九州岛的萨摩(今鹿儿岛县)。此人很有学问,了解中国的情况,特别精通医学,所以他到九州岛后,被招聘为萨摩藩主岛津家的家庭医师,并且还成为了岛津家的智囊。

尽管许仪后很想把丰臣秀吉企图征服明朝的情报送回本国,但是因身在岛津家,不能如愿。后来他曾打算托来航九州的中国商船把情报带回国内,但也未能实现。正在他终日思虑如何救国的时候,他的身边又来了一位中国人。此人也是被倭寇抓来的,名叫朱均旺。他也是江西人。朱均旺多少能写一些汉文,被命令在萨摩藩的一座名叫福昌寺的大寺院里从事抄写工作。有一天,许仪后去福昌寺,在那里认识了朱均旺,由于是同乡,两人很快就熟悉起来。许仪后向岛津家要求让朱均旺协助自己工作,这一要求得到批准,于是朱均旺便来到许仪后身旁。得知许仪后的苦恼,朱均旺提出由他把情报送回明朝。后来,朱均旺悄悄躲进一艘来航萨摩的中国商船返回国内,把许仪后的书信交给了福建巡抚。这份情报传到北京朝廷的时间是在万历二十年(日本天正二十年、文禄元年,1592)三月。这些情报引起了明朝方面的足够重视,但是战争最终却在朝鲜全面爆发。

在朱均旺秘密回国的次年,即文禄元年(1592),丰臣秀吉下令出兵朝鲜。该年四月,小西行长等人率领的军队便在朝鲜釜山登陆,历史上著名的"文禄·庆长之役"即丰臣秀吉的侵朝战争终于拉开了序幕。

中国方面也对丰臣秀吉的出兵朝鲜作出了反应。例如,朱均旺将情报送回国后,明朝方面有人认识到明朝自身也必须采取积极主动的情报对策。这个人就是万历二十一年(日本文禄二年,1593)四月被任命为福建巡抚的许孚远。他派遣手下一位名叫史世用的人扮作商人前往日本萨摩藩。史世用乘福建海商许豫的商船到达日本的内之浦。

史世用到日本后,打算与许仪后取得联系,策反岛津家以制止丰臣秀吉的侵朝战争。正巧这时许仪后随同岛津义久前往北九州的名护屋城,这里是日本侵朝的前沿阵地。史世用曾多次要与许仪后联系。海商许豫在回国后对这些情况都作了汇报。许豫回国时,岛津义久托他带回一封书信。福建巡抚许孚远后来在文禄三年(1594)也给岛津义久写了一封"檄文"。就这样,在一段时间里,明朝通过福建做了岛津氏的工作。这些工作虽然未能阻止丰臣秀吉的侵朝战争,但从中可以清楚地了解到日本的情报通过商船传到中国的情况。

关于日本的情报传到中国的事例还有一个,这就是关于"岛原之乱"的情报。宽永十三年(1637)十月二十日,在日本岛原地区发生了一场叛乱。事件发生不久,消息就由对马海船传到了朝鲜。朝鲜方面得到这一情报后深感不安。朝鲜有一种强烈的恐惧感,认为日本会再次发动丰臣秀吉那样的侵略战争。特别是朝鲜半岛的南部地区,出现了为保卫国家而再次备战的动向。在朝鲜釜山设有一处"倭馆",它是对马的使节在朝鲜期间居住的地方。有一位常与日本人交涉的朝鲜译官名叫洪喜男。当时他经常到倭馆来以极大的兴趣打听"岛原之乱"的情况。从对马到倭馆的日本人告诉他,那是只是日本国内的叛乱,并不严重,请朝鲜人不要担心。但朝鲜方面仍有疑虑,担心日本正在准备侵略朝鲜。结果,从消息传入朝鲜,到使朝鲜方面理解这不过是日本国内的一次叛乱,花费了很长的时间。

此后,又出现了一个新问题,即如何将朝鲜得到的有关"岛原之乱"的情报向令朝鲜颇为畏惧的满清政权汇报的问题。当时长城以东地区的政治形势是，东北地区有满族建立的清朝，其中心地设在沈阳（奉天）。其西南地区有明朝的势力。朝鲜很早就与明朝保持着联系，但由于满族的两次侵略而归降了清朝。朝鲜方面虽然内心希望能重新归属于明朝，但又感到东北的清朝是一股巨大的压力。

从对马传来的情报是否应当报告清朝，在朝鲜内部引起了各种各样的议论。部分官吏认为不必报告清朝；另一部分官吏则认为，若不报告，将来清朝一旦知道日本发生了这样的事件，会引起大骚动。争议的结果，朝鲜最终还是于仁祖十六年（日本宽永十五年，1637）四月十四日向沈阳的清朝政权通报了三月十三日得到的情报。通报中提到有一个名叫天草四郎的会使魔法的人。从某种意义上来说，朝鲜是把北九州一带流传的有关"岛原之乱"初期的情报向清朝作了汇报。

那么，清朝方面对此是如何作出反应的呢？详细情况现在尚不清楚。不过，"岛原之乱"的情况在《清实录》中略有记载，由此可知当时清朝对此事是关心的。

从作为人质被关押在沈阳的朝鲜王子的日记中可以了解到，当朝鲜使节前往沈阳向满清政权通报消息时，清朝方面在此之前对朝鲜使节采取的宽宏态度发生了急剧的变化。可以认为，清朝方面可能打算相应地作出反应，但是到目前为止还不知道更详细的情况。

日本发生的"岛原之乱"的情报，就是这样经由对马和朝鲜传到沈阳的满清政权那里。

下面谈谈明朝灭亡前后有关中国的情报。这些情报是由中国商船带到长崎去的。沈阳的满清政权为统治中国而进一步南下，清军抵达长城，攻打著名的山海关。这时，明朝的政权极不稳固，国内发生了以陕西省为中心的叛乱，这就是著名的李自成起义。李自成的起义军于崇祯十七年（1644）三月十三日逼近北京，攻陷了皇城附近的昌平县，并准备继续攻打皇城。在李自成的进攻下，崇祯皇帝走投无路，于三月十九日自杀。以上明朝灭亡时期的情报由中国商船带到了长崎。

关于此事，在《华夷变态》中有不少记载。所谓"华"指的是中国，"夷"指的是满族，即清朝。当到达日本的中国商船上的商人们向日方报告了有关中国的情报之后,长崎的唐通事(汉语翻译)便将其译成日文,然后送往江户。后来幕府的儒官林春胜和林信笃父子又将这些情报编纂成册,取名《华夷变态》。该书中记录了大量有关中国大动荡时期的情报,其中最早的是有关明清交替时期的各种情报。

在这些早期的情报中,有一份题为《大明兵乱传闻(自长崎紧急报告)》(《华夷变态》卷一)的情报。其中提到:"大明之帝王名崇祯,其王城在燕地北京。日本宽永二十一年(1644)三月十九日,起义军之大将军李公子(即李自成)攻入北京。崇祯帝自杀。"这条情报准确地传递了崇祯帝因李自成的攻击而自杀的情况。该文还载有"因此崇祯帝之臣下吴三桂,云云",提到明朝的武将吴三桂。吴三桂是山海关的守将,他在崇祯皇帝死后投降清朝,为清军入关打开了大门。关于此事,该文中有如下记载:"大明于鞑靼之境的山海关的守关之大将,不愿看到北京为起义军攻占,遂求助于鞑靼人,于同年四月攻打北京,赶走了李公子。"这里所说的鞑靼即指清朝。

《大明兵乱传闻》中还谈到清军追剿李自成的情况:"李公子撤到山西,(清军)随后追杀,而退到陕西,(清军)仍随后追杀。"该文中还提到崇祯皇帝自杀后,明政权覆灭,明王系子孙福王逃到南京建立政权的情况:"起义军攻占北京,崇祯皇帝自杀,大明失去国王。于是去年五月十三日,南京各地的官府于南京拥立崇祯皇帝之堂兄弟福王即位,年号弘光。"

这个南京政权只存在了一年多便被清军清灭了。此后至 1661 年的二十多年中,明王系子孙从南京逃往福建、广东和广西,企图复兴明朝,这股势力被称为"南明政权",而帮助南明政权的人就是因近松门左卫门的《国姓爷合战》一书而在日本十分出名的郑成功。

据《华夷变态》卷一载:"此次南京城陷落之情形如左。鞑靼人及吴三桂等追杀李公子,相继攻占了北京、山西、山东和陕西。今年四月乘胜出兵攻打南京之内的扬州,同月中旬攻陷扬州,同年五月九日横渡扬子江,与陈兵于南京之内镇江一带的一官老的军队大战三日",这里所说的"一官老"是指郑成功的父亲郑芝龙。他曾加入海盗集团,过海到日本平户,与平户田川氏的女儿结婚生下了郑成功。郑芝龙最初曾帮助过南明政权,后来又转而投降了清朝。他还劝说郑成功也归降清朝,但郑成功反对父亲,支持明朝。

《华夷变态》中非常详细地记述了郑芝龙与清军作战的情况:"与……一官老的军队大战三日。鞑靼人用计作假人数万,置于木筏上,趁黑夜点灯过江。一官老手下人以为对方前来攻打,便以炮击之。待炮弹用尽,(清军)随后进攻,一官老的军队无力抵抗而战败。同月十一日,(清军)攻占了南京之王城,弘光帝去向不明。"这段记述与清朝军队攻打南京的史实是一致的。一般认为,关于明末清初政治动乱的情况在中国的史料中没有留下详细的记载,但许多具体的情报却到了日本。由于江户幕府非常留意收集中国的政治情报,从而使这些情报得以保存至今。

后来,从中国又传来了详细的情报。而且传来的日期越晚,其内容的准确程度就越高。例如:"崇祯十五年正值(日本)宽永十九年。次年李自成反叛,于崇祯十七年三月攻入北京,四月十九日,崇祯帝自尽。自成僭号称大顺国。改元永昌五月,史可法于南京拥立福王,改元弘光。福王乃崇祯帝之堂兄弟,此时正值(日本)正保元年甲申。明乙酉春,吴三桂借鞑靼之兵讨伐李自成,收复了北京。三桂追杀李自成至陕西,鞑靼则直接夺取了北京,改元顺治,号大清国。五月,鞑靼攻占南京,擒弘光帝,史可法战死。六月,郑芝龙于福州立明太祖后裔唐王,号明丙戌隆武元年。"

情报中接着又谈到郑芝龙的情况:"郑芝龙年轻时渡日,于肥前平户卖履,逗留数年,称平户一官。娶妻生子,后将其妻置留于平户,本人归国。崇祯初年,南海福州一带起海盗,芝龙亦入伙,四处抢掠。后(他)又向崇祯帝谢罪,变为官军,海带遂平。"

以上是明朝灭亡时期的情报传到日本后的记录。不久,清朝取代明朝统治了中国。

清朝建立后不久,再次传来了重要的情报,即有关"三藩之乱"的情报。山海关守将吴三桂降清后被封为统治云南的藩王。他趁康熙还年幼时发动了叛乱。这件事对于东亚的日本,特别是朝鲜来说,是非常重大的国际问题。

吴三桂在云南发动叛乱是在康熙十二年(1673)，即日本延宝元年的冬天。消息传到朝鲜是在翌年三月二日。当时朝鲜每年都向清朝派使节。这些使节从今天的首尔经辽东到达北京。朝鲜使节在北京逗留期间听说了吴三桂反叛的消息，便将此事传回了本国。

朝鲜方面听到"三藩之乱"的消息后，似乎是以为清朝可能会因此次事件而灭亡。这是因为，朝鲜始终对来自清朝的巨大影响感到不满，即便是从儒教思想的影响来说也希望明朝能够复兴。所以朝鲜方面很想得到有关吴三桂反叛的情报。

另一方面，日本也在同年五月，即在朝鲜得到情报的两个月之后得到了"三藩之乱"的情报。这些情报是由从福建驶往长崎的中国贸易商船传去的。简单地说，他们之所以要把不利于本国的情报特意传到日本，是因为在福建一带活动的商船中有一股希望复兴明朝的势力。另外，虽然当时中国本土几乎都处于清朝统治之下，但台湾尚有郑成功的子孙，他们是反对清朝的。由于上述情况，不利于清朝的情报自然传到了日本。

在传到日本的情报中包括叛乱发起者吴三桂号召各地人民起义的檄文，以及郑成功的儿子郑经(郑锦舍)为援助吴三桂而写的《致吴三桂檄文》。这两份情报传到长崎后立即被译成日文。此外还有一份长崎唐通事翻译的福州船风说书。以上五份文书由"速飞脚"(即快速信使)送往江户。传来上述情报的福州船是五月进入长崎港的，具体进港时期尚不清楚。六月四日，情报被送到江户幕府的某老中那里，并告之了林大学头(即幕府儒官林春胜)。六月六日，林大学头的儿子林春常在江户城中向全体老中当面宣读了这些来自长崎的中国情报。可以想象，当时日本方面得知这些情报后是相当紧张的。由于这时正值幕府将军德川家光的夫人患病生命垂危，所以日本对这些中国情报是如何作出反应的，没有留下详细的记载。但是，可以肯定日本的执政者们听到这一消息是很不安的。另外，八月二日的纪州家家臣的日记中也提到，中国发生动乱的情报从江户传到纪州。就是说，传入长崎的情报，先传到江户，而后又传到了纪州。这一史料表明，当时日本国内各地方的人士对此次事件也非常关心。

由福州商船传入日本的"三藩之乱"的情报在后来不到一个月的时间里又经对马传到了朝鲜。朝鲜方面的史料曾载有此事,其中明确提到该消息是来自福建商船。朝鲜方面得知此事后,像"岛原之乱"的情报传来一样,就如何作出反应,以及是否应向清朝通报等进行了讨论。虽然当时朝鲜已处于清朝的保护之下,在正式的场合使用清朝的年号,但是在朝鲜官吏的思想中仍存在着希望清朝灭亡、明朝复兴的想法。他们当中有人在写文章时还使用南明的年号,所以我认为当时朝鲜有许多人是希望清朝灭亡的。清朝发生叛乱的情报正是在这时候传到朝鲜的。此外,朝鲜对这一情报的可信性也议论纷纷。

争论的结果,朝鲜还是于第二年,即日本延宝三年(1675)十二月二十三日将这件事通报了清朝。当时朝鲜为在延宝四年(1676)正月一日向清朝皇帝祝贺新年派使节前往中国,这些使节到达中国便向清朝的外交部——礼部通报了此事。就是说在此之前,朝鲜方面就是否应向清朝通报一事议论了半年至七个月左右。

清朝方面得到通报后立即表明了态度。在延宝四年(1676)一月二十八日朝鲜使节归国时,中国方面交给他们一份咨文作为对朝鲜提供情报的回答。就是说,清朝方面认为,中国国内发生的叛乱可能会使朝鲜发生动摇,对此清朝已派出军队估计不久便可平定叛乱,为使朝鲜方面放心而写了这份咨文,其内容是告诉朝鲜不要因吴三桂的叛乱而动摇。

但是,收到清朝的外交文书的朝鲜果真因此而放心了吗? 事实并非如此。由于朝鲜一直怀有希望清朝灭亡的想法,所以后来仍然不断地通过对马的使节收集传入日本的情报。

同样,日本方面也很想知道关于吴三桂叛乱之事以及朝鲜方面从清朝那里得到了什么情报。这一点记载于对马方面的史料中。特别是日本的对马宗家,在对朝鲜外交上处于非常重要的地位,宗家如果在搜集情报上有所怠慢是无法向德川幕府交代的,所以经常在事先说明可能不是准确情报的前提下向德川幕府传递各种情报。从以上事例可以看出,当时的船舶运载着各国互相收集到的情报。

从历史研究的角度来看,"三藩之乱"以后至1840年鸦片战争,没有发生什么重大的政治事件。不过在此期间，有关中国国内发生的各种政治情况经常由来长崎的商船传到日本。其中之一就是"三藩之乱"以后发生的"武昌兵变"。清朝为平定"三藩之乱"动用了大量的军队。叛乱平息后，清朝为削减经费解散了许多军队，被解职的士兵们因失去职业而于康熙二十一年(1688)五月中旬在武昌发动了兵变，史称"武昌兵变"。事件发生后，清朝立刻派兵镇压，在七月底，即仅用了大约两个多月的时间，便平息了兵变。这是对清朝非常不利的一次事件，并且兵变的时间很短，所以在清朝方面的史料中没有详细的记载。中国学者现在正在努力搜集寻找有关这一事件的史料，但留传下来的史料极少。

然而，当时来长崎的中国商船却非常频繁地传递了有关这次兵变的情报。当时日本虽然正在实行"锁国"政策，但仍然积极地进行对中国的贸易。另一方面，在台湾抗清势力于1683年降清后，清朝也准许商船到长崎贸易，1688年是中国商船来日最多的一年。"武昌兵变"发生在这一年，所以传来的情报量是很大的。最先将"武昌兵变"的情报传入日本的是元禄元年七月七日到达长崎的当年第133番南京船(该船虽称"南京船"，但其起航地并不是江苏省的南京，而是从上海起航的。在当时的日本，所谓南京是指长江入海口周围的地区，即今天的江苏省地区)。此后，大约20余艘商船来日传递了有关此事的情报。

根据清朝方面的记载，发动兵变的人标榜的是复兴蒙古人建立的元朝。但从传入日本的情报来看，事实并非如此。也就是说，兵变者是为了恢复明朝的统治。清朝是取代明朝而兴起的政权，所以我想清朝方面在记录史实时是故意将明朝改为元朝的。

这次兵变的发生还有一个原因。在发动兵变的人中有一名清朝的将军(指因平定"三藩之乱"功绩卓著而被晋升为四川湖广二省总督部院的蔡毓荣——译者注)。此人在平定"三藩之乱"后将原在吴三桂身边的两名美女留在自己身边，这两名美女的名字叫"八面观音"和"四面观音"。由于清朝康熙皇帝想要得到这两名美女，这位将军不得已将其中的"四面观音"送往北京。可是康熙皇帝还要他交出另一名美女"八面观音"，于是这位将军便因被康熙帝夺去两名美女而发动了叛乱。

可是,在清朝正史中没有这样的记载,只是在一些野史中载有此事,以前许多史学家因为是野史的记载而不相信此事。争夺美女之事是否真实姑且不论,这件事传到日本说明它曾在中国人中广泛流传。

从这一事例可以看出,中国史料中未载的事实也作为情报传到了日本。当然,现在还不清楚兵变发生后德川幕府是否立刻作出反应。德川幕府尽管没有丰臣秀吉那样的侵略他国的企图,但的确非常想掌握临近大国中国的政治动向。

关心和希望了解外国的动向,这一点不仅是日本,在中国也是如此。如前所述,由于大量商船前往日本,中国方面也担心日本是否有什么行动。康熙皇帝为了排除干扰,于康熙四十年(1701)挑选了一名能够严守秘密的官员作为间谍,派往日本了解情况。这件事当然连中国商人也不知道,只有三名康熙帝非常信任的官员了解此事。至于康熙帝最终具体了解到日本的哪些情况,现在已无人得知,从后来康熙帝的表现来看,他对大量的中国商人前往日本长崎贸易采取了非常宽容的态度。同时,《康熙起居注》也确认日本没有丰臣秀吉那样侵略中国的意图。十几年后,日本颁布了有关对外贸易的《正德新令》,在实行新令时出现了各种纠纷。但对这些纠纷作出正确的判断和裁决时,在他的头脑中一定是回想起了1701年他派间谍到长崎时得到的情报。他很可能认为日本仅仅是对贸易十分热心,而没有侵略外国的企图,是可以放心的。

以上我列举了各种各样的例子,从中可以了解到在"锁国"时期,德川幕府、朝鲜的李朝以及清朝的皇帝们是如何通过对中国贸易的机会,想方设法了解对方国家动向的。

参考文献

《续日本纪》卷二一,"天平宝字二年(758)九月十八日和十二月十日"条。

松浦章:《清朝得到的关于日本"岛原之乱"的情报》,《关西大学东西学术研究所纪要》第19辑,1986年3月。

《明史》,《华夷变态》(卷一)

松浦章:《传到东亚各国的"三藩之乱"情报》,《关西大学东西学术研究所所报》第46期,1987年10月。

松浦章:《康熙年间武昌兵变在日本的传闻》,《日本研究》(沈阳)1987年第2期。

松浦章:《康熙帝与日本的海舶互市新例》,《社会科学辑刊》(沈阳)1987年第2期。

(最初发表于1989年的中日关系史研究会。北京,1989年8月25日。中国社会科学院徐建新译)

第四章 满文档案和清代日中贸易

一、前　言

　　从保存至今的文字记录来看,日中两国的交往已有两千多年的悠久历史。但是,通过中国商人定期往航日本而保留下来的两国关系,只是从清代开始,在时间上充其量不过二百余年。① 而且,这个时代的很多问题目前尚未着手研究,大量资料也还未得以出版。② 尤其是中国方面留存的许多未刊资料,对日本研究者来说尤为宝贵。

　　最近,中国第一历史档案馆的安双成和辽宁省社会科学院历史研究所的关嘉录③在他们的合作研究中,介绍了顺治九年(1652)九月十五日户部尚书都统葛达浑和道光七年(1827)三月二十九日浙江巡抚刘彬士的两道奏折④,这是近年来研究清代日中关系史的两份重要新资料。

---

①　大庭修:《日清贸易概观》,《社会科学辑刊》(沈阳)1982年第1期。
②　大庭修、松浦章:《日本研究日中关系史的现状——以近代前为中心》,《中日关系史研究》第1辑(沈阳),1981年8月。
③　《中日关系史研究通讯》第7期(东北地区中日关系史研究会,1982年10月)会员名册。
④　安双成、关嘉录:《清代的两起中日民间贸易活动》,《故宫博物院院刊》1983年第1期。

二、顺治九年都统葛达浑的奏折

据顺治九年(1652)九月十五日户部尚书都统葛达浑的奏折可知，有213人乘江苏省苏州府的商船来日本贸易，在回国途中遭遇飓风，漂到李氏朝鲜境内，船员们后来被送回中国。① 该奏折陈述说，这些船员从事对日贸易长达八年之久。对此持有疑问的魏能涛就这个问题进行了论证，他根据德川幕府当时的管理制度认为，在日本滞留八年之久是不可能的。② 魏氏的疑问及其考证有很多地方值得关注。正如笔者先前已经介绍过的那样③，朝鲜方面的资料也已经证实了他们并没有在日本滞留八年。

安、关二位根据音译把贸易船的漂着地点比定为"大景具海域"④，但实际上这个地方却是济州岛济州东道的旌义县。⑤《李朝实录·孝宗实录》卷八"孝宗三年三月辛丑(三十日)条"记载："有汉商漂到于旌义县，县监李卓男往视之。二十八人皆剃发着帽，旁有积尸，裹以彩帛。问其所自来，答云，俱以南京苏州民，行商日本，才得回船，忽遇飓风，船败大洋中，溺死者一百八十五人，幸而生者只二十八人，而其所沉没财货甚多，令善泅者捞出其什一。则如狐、獭、豹、鼠之皮，人蔘、铜铁、香蜡、缯帛、衣裳、帐席、刀剑、器用之物，各累千百。"⑥这段陈述使得漂泊情况大白。

另外，该条中还写道："其中有苗珍实者颇解文字，探问大明存否、

---

① 安双成、关嘉录:《清代的两起中日民间贸易活动》,《故宫博物院院刊》1983年第1期，第31—32页。
② 魏能涛:《明末清初苏州商船滞日八年辨伪》,《故宫博物院院刊》1984年第3期。
③⑤ 松浦章编:《李朝时代漂着中国船之一资料——以显宗八年(1667)的明船漂着和"漂者问答"为中心》,《关西大学东西学术研究所纪要》第15期，1982年3月，第63—64、63页。
④ 安双成、关嘉录:《清代的两起中日民间贸易活动》,《故宫博物院院刊》1983年第1期，第31页。
⑥ 学习院东洋文化研究所刊:《李朝实录》第36册，1963年，第177页。吴晗辑:《朝鲜李朝实录中的中国史料》九，1981年3月，中华书局，第3821—3822页。

中国形势。"①通过与船员中懂得文字的苗珍实的笔谈，朝鲜方面询问了明朝官府的状况和中国的情况。接着，苗珍实又讲述了他们长期从事贸易的经纬："小商等以南京苏州府吴具人，弘光元年奉旨过洋，往贾日本。遽遭李自成之乱，且缘清朝侵伐南京，弘光天子被害，天下汹扰，小商等不敢回归，转投交趾，行商为业，今已七年。窃闻清朝爱民如子，故将还本土。正月二十二日，自日本发船，二月初九日到贵国地方，遇风船败，同伴二百十三人皆溺死，存者仅二十八人。"②由此可见，他们是苏州府的商人，南明弘光元年（清顺治二年，李朝仁祖二十三年，1645）奉命赴日本贸易。但由于本国爆发了李自成起义，后来清军入关，继而攻占了南京，所以不能回国，只好去交趾（越南）贸易，一直过了七年，方才起程回国。他们之所以决定回国，是因为获悉了清朝政府爱民如子的统治政策。他们于顺治九年（1652）正月二十二日从日本启航出发，却不料途中遭遇飓风，于同年二月九日被漂到了朝鲜的济州岛。

从以上情况来看，这批苏州商人并没有在日本滞留八年。这八年内，他们在日本和越南之间从事贸易活动。关于这一时期的日中贸易情况，日本方面的资料不多，但是，荷属东印度公司的长崎出岛商馆日记却恰好可以弥补这一不足。

查阅该商馆日记中有关苗珍实所说的从日本启航的"正月二十二日前后由长崎驶向中国的归船"的记载，发现在1652年3月2日条记载着："一只驶向南京的帆船启航了。"③另外，在记载当年重大事项日记的3月2日条中写道："有两只帆船载着许多支那人（译者按：中国人）启航驶向南京。"④

虽然还不能完全澄清那天启航的船是一只还是两只，但可以肯定，有一只载着许多中国人向南京驶去的船就是苗珍实等人乘坐的

---

①② 学习院东洋文化研究所刊：《李朝实录》第36册，1963年，第177页。吴晗辑：《朝鲜李朝实录中的中国史料》九，1981年3月，中华书局版，第3821—3822页。

③ 村上直次郎译：《长崎荷属商馆的日记》第3辑，岩波书店，1953年8月，第131页，3月28日条。

④ 同上书，第134页。

船。那只船的启航日期是 3 月 2 日,即日本历承庆元年(1652)正月二十二日,按中国历法计算相当于顺治九年(1652)正月二十三日。① 也就是说,苗珍实所说的从日本启航的"正月二十二日",指的是日本历法的日期。由此可见,无论是荷兰商馆日记的记载还是船员的供述,其内容都是正确的。

苗珍实供述中提到的弘光帝,就是崇祯十七年(1644)五月壬寅(十五日)在南京即位的福王朱由崧。他在当天决定"以明年为弘光元年"②,但在第二年即弘光元年五月就被进逼江南的清军抓了起来。③

苗珍实所说的"弘光元年奉旨过洋,往贾日本"的时期,实际上是从弘光元年正月至五月,为期不过五个月。也就是说,日本的正保二年(清顺治二年,1645)正月至五六月间,从南京来航长崎的中国商船中包含了苗珍实的贸易船。

关于这一时期的长崎贸易情况,荷属长崎商馆的日记中有着详细的记录。1645 年 3 月 19 日(日本正保二年二月二十二日)条中记载:"一只支那船(译者按:中国)装载着白生丝、纱罗绫子、金栏、缎子等约 800—900 贯的货物从南京驶至。据说,大约一个半月或两个月以后,还会有三四只载货甚多的帆船驶来,并且说在当地只要按照运来货物的多少给官府进贡一百至六百两就允许自由往来日本。"④

可见,要从弘光帝统治下的江南到日本长崎经营贸易,只要向当地政府进贡 100—600 两便可自由启航。另外,在日记 1645 年 6 月 8 日(正保二年五月十四日)条中有"下午,有一只来自南京的帆船装着绫子和生丝等计 60 箱的货物抵达本港。此外,还有三只装有同样货物的船只近日内来港"⑤的记载。三天后的 6 月 21 日(五月十七日)另有记载:"南京的两只帆船装着计 100 箱的货物抵港。由

---

① 《三正总览》,地人书馆,1965 年 6 月,第 371 页。
②③ 淡迁:《国榷》卷一〇一,古籍出版社刊本第 6 册,1958 年 12 月,第 6099 页。
④⑤ 村上直次郎译:《长崎荷兰商馆的日记》第 2 辑,岩波书店版,1957 年版,第 37 页。

于内乱和国王之死,船主只要向高官进贡一百至二百盾(译者按:荷属货币名称),就准许自由来日贸易,因此近期内会有更多的船只来日本。"①

在日本,称来自江南的商船为南京船。这个时期的赴日南京船已有9只。后来,估计是在清军刚刚占领江南时,从江南启航的一只南京船,"装载着计18箱的生丝、纱罗、绸缎"于1645年7月23日(正保二年六月一日)抵达长崎。②接着,两天后的25日(六月二十三日),"支那人向奉行(译者按:江户幕府时的官称,相当于市长)做了报告。从报告得知,在支那,鞑靼人(译者按:满人)逐日占领了大片的重要土地,北京的官员已投降,交出了全部军队,上个月即5月23日,鞑靼人率军八十万占领了南京和附近地带,进而又向南方侵占了六天路程的地方,渡过了该国最大的河川,因而整个国土必将遭到蹂躏和由此荒芜起来"。③这就是说,中国商人把当时中国江南的情况报告给了长崎奉行,这些消息后来也传到了荷兰方面。另外,1645年8月13日(正保二年六月二十二日)的日记记载了一条来自抵港的福州船的消息:"据前天抵港的帆船所传,关于鞑靼人入侵支那的报告是属实的,福州附近正在备战,准备抗鞑靼人的入侵。"④

可见,从日本正保二年(1645)二月至六月间,有五只南京船抵达长崎,这五只船中包括了苗珍实的商船。由于南京船是从弘光帝治下的江南抵达长崎的,因此清军向江南进军的情报也传到了长崎。那么,这些船只后来的命运如何呢?荷兰商馆的日记在1646年6月8日(正保三年四月二十五日,顺治三年)条中是这样记载的:"去年从南京驶来的一只帆船已启航了。在此以前,尽管奉行曾几次催促他们离港返航,但他们以战乱为由而滞留下来,近日内其他三只船也将起程返航。据说商人中的主要人物都带着现金的绝大部分留在当地,而这回去的人带走百分之十。后来回去的人们在了解到南京方面的情况

---

① ② ③ ④ 村上直次郎译:《长崎荷兰商馆的日记》第2辑,岩波书店版,1957年版,第37、41、41、44页。

以后还是返回到这里。也有人说,他们不是去了南京,而是去了泉州、福建或支那的其他地方。"①由此得知,正保二年(弘光元年,1645)来航的南京船因长期停泊长崎,长崎奉行曾催促他们尽早启程返航。商人中的主要人物被允许带着贸易货款留在长崎,而其他船员却不能留下,只好启程返航。对于返航的船员,日本方面大概交给了交易额10%的现金,让他们去调查南京的事态,可是这些船看来并没有返回南京,而是去了福建和其他地方。

另一方面,从清朝统治下的江南也有贸易船来长崎。根据该商馆日记1646年6月17日(正保三年五月四日)条记载,前一天即16日,一只来自南京的船驶抵长崎港。"这只船是在鞑靼人统治南京以后,由一些剪掉头发,只留鸡冠一样头发的支那人驾驶而来的。他们不好意思见人,就用头巾裹住自己的面容。"②这条记录使人如实地了解到了当时留着辫子的清朝人来航的模样。

接着,23日(正保三年五月十日)来自南京的第二艘商船驶抵长崎。③对于这种清朝治下南京船的来航,日本方面不知如何应对,这从荷兰商馆的日记中可以窥见一二。1645年7月27日(正保三年六月十五日)条写道:"昨夜,急使从江户赶来,向奉行传达了命令。命令不准同最近来自南京的两只帆船进行交易,让他们返航回国。这是因为南京正处于鞑靼人的统治下,日本人从来没同鞑靼人通商过,而且还没有弄清楚他们是否基督教徒。"④可见,当时的日本还不了解清朝政权性质以及它所信奉的宗教,故而不敢贸然与之进行贸易。

但是,来航长崎的清朝贸易船,在该日记的1646年9月10日(正保三年八月一日)条中得到了新的记载:"不久前被禁止贸易、按鞑靼人习惯剪掉头发的南京人,只被准许贩卖他们的货物,禁止再来。"⑤也就是说,日本方面只允许他们进行一次贸易。之后,只有一艘南京船驶抵长崎。日本方面直到正保三年(1646)十一月才准许

---

①②③④⑤ 村上直次郎译:《长崎荷兰商馆的日记》第2辑,岩波书店版,1957年版,第83、84、84、86、96页。

清朝商船的自由贸易。这件事,在该日记1646年12月28日(正保三年十一月二十二日)条中是这样记载的:"从通事孙兵卫那里得知,陛下已准许支那人无论是剪掉头发的或未剪的都可以自由前来贸易。据说禁止南京人前来贸易是因为不了解鞑靼人的信仰,当知道他们不是天主教徒以后就允许了。"①从此,清朝商船受到其他中国贸易船的同等待遇。很显然,日记中的这条记事内容是从荷兰语通事孙兵卫那里听到的。

但是,自清朝来长崎的南京船并没有因为日本方面允许贸易而增加,每年不过一两艘,最多也只有几艘,直到1684年(康熙二十三年)清朝颁布展海令以后,南京船的数量才激剧增加。② 在这一时期,来长崎的中国船大都是标榜反清复明的台湾郑氏的商船和除中国大陆以外的东南亚地区中国商人的贸易船。苗珍实等人的供述中就提到了交趾(越南)方面也有船只来航日本。苗珍实所供述的从弘光元年(1645)至顺治九年(1652)由越南方面来长崎的贸易船情况,详见表一。

从上述苗珍实等在朝鲜的供述资料和荷兰东印度公司的长崎出岛商馆日记所提供的中国商船在长崎的贸易情况,可以清楚地知道,魏能涛持有疑义的苗珍实等人在日本从事贸易长达八年之久这一说法,实际上并不正确。事实上,在这个期间,他们并没有滞留在日本,也没有回苏州,而是在日本和越南间从事贸易活动。

表1　1646—1651年从越南驶抵长崎的贸易船(据《长崎的商馆日记》)

公元纪年	公元月日	日本纪年	日本历法月日	越南船驶抵长崎情况	出处
1646	9.12	正保3年	8.3	傍晚一只交趾船抵港	2辑97页
1647	8.9	正保4年	7.9	一只东京船抵港	2辑170页

---

① 村上直次郎译:《长崎荷兰商馆的日记》第2辑,岩波书店版,1957年版,第121页。
② 岩生成一:《关于近世日支贸易数量的考察》,《史学杂志》第62编第11号,1953年11月,《来长崎的支那船启航地别船数表》(1647—1700年),第11—13页。

续 表

公元纪年	公元月日	日本纪年	日本历法月日	越南船驶抵长崎情况	出处
1647	8.11	正保4年	7.11	四只从漳州和交趾来的船抵港	2辑171页
	8.26	〃	7.26	一只交趾船抵港	2辑174页
	9.5	〃	8.7	一只从交趾来的大型船抵港	2辑178页
1648	8.12	庆安元年	6.24	一只交趾船抵港	2辑205页
	8.17	〃	6.29	一只交趾船抵港	2辑205页
1649	7.15	庆安2年	6.6	东京船抵港	2辑245页
1650	7.23	庆安3年	6.25	一只从东京来的小型船抵港	2辑302页
	7.26	〃	6.28	一只从东京来的船抵港	2辑203页
1651	8.21	庆安4年	7.6	一只从东京来的船抵港	3辑74页
	8.26	〃	7.12	一只从东京来的船抵港	3辑75页

注:因为商馆日记里没有记录船主姓名,因此驶抵长崎的越南船只中也包括了荷兰东印度公司的租船。

三、道光七年浙江巡抚刘彬士的奏折

安、关二位介绍的另一份满文档案是道光七年(1827)三月浙江巡抚刘彬士的奏折。[①] 这份奏折介绍了道光六年(日本文政九年,1826)四月二十日漂泊到长江河口的浏河口附近的日本船及船上日本人返回日本的情况。关于这方面的其他资料共有三份,即中国方面《清道光朝外交史料三》中的《江苏巡抚陶澍的奏折》[②]和《浙江巡抚程含章的

[①] 安双成、关嘉录:《清代的两起中日民间贸易活动》,《故宫博物院院刊》1983年第1期,第32页。

[②] 故宫博物院辑:《清道光朝外交史料二》,第19—20页,《江苏巡抚陶澍奏日本夷船遭风漂至镇洋县境照例抚恤拨船指引出洋回国折》(道光六年五月十五日)。归国后,在长崎进行过调查,当时的十人是:直右卫门、万右卫门、小兵卫、半兵卫、岩助、清八、喜次郎、新四郎、胜藏、新助(《犯目帐》第7卷,长崎犯帐刊行会,1960年2月),在中国没做准确的报告。

奏折》①以及日本方面《长崎志续编》卷九的《戌七号船送回萨州人之事》②。

陶澍奏折称，船员们"系日本国人，船主源太郎，本国北地越州，同水手嘉助、藤兵卫门、大右卫门、平七木八、鲁兵卫、清三郎、小五郎、六助、平助等十人，装载昆布、烟草货物，于本年(道光六年)三月初四日开船往本国江州地方销售"③。源太郎等11人为了去江州地方进行贸易，于三月四日启航。

程含章的奏折记载："船主源太郎系日本国长崎越州人，同客人、舵手共十一人，载货往该国美州等处售卖。"④由此可见，他们是长崎越州人，为了去"美州"做生意而扬帆出海。被安、关二位译成"本国梅州"⑤，大概指的就是美州吧。

可是，翻检日本方面的《长崎志续编》可以知道，他们是九州萨摩山川人，即今天的鹿儿岛县山川人。鹿儿岛的直右卫门租借了当地庄左卫门的一艘称为"财力丸"的帆船，加上水手共11人，船上装载大米、大豆、酒、多叶粉（烟草）、纸类，想去琉球国的那霸换取红糖和棉花。该船于三月十九日从鹿儿岛的山川港启航。⑥11名船员中，有一名船员病死于乍浦（今在浙江嘉兴平湖）。关于这名船员，奏折中写道："日本水手小五郎，身患重病，于本年十月十九日在乍浦亡故。"⑦但在《长崎志续编》里的记述却有所不同："水手十右卫门病死，乃葬于

---

①④ 故宫博物院辑：《清道光朝外交史料二》，第20—22页《浙江巡抚程含章奏护送日本遭风难夷至乍浦安顿俟东洋铜船出口附带归国折》(道光六年六月二十九日)。

②⑥ 《长崎文献书第一集第四卷　续长崎实录大成》，长崎文献社，1974年11月，第287页。

③ 故宫博物院辑：《清道光朝外交史料二》，第19—20页《江苏巡抚陶澍奏日本夷船遭风漂至镇洋县境照例抚恤拨船指引出洋回国折》(道光六年五月十五日)。归国后，在长崎进行过调查，当时的十人是：直右卫门、万右卫门、小兵卫、半兵卫、岩助、清八、喜次郎、新四郎、胜藏、新助（《犯目帐》第7卷，长崎犯帐刊行会，1960年2月)，在中国没做准确的报告。

⑤⑦ 安双成、关嘉录：《清代的两起中日民间贸易活动》，《故宫博物院院刊》1983年第1期，第32页。

该地(乍浦)郊外山上。"①水手十右卫门,估计就是陶澍奏折中提到的大右卫门,满文奏折中的小五郎虽然也被列入了陶澍奏折的名单中,但指的是另外一个人。关于死于乍浦的日本人,在日、中这两份资料上出现了不同的记载。

另外,两份资料在时间上也有一天之差。满文奏折写的是,他们十人是于道光十年十一月三十日乘坐从乍浦去日本贸易的寿昌船回国的,但日本方面的资料却是这样记载的:"同年十一月二十九日,乘坐杨西亭的贸易船,于十二月朔日从乍浦启航。"②日本资料只记载了清朝商船船主的名字,而没有记载船只的名称。因此,从满文奏折中可以得知那艘船就是寿昌船。因为日本是将来航的船只用其来航年的地支名以进港次序来确定其航船名称的,如果确实是这只船的话,就是"戌七号船",如果肯定船主是杨西亭的话③,那么,是什么船就无关紧要了。在长崎贸易中的许多中国船船名是不清楚的,但是,借助这份满文奏折,我们搞清了日本资料中的"戌七号船"就是"寿昌船"这一问题。

寿昌船是从日本的文化十三年(嘉庆二十一年,1816)至天保七年(道光十六年,1836)来长崎的著名的中国商船,主要是12家民商作为长崎贸易船而使用的船。④

由于刘彬士的奏折记载了漂泊民回国的时间,因此它的内容比陶澍和程含章的奏折更为详细。

道光六年(1826)十一月癸卯,刘彬士继程含章为浙江巡抚。⑤

---

①② 《长崎文献书第一集第四卷 续长崎实录大成》,长崎文献社,1974年11月,第287页。
③ 来长崎的中国商人杨西亭系浙江省平湖县乍浦人,是在嘉庆十三年(1808)至道光二十二年(1842)的34年间25只贸易船的船主和货主,以此闻名。(松浦:《中国商人和长崎贸易——以嘉庆、道光时期为中心》,《史泉》第54号,1930年3月,第47—51页。)
④ 松浦章:《关于日清贸易中来航长崎的中国船——以清代鸟船为中心》(下),《史泉》第49号,1974年9月,第35—36页。
⑤ 钱实甫:《清代职官年表》第二册,中华书局1980年版,第1674页。

四、结　语

可以说,由于以上两份满文奏折的重新公布,迄今为止含糊不清的日中贸易的一个侧面渐见明朗。但是,对于以两国关系史为研究对象的学者来说,如果不调查研究两国相关的资料,要想掌握正确的情况还是比较困难的。

我希望今后把这部满文奏折的全文译成中、日两种语言出版,同时,也期望尽快地弄清其他未被介绍的日、中两国以及朝鲜和荷兰方面在东亚的有关资料。

通过这次安双成、关嘉录两位学者的研究以及魏能涛先生的研究都可以证实,当一名研究者在研究资料上出现困难时,十分重要的是,不仅需要两国间,而且需要从事东亚各国历史研究的学者们更多地进行共同研究。

(原刊《日本研究》1985年第1期。辽宁大学孙世春译)

第三编
清代东亚各国的相互认识

第一章 日本江户时代的清人画像资料

一、前　言

浙江工商大学于2006年3月27日召开了"中国文献中所见日本画像资料"学术研讨会，其主旨在于"通过研究、整理中国文献中所见的日本地图、人物和器物等画像资料，更加立体地增进中国的日本研究和日本认识"。

回顾此前的中日关系史研究，多是基于文字资料这一载体，其所取得并得以付梓的成果，极大地推动了该项研究的进展。而本次研讨会则着眼于画像资料，以探求新的历史形象。笔者在此对本次研讨会主办方的慧眼表示敬意。同时，已经发表了的研究报告也引起了笔者极大的兴趣。

然而，在长期以来接受中国文化，一直对中国文化怀有憧憬之念的日本（特别是日本的江户时代），虽然留有诸多有关中国的画像资料，却一直未被予以足够的重视。转换视角，探讨"日本文献中所见中国画像资料"，应该说不无重要意义。故而，笔者试图从逆向的视角出发，探讨日本留存的有关中国的画像资料，并在此提出若干私见。

就具体的尝试而言，笔者想着眼于江户时代实际来航日本的清人的具体事例,尤其是关注清朝商人的绘姿,将之作为研究江户时代日本的中国像、中国观的契机。之所以选择江户时代作为研究对象,其最大的理由是,那个时代留有具体的清人画像。在没有摄像技术的那个时代,画像替代了它们,负载着重要的信息和意义。这从对"长崎版画"中所绘的唐船,即基于唐船来航这一事实所创作的画像的考察中可以得到证实。①

在此,笔者首先从搭乘商船来航长崎的中国商人中,抽选确知其姓名及其绘姿的人物,将之作为日本画像资料中存有的清人具体事例,作些具体叙述。

二、书籍和长崎版画中所见清人画像

江户时代没有现代摄影技术,版画有如今日底片之增洗而被大量出版。在日本,以同一地域为对象而得以批量印刷的是以长崎风景以及来航长崎的外国人物、船舶、物资为内容的版画。这些版画一般被称为"长崎版画"而名闻天下。版画中有来航长崎从事贸易的所谓"唐人"的清人画像。

在开始论述"长崎版画"之前,笔者想首先略为介绍一下版画之外的书籍和写本等载体中所见的清人画像情况。

(一) 书籍中所见的清人画像

长崎的西川如见在其所著的《增补华夷通商考》(有宝永六年〈康熙四十八年,1709〉序文)卷一中绘有"清朝人物像"(图1),旁有注记"今中华皆同于此"。据图可知,明代的宽袖服饰已不复可见,满族的窄袖衣装取而代之。男子似已蓄辫,而其帽形亦已不同于此前的明朝。此图为江户前期清人画像中的珍贵资料。

---

① 松浦章:《清代海外贸易史之研究》,朋友书店,2002年1月,第307—323页。

第一章　日本江户时代的清人画像资料　147

图1　西川如见《增补华夷通商考》卷一

图2　临绘本《江南巡幸图》局部

据记载,中国的绘画被带至长崎,日人据之临摹,其中可被确认的有临绘本《乾隆帝江南巡幸图》。①　其图有马上官吏图(图2),注记为"前呼侍卫,都而四十骑",即担当前卫的侍卫共有四十骑;此外还有牵马官吏图、总督图、后拥侍卫图、女骑骑马以及紧跟其后的八人抬舆之图,共计有图五幅。②

关于书籍中所见的清人绘姿,笔者就能具体比定的人物,兹举例介绍。

水户藩士、后以地理学者知名的长久保赤水在他的《长崎行役日记》中绘有清人画姿。

明和二年(乾隆三十年,1765)十一月,水户藩矶原村的货船遭遇海难,冲船头佐平太等漂至安南国,于会安得到赈恤。明和四年(1767)七月十六日,佐平太等搭乘来航长崎的船主曹体三、王世吉的四番安南船归国。③　水户藩于明和四年(1767)十月遣出官员赴长崎迎

---

①　松浦章:《乾隆南巡和日本——以舶来资料为中心》,《阡陵(关西大学考古学资料室汇报)》第12期,1985年11月。
②　内阁文库所藏史籍丛刊特刊第二《视听草》第十一卷,汲古书院,1985年11月,第206—208页。
③　《长崎实录大成》卷一二,《长崎文献丛书　第一集第二卷　长崎实录大成正编》,长崎文献社,1973年12月,第307—311页。

接归还者,该官员即是长久保赤水。他在长崎所逗留的时间虽然仅是从十月十二日到十七日间的短短六天,但是,在其日记的十月十四日条中,却恰好有参观唐人屋时,偶然瞥见清人身姿举止的记载:

> 唐人十余,徘徊此边,共相笑语。唐音中有间用和语者。此等人物并非微贱,其容貌体态,颇同于本邦之人。然皆剃发,惟于百会之处留发,其径约二寸,以三组编辫,形如羽织之长纽,垂于身后。其帽无鳌头巾。帽顶扎有红绢丝,有如猩猩之发,披散下来。其外套有如此地之半合羽,系扣于前,而裙不合于裳之两胁,前垂自前后悬下。清朝举国,悉如鞑风,衣冠之不用,乃至于公卿大夫。盖此已成其风俗云。①

长久保赤水在此详尽地描写了自己初次见到的清人形象——他们的汉语交谈以及夹杂其间的日语会话、其容貌举止、辫发之发型以及服饰之情况,将之注记为满族的风俗习惯。

在长久保赤水的《长崎行役日记》"明和四年(1767)十月十四日"条中,留有两名中国人绘姿的记录。他们是游朴菴(图3)和龚廷贤(图4)。

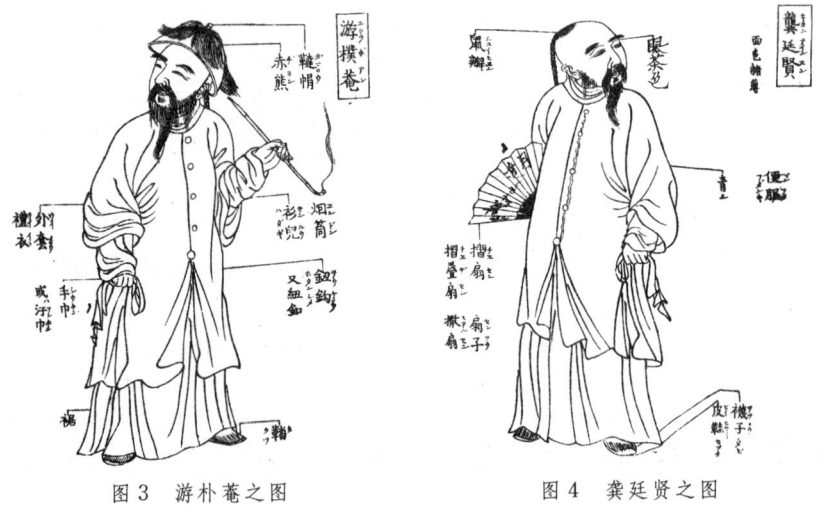

图3 游朴菴之图　　　　图4 龚廷贤之图

---

① 《续续纪行文集》,博文馆,明治三十四年(1901)十月,第502—503页。

游朴菴作为来日贸易的中国船主,十年之内曾六度来航长崎:明和二年(1765)五月三十日入港,为酉八番船主;明和四年(1767)四月九日入港,为亥一番船主;明和七年(1770)十一月十日入港,为寅十三番船主;明和八年(1771)十二月一日虽已入港,但是因为该年来船已经超出了十三番的限度,故而此次来航的次序被安排为翌年安永元年(1772)的辰二番船,游朴菴为该番船主;安永元年(1772)十二月十五日再度入港,为辰十二番船主;安永三年(1774)年入港,为午四番船主①。

龚廷贤之名不见于来航长崎的船主之中,但是,明和四年(1767)来航的船主中有龚克贤之名。两者或为同一人物。

龚克贤之名,见于明和三年(1766)七月十四日入港长崎的戌十二番船主和明和四年(1767)七月二十二日入港的亥五番船船主。② 此外,与他同姓的龚柴兴、龚允让分别为明和、安永年间的来航船主。③他们或为同族关系。

像长久保赤水那样亲眼所见并有具体日期记录的清人实例颇为少见。当时的日本人所能眼见到的清人的绘姿,多是通过"长崎版画"这种形式。

宽政十一年(嘉庆四年,1799)刊行的《清俗纪闻》是在长崎奉行中川忠英④(宽政七年至宽政九年任职)的授意下编辑而成的一部珍贵的中国记录。《清俗纪闻》共分十三卷,分别为:卷一、年中行事;卷二、居家;卷三、冠服;卷四、饮食;卷五、闾学;卷六、生诞;卷七、冠礼;卷八、婚礼;卷九、宾客;卷一○、羁旅;卷一一、葬礼;卷一二、祭礼;卷一三、僧徒。分门别类,并有图绘,用以说明中国社会的诸种事相。该书图中屡屡出现清人画像。下图所示为该书卷一《年中行事》中所见的"太

---

① 《明安调方记》,《长崎县史·史料编第四》,吉川弘文馆,1965年3月,第565、567、568、569页。

② 同上书,第565页。

③ 同上书,第565、566、567、568、569、570、571页。

④ 《长崎志续编》卷一《历代御奉行在任并上使御目付到着之部》,《长崎文献丛书第一集》第四卷《续长崎实录大成》,长崎文献社,1974年11月,第2页。

岁春牛迎春图"(图5)。

图5 据《清俗纪闻》卷一《年中行事》

文化二年(嘉庆十年,1805)年刊行的《唐土名胜图会》共分六卷:卷一、舆地图说;卷二、皇城;卷三、内城总图;卷四、外城;卷五、顺天府、河间府;卷六、天津府、正定府、顺德府、广平府、大名府、宣化府。该书记述了以北京为中心的直隶省的情况。书中除了建筑图、风景图之外,还出现了人物图。其中的一例就是"竹坨先生之像"(图6)。竹坨系朱彝尊之号,卒于1709年(清康熙四

图6 《唐土名胜图会》卷一

十八年,日本宝永六年),而《唐土名胜图会》却刊行于其死后百年,据此可知,该书参考了输自清朝的书籍和绘画当属无疑。

(二) 长崎版画中所见清人画像

长崎的清人画像以版画形式出版之后,游历长崎的日本人将之购入,作为礼品,归赠友人。因为行销甚畅,长崎版画得以大量出版。

江户前期以出版长崎版画而享誉甚隆的是位于长崎樱街的针屋,

它是最早的长崎版画出版商。现存针屋版的版画中以"大清人"而负有盛名(见图7)。①

大量出版这些长崎版画的出版商还有富嶋屋和大和屋。②

富嶋屋的前身是丰嶋屋,它作为长崎版画的先驱,自明和年间至文政中期的约半个世纪中以丰嶋屋知名,后更名为富嶋屋。

大和屋自享和年间开始知名,继承店业的是矶野文斋,他活跃于天保至安政年间,以弘化版"长崎风物"的作者而扬名后世。

在此期间,大和屋的长崎版画以几种"唐人图"而知名,这些"唐人图"被认为刊行于其成立初期至江户后期。

图7 "大清人"长崎樱町·针屋版
神户市立博物馆《南蛮堂收藏品和池长孟》第42页

"长崎版画"中的清人画像,东京国立博物馆所藏版画中收入了以下几种:

《唐馆书房之图》(图8)描绘了唐人屋中清人的读书情趣。《大清朝人》(图9)描绘了船主带着随使闲行于长崎市中的身姿。《唐人图》两种(图10、11),于图上部添绘唐船之形,皆系长崎版画中著名的出版商"大和屋"之作。《唐美人图》(图12)和《唐土妇人纳凉之图》(图13)描绘了清朝妇女的形象,颇为少见。当时来航长崎的唐船多以贸易为

---

① 神户市立博物馆:《南蛮堂收藏品和池长孟》,神户市立博物馆,2003年7月,第42页。
② 松浦章:《清代鸟船和〈长崎版画〉》,《关西大学考古学资料室纪要》第2号,1985年3月。参照松浦章《清代海外贸易史之研究》,朋友书店,2002年1月,第307—323页。

目的,女性乘船来航的例子几乎没有。可想而知,这些清朝妇女的绘像,恐怕是日本人对舶载而来的清朝绘画的临摹之作。

图8 唐馆书房之图(长崎版画 大和屋)

图9 大清朝人(长崎版画)

图10 唐人图(大和屋)

图11 唐人图(大和屋)

图12 唐美人图(木版)　　　图13 唐土妇人纳凉之图(大和屋)

这些"长崎版画",在当时除了一些搜集者对它抱有兴趣之外,基本上处于散逸状态,而今却成为珍贵的绘画资料。

三、江户时代漂着唐船的清人画像资料

关西大学东西学术研究所至今已经出版了江户时代的漂着唐船资料共六册。① 这些资料集收录了唐船漂着日本时所留下来的画像记

---

① 大庭修编著:《宝历三年八丈岛漂着南京船资料》,《关西大学东西学术研究所资料集刊13—1》,关西大学出版部,1985年。
田中谦二、松浦章编著:《文政九年远州漂着得泰船资料》,《关西大学东西学术研究所资料集刊13—2》,关西大学出版部,1986年。
松浦章编著:《宽政元年土佐漂着安利船资料》,《关西大学东西学术研究所资料集刊13—3》,关西大学出版部,1989年。
松浦章编著:《文化五年土佐漂着江南商船郁长发资料》,《关西大学东西学术研究所资料集刊13—4》,关西大学出版部,1989年。
大庭修编著:《安永九年安房千仓漂着南京船元顺号资料》,《关西大学东西学术研究所资料集刊13—5》,关西大学出版部,1991年。
薮田贯编著:《宽政十二年远州漂着唐船万胜号资料》,《关西大学东西学术研究所资料集刊13—6》,关西大学出版部,1997年。

录。虽然并未总括了全部的清人画像资料,但作为清朝的普通民众画像犹足珍贵。因为流传后世的画像资料多为高官厚爵者,这在某种意思上可以说,清朝的普通民众正是因为日本的"锁国"状态才得以将其绘像流传后世。

历史上留有颇多漂着朝鲜半岛的唐船船员的笔谈记录,但是尚未发现关于他们的画像资料。相对而言,漂着山阴地方的朝鲜船上的朝鲜人的画像资料却有一部分已为世人所知。

《宝历三年八丈岛漂着南京船资料》收录了该年漂着八丈岛的唐船上几乎全部船员的画像资料。在整个江户时代,可以判明整船成员画像的唐船仅此一例。该船船主为长年从事长崎贸易的高山辉。关于高山辉的籍贯,有"浙江苕溪高山辉"①的记录。苕溪为河流之名,抽象地代表了浙东的某个地域。

关于该船情况,《长崎实录大成》卷一一宝历四年条有如下一段记录:

> 八月十七日暮,送来由豆州下田漂至八丈岛的高山辉、程剑南一船七十一人。该船去岁酉年十二月十日于八丈岛破船。……自五月二十四日迄六月二十五日着下田。……七月六日自下田出船,海上无难,八月十七日暮着船于长崎港。②

宝历三年(1753)十二月十日漂至八丈岛的高山辉船因为船破难航,在八丈岛一直逗留至次年五月底。此后,六月下旬被送至伊豆下田,七月六日由下田出帆,八月十七日到长崎。

该船船员的画像,出自逗留八丈岛的狩野春潮之手。图 14 所示即为船主高山辉之像。③

---

① 《通航一览》卷二三〇,刊本《通航一览》第 6、55 页。
② 《长崎实录大成》卷一一,《长崎文献丛书》第一集第二卷《长崎实录大成正编》,长崎文献社,1973 年 12 月,第 275 页。
③ 大庭修编著:《宝历三年八丈岛漂着南京船资料》,《关西大学东西学术研究所资料集刊 13—1》,关西大学出版部,1985 年。请参照图 1。

关于高山辉来航长崎的中国方面的资料,如下一条记录颇值玩味:

> 江南商人高日新自备资本,于乾隆十五年五月内由乍浦出口,往贩东洋。十六年九月,载回条铜等货。洋中被风漂收闽省连江地方。①

江南商人高日新自备贾资,于乾隆十五年(日本宽延三年,1750)五月从浙江省嘉兴府平湖县乍浦镇出港往赴日本。于乾隆十六年(日本宝历元年,1751)九月购入日本条铜。归航途中,遇风漂至福建闽江口左岸附近的福州连江县。这里所见的江南商人高日新与前文所述的高山辉为同一人或同族的可能性都相当高。

图14 高山辉和颜延发

图15 朱心如等南京人物图

《宽政元年土佐漂着安利船资料》中留有宽政元年漂着土佐的安

---

① 《闽海关造送题咨事例案册》,乾隆十七年五月初二日文书。

利船乘员的画像资料,此即绘有船主朱心如,船员丁醒齐、余三光、王奇共四人的《南京人物图》(图 15)。

宽政元年十二月二十二日,安利船飘着土佐的羽根浦,后又漂经纪州,于四月二日碇泊于土佐高知的浦户湾。之后,沿纪伊水道航行,经濑户内海,于六月五日在长崎入港。① 安利船乘员的图像见于《护送日记》之中。② 关于图中所见朱心如、丁醒齐、余三光、王奇四人,《护送日记》里的《酉番通船人名册》有所提及:

船主朱心如	年三十三岁	杭州人	祀妈祖
财副丁醒齐	年五十三岁	湖州人	同
总管余三光	年四十二岁	闽县人	同③

以上三人为安利船在航行、经营上的重要人物。王奇之名则见于随使之列:

| 王奇 | 年二十四岁 | 杭州人 | 祀三官④ |

像王奇那样的下级船员留有绘姿,颇为难得。

关于《宽政十二年远州漂着唐船万胜号资料》,笔者仅见船主汪晴川的画像。

《长崎志续编》卷一〇"唐船进港并杂事之部·享和元辛酉年(1801)"条有如下一则记录:

> 去岁申年十一月九日,由乍浦出航的唐人刘然乙、汪晴川船于洋中遭逢逆风,漂流数日,于同年十二月四日漂流至远州山名郡凑村地先海面,卸碇……同月九日全员上陆。当岁酉年三月十

---

①②③④ 松浦章编著:《宽政元年土佐漂着安利船资料》,《关西大学东西学术研究所资料集刊 13—3》,关西大学出版部,1989 年,第 373—376、18、22、25 页。

九日始被护送往本地,同年五月十一日送达本港。①

宽政十二年庚申(1800)十二月四日漂着远州的刘然乙、汪晴川船,在被送达长崎之前的约四个月内逗留远州,《汪晴川图》(图16)即绘于此期间。② 其图虽称不上精致,但是已经颇能传达当时的逗留氛围。

诸如此类的事例肯定还有很多尚未被发掘,有必要进行更深层次的探索。

图16 宁波船主汪晴川图

图17 川原庆贺"唐人图"
《南蛮堂收藏品和池长孟》第88页

在绘画艺术上极具水平的是描绘于江户时代后期,出自出入长崎

---

① 《长崎志续编》卷八,《长崎文献丛书》第一集第四卷《续长崎实录大成》,长崎文献社,1974年11月,第199页。
② 薮田贯编:《宽政十二年远州漂着唐船万胜号资料》。请参照图3。

出岛的画师川原庆贺①之手的《唐人图》②(图 17)。川原庆贺在济博尔特(Philipp Franz von Siebold)来日期间被结以恩遇,有如私人画师一样,为济博尔特创作了大量关于日本的人物、器具、动植物等作品。这些作品的水准相当高,图 17 的《唐人图》可谓是对来日唐人姿态描写的极其重要的作品。

四、结　语

对于江户时代的日本人来说,长期与异文化保持接触的惟有长崎一地。在长崎所能见到的频率最高的外国人无疑是清代中国人。现今留下关于清人的绘姿,同时也是关于清朝一般民众的珍贵资料,这很有明确理解它们的必要。

作为这些资料源之一,关西大学东西学术研究所所刊行的六册《漂着唐船资料集》可谓不无用场。这些资料集之中,描绘清人最具美术感、最有技术含量的是被收入《宝历三年八丈岛漂着南京船资料》的狩野春潮所绘的六十四幅清人像。狩野派是室町中期至明治初年日本最大的画派。自从狩野探幽(1602—1674)成为德川幕府的御用画师之后,在整个江户时代,狩野派不但是幕府的御用画师,而且垄断了各藩的画坛,享誉甚隆。出身于该派的狩野春潮所创作的清人绘姿,极富美术技巧,它们是在效用上能与今天的摄影作品相与媲美的写实画像。

狩野春潮所创作的清人绘姿,可与乾隆年间居住扬州,后来成为乾隆帝所赏识的宫廷画家徐扬③相与匹敌。徐扬曾创作了极具水准的写实作品《苏州繁华图》。这在江户时代的中日绘画交流上值得大书

---

① 《川原庆贺展　打开锁国之窗:出岛的画师　荷兰国立莱顿民族博物馆所藏》,西武美术馆,1980 年。
《川原庆贺展　传写幕末"日本"的西尔德画师》,西武美术馆,1987 年。
② 神户市立博物馆:《南蛮堂收藏品和池长孟》,神户市立博物馆,2003 年 7 月,第 88 页。
③ 苏州市城建档案馆、辽宁省博物馆编:《姑苏繁华图》,文物出版社,1999 年 10 月。

特书。春潮之被流放八丈岛，系出偶然，后世却得以留下这么珍贵的画像资料。我们需要珍视这种偶然。我们今后更有必要将这些绘像作为清朝普通民众的画像资料，充分地进行利用。

（最初发表于2006年"中国文献中所见的日本画像资料"国际学术研讨会。浙江杭州，2006年3月27日。郑洁西译）

第二章　清代琉球使者所见到的北京

一、前　言

琉球作为清朝的朝贡国,每年都派使者去北京。① 此外,琉球在江户时期也曾18次派使者至德川幕府。②

这种作为谢恩使的琉球国使者到达江户之时,在江户的日本当局向到过北京的琉球使者打探了当时中国方面的情况。那时是用"候文"(即当时所用文言书信体文字——译注)记载下来的,亦即赤崎桢干所记的《琉客谈记》。③

这本《琉客谈记》后来由日本人作了汉译,以《译琉客谈记》为名而保留下来。④ 本文拟根据汉文译文,略述清朝琉球使者所见的北京及当时中国的情况。

---

① 野口铁郎:《中国与琉球》,开明书院,1977年1月。
② 宫城荣昌:《琉球使者到江户》,第一书房,1982年10月。
③ 收录在《改订史籍集览》第16期"别记类",第274《续三十幅》中。
④ 由九州岛筑前今福冈的儒者龟井南溟翻译。龟井名鲁,字道济,号南溟。译文上有宽政十年(1798)的跋文。

二、《琉客谈记》的成书时代

关于《琉客谈记》的成书时代,《琉客谈记序》中有记载:

> 丙辰之冬,琉球谢恩使尚恪,寓于江都(即江户,今东京)之邸,其僚属有尝入清者二人,曰郑章观、蔡邦锦。太公颇通唐语(即中国话——译注),乃召二人,亲问其所历览胜景佳事。二人所说甚详,因命臣桢干,以国字记其语,装为一卷。又命画工作图,而附其后,以为卧游之具云。章观,字有光;邦锦,字日章,皆琉球久米村人。
>
> 宽政丁巳春正月,臣赤崎桢干谨志

丙辰即为日本宽政八年(1796),清朝的嘉庆元年,那年冬天到江户来的两名琉球使者,即为郑章观与蔡邦锦,他们两人向日本人讲述了他们出使中国时的所见所闻,赤崎桢干按萨摩(今鹿儿岛)藩主的命令,用"候文"记下他们的谈话,这便是《琉客谈记》的由来。

在《琉客谈记》中,没有记载他们二人去中国的时间,可是以其谈话内容为线索,可以推知他们访华的大致时间。在该书(以下所有引文,均据《译琉客谈记》,故不再另注出处)中有这样的记载:"清主姓觉罗氏,故大臣多觉罗氏,方今福建省布政司曰觉罗伍。"由此可知,他们作为使者到福建省时,当时的布政使是觉罗伍。觉罗伍即觉罗伍拉纳,任福建布政使的时间是乾隆五十年(1785)七月至乾隆五十三年七月,共计三年。[①] 因此,估计《琉客谈记》中所记的正是这个时期中国的情况。再有据琉球的《历代宝案》,郑章观在乾隆五十一年(1786)十一月曾以琉球国通事的身分从琉球出使中国。[②] 所以,可以说《琉客谈

---

① 钱实甫编:《清代职官年表》第三册,中华书局1980年版,第1863—1864页。
② 《历代宝案》第六册,台湾大学,1972年6月,第3711页。

记》记载的内容,大概是乾隆五十二年(1787)前后的事情。

三、琉球进贡使前往北京途中的情况

琉球派往清朝的进贡使,一般来说,在每年三月左右时从冲绳的那霸港起程,驶往福建省福州。如果顺风的话,大约七八天的行程,即可到达福州的五虎门。从该地溯闽江而上,到安国镇,在那里接受中国官员的欢迎。在该镇,福建方面的河口翻译,登上琉球船进行翻译。① 朝贡船停泊鸭母洲,然后琉球使者一行以河口翻译为向导进入大保境,住在"琉馆"。"琉馆"是一座"制造精密",屋覆以瓦,有楼,以版为状的建筑物。

琉球使者一行,大约在该馆留住七八个月后,于当年秋冬之交时,正使、副使以及大约二十名左右的官员起程赶赴北京。其余的人仍留住在"琉馆",等待正使等人回到福州。

正、副使等人由中国官员陪伴前往北京。北上途中经过延平、建宁、衢州、严州、杭州、嘉兴、苏州、镇江、扬州和济南等府。据载:"自建宁至衢,皆陆行;自严至扬,水行。途中所见,山水奇绝,不可名状。"这就是说,此时琉球使者经福建、浙江、江苏和山东前往北京。

在前往北京的途中,"风景,西湖最美,……不得放意探讨,可憾矣哉"。这就是说,琉球使者一行,一路上所看到的风景,以杭州西湖为最美,但遗憾的是他们不能尽兴参观游览。

再有,一路上他们还以好奇的心情看到了商业繁荣兴旺的景象:"诸省市尘,极华洁。布帛、米粟、鱼、盐,名列其肆,唯其物。"这也就是说,这些使者一路上看到了专营各种各样商品的商店,应有尽有,非常齐全。

此外,他们还记述了前往北京途中经济最为富庶地区的情况:"殷富苏杭为最,此屋巨丽,美值蓬勃交荫,入此境也,自视如画中。"这就

---

① 松浦章:《关于福建对外贸易史研究》,《东方》第60号,1986年3月出版,第26页。

是说,苏州和杭州等地,高大的房屋和华丽的宅第给使节团的人们以深刻的印象,使他们有犹如"画中游"的感觉。

四、琉球使者所见到的北京

据载琉球使者一行,"秋冬之交,发于福州,行四十余日,乃至北京。唐山纪里(即华里——译注)"。也就是说,他们一行于农历九十月间,从福州出发,途中经四十余日,方才到达北京。

他们在北京大约逗留了四十余日。"北京不置琉馆,赐谒宴赉之礼,阅四十余日乃讫,其间舍于逆旅。"他们一行住在"客亭",所谓"客亭",即不能使用会同四译馆,而是以别的建筑物作为馆舍而居。①

从"谒清主于太和殿,殿甚广大"的记载来看,可知琉球朝贡使参拜清朝皇帝是在太和殿进行的。

据载"中山贡物"为"硫磺一万二千六百斤、红铜三千斤、锡千斤",可知琉球中山国王进贡给清朝皇帝的物品主要是硫磺、红铜和锡等物。

琉球使者在北京滞留期间,由清朝吏部尚书两次赐宴。当时的情况如下:"赐宴于吏部尚书邸者二,迎来曰下马宴,送饭曰上马宴,桌子上焚香供茶,而后赐酒馔,丰盛满极,宴讫取其所用器皿,遍赐宾,宾携归。"这时担任吏部尚书者,大概是刘墉。②

据琉球使者记载,故宫(应为北京内城——译注)的规模为:"北京城郭,周围四十里。唐山纪里。"该城设禁城九门:"禁城九门内,满人陆卫,是麾下人。"即是说禁城内都是由满人居住。又,从"六部官人,

---

① 据《钦定日下旧闻考》卷六三"官署·礼部册"所载:"国朝改设会同四译馆,其外有朝贡使人之馆舍三,一在宣武门内京畿道胡同,一在宣武门外横街,一在东江米巷御河桥。"可知,在会同四译馆外,另有三个馆舍可供朝贡使节们住宿。《钦定日下旧闻考》第4册,北京古籍出版社,第1034页。

② 乾隆五十二年(1787)时的吏部尚书虽然有福康安与刘墉二人,但福康安此时正在"陕督留任",所以由刘墉招待琉球使者的可能性比较高。钱实甫编《清代职官年表》第1册,1980年7月,第245—246页。

还往禁城,不过从者七八人。九门之外,纵外国人游览。"可知六部官员在禁城内往还,可以带七八个侍从。九门以外的地方,这些外国使者们可以尽情游览。

此外,从该书中还可以知道有关报时的方法:"衙门过鼓报时,名曰:'衙鼓'。朝散亦鼓报,称曰:'放衙'。"由此可知衙门是使用敲鼓的方法报时的。琉球使者们抱有更大兴趣的是有关学问的事情,其记载如下:

> 北京贡院,及第诗文之题,皆出自国主。
> 北京圣庙宫中有大道,中道有国子监。

在福州学习中国学问的两个琉球人,对此感慨极深。

五、结 语

可以想见,去过北京的两名琉球使者的一席话,对于想要了解中国情况的日本人具有很大的吸引力。因为,尽管日本人可从中国沿海地区驶往长崎的中国商人那里了解到一些中国情况,但有关北京和整个中国社会的情况却很难获悉。①

据载,郑章观与蔡邦锦两人"尝入清,学于福学"。可知他们是曾在福州学习中国学问的人。因此他们所谈的内容是"清国朝野礼俗,粗可概见焉",即他们所见所闻的中国情况,是受到当时日本人赞赏的,从该书有许多抄本保留下来就可充分反映这点。

另外,有必要重新认识郑、蔡二人作为使者,是从琉球那霸到过北京和江户两个都城的人。

(原刊《紫禁城》1987 年第 5 期,总第 42 期。北京故宫博物院紫禁城出版社 1987 年版。中国社会科学院冯佐哲译)

---

① 参阅松浦章《康熙年间武昌兵变在日本的传闻》,《日本研究》1985 年第 3 期。

第三章　清代沿海商船船员所见到的日本
——以中国沿海帆船的漂流记录为中心

一、前　言

日本在江户时代施行"锁国令",禁止平民百姓乘船到国外去,日本人与外国人的接触受到很大的限制。在这一时期,日本人只有在荷兰使节和朝鲜使节前往江户谒见幕府将军的路途中,才有可能见到外国人。除此之外,老百姓自己到长崎去,与荷兰人和中国人接触可以说是唯一的机会。

除上述场合外,还存在着这样的例外情况,即在日本沿海航行的日本船漂流到国外,接触到外国人;或是在外国船漂流到日本时,日本人接触到外国船员。当出现这种情况时,接触到外国人的人们是怎样看待对方国家的?这是一个令人感兴趣的问题。但是,有关这方面的资料,除特殊情况外,很少被记录下来。

特别是当人们为探讨近世(江户时代)的日中关系而寻找这方

面资料时，就会发现日本人漂流到中国后留下了较多的记录①，而中国人漂流到日本后留下的记录则为数很少，在此仅可以举出以下的例子。

在来日本的中国人留下的记录中可以称作日本见闻记的只有汪鹏的《袖海篇》（收入《昭代丛书》和《小方壶斋舆地丛抄》）。汪鹏在长期贸易时使用的姓名是"汪竹里"，他作为贸易船船主曾连续数年到过长崎。② 其见闻记的史料价值很高。此外，还有咸丰年间赴长崎贸易的中国商船船员写的日记。③ 然而，这方面的资料可以说是很少的。

本文将利用沿海贸易船漂流到日本④后根据船员的口述记录下来的珍贵资料，谈谈当时中国船员所见到的日本以及中国商人在长崎从事贸易活动的情况。

二、文政五年漂流到萨摩的中国商船

文政五年（道光二年，1822）十二月，有一艘中国船漂流到萨摩国阿久根村一带的海面。这艘船的情况，见载于《长崎志续篇》卷八"文政六（道光三年，1823）年"条中：

去年（指文政五年，道光二年，1822）十二月二十三日，一艘

---

① 佐藤三郎著、姜镇庆译：《江户时代日本民对中国的知识》，《中国史研究》1980 年第 1 期。松浦章著、赵哲译：《清代中国对日本漂泊民的厚遇——以越前宝丸漂靠川沙厅为例》，《日本研究》1986 年第 2 期。

② 松浦章：《乾隆时代来航长崎的中国商人——以汪绳武、汪竹里、程赤城为中心》，载《咿哑》第 10 号，1978 年。

③ 松浦章：《中国商船的航海日志》，载《关西大学东西学术研究所创立 30 周年纪念论集》，1981 年。中译文由冯佐哲翻译，收入《清代西人见闻录》，中国人民大学出版社 1985 年版。陈吉人：《丰利船日记》，载《近代史资料》总 61 期，1986 年。

④ 松浦章：《关于清代的沿海贸易——帆船和商品流通》，载《明清时代的政治和社会》，京都大学人文科学研究所，1983 年。松浦章：《关于漂到纪州的清代沿海商船》，载《关西大学东西学术研究所纪要》第 20 辑，1987 年。

唐船漂流至萨摩国阿久根村之海面。萨摩家臣（指萨摩藩藩主手下的武士）有马仲左卫门与高田尚五郎以大小船只数艘将该船护送至本地（指长崎）。当年（文政六年）二月五日傍晚，将该船带入本港（指长崎港），当月六日（长崎方面）接收了该船。船中唐人（指中国人）照例被带到御役所（指长崎地方长官长崎奉行的官邸——长崎奉行所）盘问。据称，（船中乘员）为江南省苏州府太仓州崇明县人，船主朱聚南及其他人从未到过日本。该船乘员共十二人，船上装载着木棉。去年九月六日自当地（指苏州府崇明县）开船，赴山东贸易油渣，同年十二月朔日，自当地（指山东）返航时，于海上遭遇飓风，桅杆被吹断，漂流于海上。当月二十三日，漂至一地方。正欲抛锚停船时，对岸有哨船赶来，在严密的警戒之下该船护送至该国（指萨摩藩）的胜本港。当地人为该船补给了淡水、木柴等物，还发给了新的桅杆。今年正月十一日，由哨船护送从该地（胜本港）出发，沿途停泊，于昨日傍晚到达本港（长崎）。根据以往的规定，该船得到在（长崎）港期间的所需粮米、木柴以及（返回中国途中）在海上的粮米，于二月二十九日起航归国。

根据上述记载可以知道，文政五年（道光二年，1822）十二月有一艘中国船漂流到现在的九州岛鹿儿岛县西北部的阿久根市附近。这艘漂流船属于江苏省太仓州崇明县的沿海商船。该船于道光二年九月上旬，装载木棉从崇明县出发，到山东去做油渣贸易。十二月初，在从山东返回江南的途中，失去桅杆，漂流到上述阿久根市西北部的胜本港，在那里得到食物等补给。文政六年（道光三年，1823）正月十一日，该船又在萨摩藩的护卫下，从胜本港前往长崎港，于二月五日傍晚到达长崎。该船在长崎港接受了补给后，于三月二十九日回国。

像这样的中国沿海商船漂流到日本的例子极为少见。然而有所不同的是，被认为是根据该船船员的见闻而记录的资料被保存了下来。在下一节中我想谈谈这个问题。

三、漂流到日本的江南沿海商船源泰号

在《一班录杂述》(清郑光祖辑,道光二十三年[1843]年刊行)卷一的"漂泊异域"条中就有中国沿海商船漂流到日本的记录。

在江苏省白茆口张墅的东面,有位名叫张用和的人。他家历代经营船运业,每年都向关东(特别是牛庄)、山东(特别是胶州和登州一带)派出商船。属于这位张氏所有的一艘船于道光三年(1822)在海上遭遇台风。据该书记载:

> 有一船号源泰,已至山东莱阳销货,又置豆饼、羊皮、水黎等货而返。遭台,倒拖太平蓝。

由此可知,该船船号叫源泰。源泰号是到山东莱阳从事贸易的商船。莱阳位于山东半岛的中部,所以该船所停泊的港口大概是管辖莱阳的府的所在地登州。源泰号在山东购置了豆饼、羊皮、水黎等货物。当它载着这些货物返回时,于途中遭遇台风,漂流到了海上。

五天后,源泰号漂流到某一沿海地区。当船员们上陆后,当地人便围绕了上来:

> 异言异服者聚,而观意殊不恶。旋有知事者至,其赤足同众,而衣服有别,意气亦异,殆犹中土守港口之千把总也。

他们的语言和服装与中国人不同,但并无敌意。不久来了一位仿佛是知事的人。他与那些人的服装相异,气质也有所不同,看上去像是中国守备海港的千把总那样的官吏。

源泰号的船员因语言不通,遂采用笔谈:

> 舟人以笔写高丽、琉球、吕宋等号与认,彼皆摇手,及写日本

乃首肯。故写我中土郡县地名示之。

源泰号的船员用笔写出的高丽、琉球、吕宋等地名给那位像知事的人看，他摇手否认，当看到日本两字时才点头称是。于是源泰号的船员又写下自己家乡的地名给他看。

> 顷又有通事者至，略能通语。称吾人为小唐人，另将船再行，而入至一大镇名夹喇浦停泊云。此地距王都八站，已为奏闻矣。

不久有通事来到源泰号船员面前。这位通事会讲中国话，他称船员们为"小唐人"。后来源泰号继续航行，停泊在一个叫夹喇浦的地方。当地距离统治者所居住的都市有八站，人们已将源泰号漂流而来的事向那里报告了。

源泰号漂流到的地方的名称，还没搞清。但从有通事出面这一点看，那里大概是九州岛的萨摩。萨摩藩在江户以前就跟中国有来往，所以培养了一批会讲中国话的通事。① 从源泰号漂流到的地方至"王都"的八站大概是指日本道路上的驿站数量。

这艘源泰号后来又前往长崎，如前引书中所载"寻海道回家，四年五月初旬也"，他们于道光四年(1824)五月上旬返回中国。

文政五年(道光二年，1822)漂流到阿久根的商船同道光三年(文政六年，1833)漂流到日本的源泰号在时间上虽然有一年之差，但漂流的经过十分相似。在长崎的同一时间的记载中，源泰号漂流到日本后，没有其他中国沿海商船进入长崎港。因此可以认为，源泰号就是上述日本史料中所载的朱聚南船。

---

① 松浦章：《明代海商与秀吉的"入寇大明"情报》，收入《未永先生米寿献呈论文集》，1985年。松下志郎：《关于鹿儿岛藩的唐通事》，收入《锁国日本与国际交流》下卷，1988年。

四、江南商船源泰号船员所见到的日本

《一班录杂述》"漂泊异域"条中所载源泰号船员对日本的印象是后来《一般录杂述》的作者记述的,而不是该船船员亲自所写的记录。但是,从内容上看,其中有许多记述是非亲身经历者无法了解到的。以下我想分两个方面来谈谈这些记述。

(1) 日本人的生活方式

"漂泊异域"中有关江户时代日本人的服装和生活方式的记述主要有以下内容:

> 日本服式,男女不甚可辨,男不留须,女不带环。
> 庶民则青布、黑布为之。
> 顶发前半皆剃去,后发聚而樱之。
> 房屋略如中土,内无桌椅,入则宾主席地。
> 钱用宽永通宝钱。……银用纹银,洋钱无影。

由此可知,当时日本人的服装,在中国人看来,其男女的差别很难区分。平民百姓身穿蓝色、黑色的服装。中国船员还细心地注意到日本男子的发型是将头顶前半部的头发剃光,后半部的头发挽起。日本的房屋与中国相近,但室内无桌椅,而是席地而坐。当时日本使用的货币是宽永通宝,也用纹银,但没有见到使用外国的银钱。上述这些细微的情况都由源泰号的船员传到中国。

(2) 长崎贸易中的中国人

关于源泰号船员被送到长崎后的情况,"漂泊异域"条是这样记载的:

> 泊长崎,是彼国之大马头也。

意思是说，源泰号驶入长崎港停泊。长崎是日本最大的埠头。在这里，源泰号船员还遇到了本国人：

> 上有大清会馆，有苏州人杨姓，在其中办铜。

所谓大清会馆，大概是指长崎的唐馆，当时中国人称之为唐馆，而日本人称之为唐人屋敷。有一位姓杨的苏州人在其中从事铜贸易。

如果认为源泰号就是朱聚南船的话，那么该船驶入长崎港是在文政六年（道光三年，1823）二月五日，它在长崎一直停泊到三月二十九日。在此期间，源泰号船员在长崎遇到的大概是文政五年（道光二年，1822）十二月十九日作为当年的午七番船驶入长崎港的中国船船主杨启堂（即杨嗣元）。一般认为，杨启堂是与同一时期来长崎的船主杨西亭（杨嗣雄）和苏州的对日贸易十二家货主（公局总商）杨嗣亨同族的大商人。①

在《一班录杂述》卷一"漂泊异域"条的上述记载下面还有这样的注释：

> 虎丘山塘，有嘉惠局，管日本铜务，往来凡六舟，泊乍浦上下。

所谓的嘉惠局可能就是乍浦的嘉惠公司。②

道光二年（1822），从事对日贸易的中国船是"金全胜"、"日新鹆"、"永泰"、"永茂"、"恒顺"、"寿昌"这六艘船。③因为它们几乎主宰了当时中日之间的长崎贸易，所以通过研究这些所谓的"往来六舟"，可以大致把握当时长崎贸易的真实情况。

---

① 松浦章：《中国商人和长崎贸易以嘉庆、道光年间为中心》，载《史泉》第54号，1980年。
② 松浦章：《中国商船的航海日志》，载《关西大学东西学术研究所创立30周年纪念论集》，1981年。中译文由冯佐哲翻译，收入《清代西人见闻录》，中国人民大学出版社1985年版。陈吉人：《丰利船日记》，载《近代史资料》总61期，1986年。
③ 松浦章：《清代中日贸易中来航长崎的唐船——以清代鸟船为中心》（中、下），载《史泉》第48、49号，1973年。

五、结　语

中国沿海商船船员漂流到日本后,他们了解到的一些有关日本的情况在"漂泊异域"中被记录保存了下来。

"漂泊异域"中所见的漂流到日本的源泰号就是长崎的记录中所载的朱聚南船。这样"漂泊异域"的记述就存在着一年之差,即该船到达日本的时间不是道光三年而是道光二年;其归国时间不是"道光四年五月初旬",而是道光三年。

"漂泊异域"中的记载不是出于船员之手,而是根据船员的口述记录下来的,因此存在着一些错误的记述。其中有些是由于"漂泊异域"的作者误听了船员们的叙述,有些则是由于把船员的错误知识原封不动地记录了下来。但是,其中的内容的确是亲身漂流到日本的中国人的见闻记。换言之,"漂泊异域"中源泰号船员的见闻记或许可以称之为"中国庶民的日本见闻记"。

(最初发表于1988年的中日关系史研究会,1988年9月2日。中国社会科学院徐建新译)

第四章　朝鲜使者获取的台湾、琉球情报

一、前　言

在清代,朝鲜和琉球两国作为清朝的朝贡国,几乎每年都要向北京的清朝政府派遣使者。① 两国的使者偶尔会在北京相遇。其中最早的相遇发生在康熙二十年(1682)十二月。康熙二十年,清朝政府尚未完全平定"三藩之乱",朝鲜虽然在表面上臣服清朝,实际上却极力支持汉族重建王朝。故而,朝鲜对"三藩之乱"的进展情况极为关心②,自三藩之乱爆发以来,它就一直在不断地搜集相关情报。③

在这种情况下,当朝鲜使者来到北京并和琉球使者相遇时,他们就不失时机地向琉球通事打探反清复明的台湾郑氏政权的情况。

本文试图对朝鲜使者从琉球方面获取的台湾、琉球情报作一探讨。

---

① 松浦章编著:《明清时代中国与朝鲜的交流——朝鲜使节与漂着船》,[台北]乐学书局,2002年3月。松浦章:《清代中国琉球贸易史之研究》,[冲绳]榕树书林,2003年10月。

② 松浦章:《东亚世界里的"三藩之乱"情报》,《关西大学东西学术研究所所报》第46号,1987年10月。

③ 浦廉一:《台湾郑氏(郑经)与朝鲜的关系》,《广岛大学文学部纪要》第3号(1953年2月,71—92页)里指出朝鲜"朝野上下,多关注郑氏之动向"(第72页),但对朝鲜方面在各种情报的搜集方法上,尚未在文中有所触及。

二、康熙二十年的朝鲜使者和琉球使者

康熙二十年(1682)十二月,朝鲜使者和琉球使者在北京邂逅相遇。关于这次相遇,《康熙起居注》"康熙二十年十二月十三日"条有如下的记载:

> 是日,赐进贡朝鲜国陪臣昌城君李佀等缎匹银两有差,进贡琉球国耳目官毛见龙等缎匹银两有差、表里有差。①

康熙二十年十二月十三日,朝鲜使者李佀和琉球使者毛见龙得到康熙帝的召见。当天,两国使者偶然相遇。

那么,偶然相遇于北京的两国使者的派遣情形又是如何的呢?

据《朝鲜实录》中的《肃宗实录》"肃宗八年(康熙二十年)九月壬子(初三)"条所记:

> 谢恩正使昌城君李佀、副使等如清国。先是,我边民有越入彼境者,清遣使查勘。又因文书有差误,该抚奏当请罚银。清主特行徐免,故遣使谢之。

原来,因为清朝方面宽容处理朝鲜国百姓越境入清一事,朝鲜特意派遣以李佀为正使、尹堦为副使的谢恩使节团去北京表示谢意。

在这批使节归国之际,《肃宗实录》"肃宗八年(康熙二十一年)正月壬申(二十四日)"条对之作了相关的记录:

> 谢恩使昌城君佀、副使尹堦、书状官李三锡归自清国。

---

① 中国第一历史档案馆整理:《康熙起居注》第1册,中华书局1984年版,第791页。中国第一历史档案馆编:《清代中琉关系档案五编》,中国档案出版社2002年版,第4页。

可见,康熙二十年九月遣入北京的朝鲜谢恩使为正使李价、副使尹堦、书状官李三锡等人,他们在次年正月回到朝鲜。

关于琉球方面的此次遣使,《中山世谱》卷八的"尚贞王十二年(康熙十九年,1680)"条有如下记载:

> (康熙)十九年庚申,遣耳目官毛见龙、正议大夫梁邦翰等入京奉表贡献方物,并俱通国结状,请袭爵。

是年,琉球国世子尚贞遣使入清朝贡,并请求承袭王位。这次进贡距琉球国前任中山国王尚质的离世,已近二十年之久。针对琉球国的此次册封请求,清朝于康熙二十一年(1682)四月决定派遣汪楫为册封使者赴琉球册封。① 琉球的此次朝贡,在历史上可谓意味深远。

琉球国的此次遣使朝贡,派出了两艘朝贡船前往福州。琉球的中山王府给赴北京朝贡的琉球国都通事郑弘良颁发了"义字第二七号半印勘合符文",给第一船的存留通事郑职良颁发了"义字二八号半合勘合执照",给第二船的在船通事梁邦基颁发了"义字第二九号半印勘合执照",其日期均为康熙十九年(1680)九月三十日。② 琉球使者的成员为耳目官毛见龙、正议大夫梁邦翰、都通事郑弘良,在船都通事孙自昌,在船使者冯士俊、毛绮文,在留通事郑职良,官船火长直库毛思恭、丙超才等人,共110余名。③

《中山世谱》缺载这批使者的派遣日期,但在毛见龙的家谱里却留下了颇为详细的记录:

> (康熙)十九年庚申三月二十四日,为进贡兼请封王事,奉命为耳目官。正议大夫梁邦翰国吉亲云……十一月十五日,那霸开船……十二月四日到闽安镇,二十五日到新凑,二十九日安插柔

---

① 夫马进编:《增订使琉球录解题及其研究》,榕树书林,1999年9月,第84—86页。
② 《历代宝案》校订本,第2册,1992年3月,冲绳县教育委员会,第144—145、401—402页。
③ 《历代宝案》校订本,第2册,144—145、401—402页。

远驿,同二十年辛酉七月二十日,北京启行,十一月四日,经日一百三日,北京上着,住在公院。①

毛见龙、梁邦翰等人于康熙十九年(1680)三月二十四日被任命为进贡使,同年十一月十五日自那霸扬帆出海,十二月二十九日到达福州柔远驿,并一直滞留在福州直至次年七月。康熙二十年(1681)七月二十日,琉球使者自福州起程往赴北京,并于该年十一月四日到达北京。此后,琉球使者完成朝贡使命,于康熙二十一年(1682)二月十四日离开北京,次日自张家湾乘船,经大运河,于五月十日回到福州。②

由上可知康熙二十年(1681)朝鲜与琉球遣使入清及两国使者在北京相遇的大致情形。

琉球国耳目官毛见龙的家谱之中还有关于逗留北京期间的所寓公馆的记载:

> 此时会同馆者,朝鲜、土鲁番两国之使者,被召置故如此。③

可见,琉球使者与前来清朝朝贡的朝鲜、吐鲁番使者一起被安置在会同馆里。

另外,在毛见龙的家谱中,还有琉球使者该年十二月十三日受到康熙帝召见的记录:

> 十三日,见龙、(梁)邦翰召入露台,赐满洲茶。④

该日,琉球使者得到了康熙帝赐茶的殊荣。关于当时的座次安排,毛见龙家谱记载为:

---

①② 《那霸市史 资料编第一卷七 家谱资料三》,那霸市企画部市史编集室,1983年1月,第802、803页。

③④ 同上书,第802页。

一番中国文武官,二番西鞑子,三番朝鲜,四番琉球,五番土鲁番也。①

以上介绍了康熙二十年(1681)朝鲜与琉球的遣使情况。接下来就朝鲜使者在北京与琉球使者的接触以及获取情报的情况作些探讨。

三、朝鲜使者获取的台湾、琉球情报

朝鲜派遣使者来到北京,其使命之一是打探反抗清朝政府的台湾郑氏政权的情况。朝鲜方面所获取的早期台湾郑氏情报,见载于闵鼎重的《老峰先生集》②卷一〇《燕行日记》中。在其中的"康熙九年(显宗十一年,1669)己酉十月十八日戊寅"条"闻见别录"中有如下一段记载:

> 郑经在南海中,据有七十余岛,其中一岛,长数百里,广七十里,时时出海掠夺。遣所谓相王者领兵住福建防备,又疑南民与之相连,循海边三百里,撤民居,长芦荻,不通人迹,只置侦候之官,而亦不得领兵,有变举烽,则总兵登时进斗。自南海至北海,皆禁渔采,渔利永绝,民不聊生。小艇片舸已尽毁去,只存漕船,自今夏亦废漕船云。漕船之废,未知的否。而通州江边,旧称船樯如簇,今行所见,仅七八小船。过山海关时,登望海楼,水边无一渔船,问之则有禁,不敢已久矣。(三十五丁表里)

这里有着郑成功之子郑经的海盗活动、台湾的地理情况的记载,还记录了清朝方面针对台湾郑氏政权的严厉防备措施,以及禁止渔船出海的海禁政策。因为清朝方面实施严格的迁界令,所以当朝鲜使者经过通州之时,除了七八艘小船以外,再也看不到其他船舶了。另据传闻,

---

① 《那霸市史 资料编第一卷七 家谱资料三》,第802页。
② 据大阪府立图书馆所藏的《老峰先生文集》。

自江南经大运河通往北京的漕运亦已废止。

从上述记录可以看到，朝鲜方面对郑氏政权的情况是极为关注的。

康熙二十年（1681），朝鲜使者来到北京，并向琉球使者打探到了许多情报。据《肃宗实录》"肃宗八年（康熙二十一年）正月壬申（二十四日）"条所记，自北京回国的谢恩副使尹堦向肃宗复命道：

> 今年朝贺，吐鲁番、琉球国皆遣使来。琉球贡千里马，其人状如倭人，而但不落发，头戴如箕者。

朝鲜的使者与吐鲁番、琉球的使者一起来到北京向康熙帝朝贺。在这次朝贺中，琉球向清朝进献了千里马。琉球人的形象与日本人颇为相似，但是发型与之完全不同。朝鲜在这次进贡中所得到的情报，谢恩正使昌城君佖、副使尹堦和书状官李三锡等人在"辛酉谢恩行书状官李三锡闻见事件"中有如下一段报告（收入《同文汇考》补编卷二"使臣别单"）：

> 有甲军来拜于前，乃长湍官吏之子，丙子被掳，累度赴战，年今六十三，使之坐，问郑锦。则郑锦方据海岛周回八百余里，军号三十余万，海中诸岛皆属焉。其岛与朝鲜、日本相近，有时出来。据掠广东、广西，仍即入去，虽铁骑，岂能飞渡而捕剿乎？是故距海三百余里，居民尽徙内，渔采之船，不得出洋，沿海数千里间，陆则人烟断绝，海则无片帆影云。①

这是一份从"甲军"口中获取的台湾情报。台湾的郑经在这里被记作为"郑锦"。② 情报的概要为：郑经在台湾拥兵三十余万，不时出来侵

---

① 《同文汇考　补编》，第 1590 页。
② 郑经字贤之、元之，幼字锦舍，故其又名"郑锦"。参见石原道博《国姓爷》，吉川弘文馆，1959 年 4 月，第 43 页。厦门郑成功研究会、厦门郑成功纪念馆编《郑成功族谱三种》，福建人民出版社 1987 年版，第 9、49 页。据同书所收录的"郑氏家谱·十三世式天公"："大木公（郑成功，森）长子。崇祯壬午年（十五年，1642 年）十月初二日生，康熙辛酉年（二十，1681 年）正月二十八日卒。讳经，又名锦，字哲厂，号式天。"（第 49 页）

扰、攻占广东、广西等地。清朝政府因此实施迁界令,强制沿海居民徙居内地,还规定渔船不得出海捕鱼。清朝政府的这种海禁政策造成了中国沿海地区人烟皆无、一帆难觅的荒凉景象。

这一年(朝鲜肃宗七年,清康熙二十年)十月己酉(三十日),朝鲜派遣出了以东原君潗、南二星为正、副二使的第二批赴清使节(奏请兼冬至使)。这批奏请兼冬至使在北京也邂逅了琉球使者。① 在归国之前,他们就已经以"别单"的形式将在北京获取的情报急速地传达回了朝鲜。《肃宗实录》卷一三上"肃宗八年三月庚戌(初二)"条对之作了如下的记载:

> 奏请兼冬至使先来状启,入来别单,略曰……②

这些情报是通过与琉球使者的接触而获得的,其情形为:

> 琉球国使臣方寓于会同馆。臣等欲知郑锦事情,使译官金喜门多般探问,喜门与琉球使通事福建人谢宣书札往复,辞说颇多。③

原来,两国使者一起寓居会同馆中。朝鲜使者于是令翻译金喜门向琉球使者打探台湾郑锦即郑经的情况。金喜门与琉球通事福建人谢宣通过多次书信往来,获取了不少相关情报。其所获情报的内容如下:

> 郑锦则丁巳年间,大将军和硕康亲王率师入闽,与之大战于乌龙江,郑锦大败,士卒死者二十余万,只剩数千余人窜入海岛。岛名即台湾,一名东宁,在福建东南五千余里,地势两山对峙如城门,中有石桥一坐,进入其内,则有十八日程陆路。土地瘠薄,物产不敷,且居民甚少。郑锦之兵,皆无妻子,妇女一人之价,至于

---

① 《肃宗实录》卷一二"肃宗七年十月己酉"条。
②③ 《肃宗实录》卷一三上,《李朝实录》第39册,第381页。

数百金。岛中人服色,悉从明制。前者郑锦答福建总督书云:"本岛风帆所指,南极高辽,北止东瀛,何处不可以开屯,何地不可以聚兵乎?自先王以至不佞,所争者只是削发二字。台湾远在海外,不入于中国版图。岛中人民流通,商贾辐辏,衣冠之盛,不输于中土。虽未能遽比于太王之迁邠,而生聚教训,亦可以树万世不磨之基业。此皆贵价所目睹者,不佞何慕乎爵位,何贪乎疆土,而甘为此削发之举哉!"此书出于明朝遗臣随郑锦入岛者之手,往往书札彬彬可观云。①

郑经于丁巳年间(康熙十六年,1677)在福建省福州附近的乌龙江与和硕康亲王所率的清军作战,遭遇惨败,死二十余万,仅率数千人逃回台湾。郑氏称台湾为东宁,其地在福建东南五千余里,土地狭小,物产不敷,人口稀少。郑经麾下的士兵皆未婚娶。在台湾,妇女被以每名数百两的价格进行贩卖。台湾在服色等方面悉数袭用明朝制度。

关于这次清军和郑经的攻防战,《清实录》亦有相关记载。《圣祖实录》卷六三"康熙十五年(1676)十月庚午(二十一日)"条记载为:

> 奉命大将军和硕康亲王杰书帅师抵延平,伪将军耿继善等以城降。耿精忠闻之大惧,随遣精奇尼哈番刘蕴祥等赴延平,献伪总统将军印,续遣子耿显祚来迎康亲王师。抵福州府,令侍读学士尹泰齎免死敕谕前往。耿精忠于十月初四日率伪文武官员出城迎降,献所属官兵册籍。寻,耿精忠请随大兵立功赎罪,康亲王以闻。上命耿精忠仍留靖南王爵,率伊所属官兵随大兵征剿海逆,图功赎罪。②

康熙帝命和硕康亲王为奉命大将军征讨福建。和硕康亲王杰书系清

---

① 《肃宗实录》卷一三上,《李朝实录》第39册,第381页。
② 《清实录》第4册,中华书局,第816—817页。

太祖努尔哈赤曾孙。努尔哈赤次子为代善,代善第八子祐塞的第三子即和硕康亲王杰书。① 当杰书所率领的清军到达福建延平时,起兵叛乱的三藩之一靖南王耿精忠放弃抵抗投降清军。康熙帝保留耿精忠的靖南王爵位以及他辖下的军队,并命之出兵讨伐郑经以将功赎罪。清军此后的战绩在《圣祖实录》卷六四"康熙十五年十一月丙戌(初八)"条中留有记录:

> 奉命大将军和硕康亲王杰书疏报:海贼郑锦遣伪总统许耀率三万余直逼福州,至乌龙江之南小门山、真凤山等处结寨连营,臣遣参赞军务都统剌哈达等率满汉官兵分为三队,于十月十五日渡江奋击,前后夹攻,大败贼众,克取贼营,追奔四十余里,斩杀甚多,生擒伪总兵、副将以下三十余员。下部议叙。②

由此可见,此次战役,郑经命总统许耀率军三万余在福州附近的乌龙江南岸扎营布阵。和硕康亲王则将所率满、汉军分为三队,于十月十五日先发制人,突破了郑经军的防线。毫无疑问,此处的叙述与前文的"大将军和硕康亲王率师入闽,与之大战于乌龙江。郑锦大败,士卒死者二十余万,只剩得数千余人"属同一情报。不过,朝鲜上次所获情报中的郑经军死二十余万显系夸大之辞。但是,这场大战严重挫伤了郑经军的元气,使之放弃夺回福州的企图。若干年后,厦门人阮旻锡将台湾郑氏政权的记录整理为《海上见闻录》,其卷二"康熙十五年十月"条对乌龙江之战有如下一段记录:

> 令许耀督诸军进取福州,驻师乌龙江。许耀骄纵,诸将不服,饮酒嬉戏,无他谋略。③

---

① 据《国朝耆献类征初编》卷首之三"宗室传·和硕礼亲王代善"。
② 《清实录》第 4 册,第 802 页。
③ 阮旻锡原著,厦门郑成功纪念馆校:《海上见闻录 定本》,福建人民出版社 1982 年版,第 62 页。

可见,郑经军之所以遭遇惨败,与许耀的治军乏才有着不可脱离的干系。

此后清军进展神速,逐次平定了福建的上杭、武平、永定和江西的瑞金。① 康熙十六年(1677)年正月二十六日收复兴化府城②,三月己卯(初三)攻下泉州府城。③ 次日,杰书疏报闽地悉平:

> 奉命大将军和硕康亲王杰书疏报:海贼郑锦大败于兴化、泉州,遂尔丧胆,弃漳州、海澄而遁……宁海将军剌哈达等统率大兵于二月二十日抵漳州,遂复府城及海澄等十县,闽地悉平。……④

清军终于将郑经军驱逐出漳州。整个福建重新落入清军之手。

以上事实,正好可以和上文朝鲜获得的"窜入海岛,岛名即台湾"相与呼应。

朝鲜冬至兼谢恩使东原君㵫、南二星、申完等⑤回国之后,于肃宗八年(康熙二十一年)三月戊辰(二十日)谒见肃宗,并将获自琉球使者的情报汇报如下⑥:

> 冬至兼谢恩使东原君㵫、南二星、申完等还,命引见。问曰:"卿等别单云南方已尽平定,此说信然否?"二星曰:"其言似不虚……"浣曰:"臣与琉球使臣共参太平宴,闻琉球通官是福建人,使译辈问郑锦事,初讳不言,固问之后,始言锦在台湾岛,距福建不远云。此寇非郁郁久居岛中者,若能得志于中国则已,不然,亦安保其不为我国患乎?"二星曰:"虽不可臆断,郑锦形势,似难越海侵入国乎?"

---

① ② 《清实录》第 4 册,第 838、840 页。
③　同上书,第 843 页,"康熙十六年三月己卯"条。
④　同上书,第 843 页,"康熙十六年三月庚辰"条。
⑤　《肃宗实录》卷一二"肃宗七年(康熙二十年)十月己酉"条中有"奏请兼冬至使东原君㵫等,副使南二星如清国"的记录。
⑥　《肃宗实录》卷一三"肃宗八年(康熙二十一年)三月戊辰"条。

可见,此次情报的打探过程是,这批朝鲜冬至兼谢恩使来到北京后,也遇到了尚且逗留明朝的琉球使者。他们通过琉球通事,打探到了台湾郑经的情报,并将之作为"别单",事先寄回本国。

朝鲜肃宗七年(康熙二十年)十月己酉(三十日),朝鲜派遣了奏请兼冬至使。这批使节团中的书状官申完将从琉球使者那里收集到的详细情报,以别单"辛酉奏请冬至行书状官申完闻见事件"(收入《同文汇考》补编卷二"使臣别单")向朝鲜国王作了汇报。其开头部分的介绍为:

> 琉球使臣来接,提督馆通官谢宣亦随使臣来寓,只隔一墙。欲探耿精忠及郑锦事情,而彼此门尽坚锁,甲军把守,不得见面,故使译官密书,问闽、越事情。①

朝鲜使者虽然想直接和琉球使者交往,但是因为清朝方面戒备森严,直接交流未能实现。故而,朝鲜使者令通事密通书信于琉球使者,咨询当时的福建、浙江形势。琉球方面所作的答复亦见于同书所载:

> 其答书曰:康熙十三年三月十五日,耿精忠起兵闽中,杀总督、知府等官,使其将曾、江二人出浙江、江西二路,与清兵相持。郑锦袭其后,兴、漳、泉三府已尽为其有。十六年,硕康亲王帅师至闽,精忠复投降,仍为所执。硕康亲王与郑贼战乌龙江,郑贼败归台湾,故福建尽平,即今总督姚启图、抚院吴兴祚乃社稷臣也。抚摩得宜,而但不幸处变乱之后,风俗小变云。②

琉球国通事的回信对耿精忠、郑经的叛乱经纬作了如下的描述:康熙十三年(1674)三月十五日,耿精忠在福建起兵反清,杀总督、知府等人,并命其部下进军浙江、江西。当耿军和清朝相持之际,郑经却趁机

---

① ② 《同文汇考 补编》,第1591页。

袭击了耿精忠的后方，攻占了耿军辖下的兴化府、漳州府、泉州三府。康熙十六年(1677)，硕康亲王率军至福建，逼降了耿精忠，并最终将之逮捕。此后，清军继续与郑经军在乌龙江作战，郑经军遭遇惨败，余部仓皇逃回台湾。由此，整个福建重归清朝版图。

琉球通事还向朝鲜方面介绍了台湾郑氏政权的情况：

> 又书问郑锦事情。则答曰：郑锦所据台湾岛大，而土瘦人稀，油、麻、棕、铁、木料全无，正在福建之东，直距五千余里。岛内两山相对，山顶有两城，城内有石桥一座。过此行十有八日无人之境，方是郑贼所居。龙江战败之后，拥众不出，而日本相距一万二千余里云。此则不佞以琉球地方计之，则其言似然矣。①

这里透露了郑经根据地台湾土地狭小，人口稀少，不出产油、麻、棕、铁、木料等情况。另外关于台湾的地理位置，情报中说台湾位于福建东面，与之相距五千余里。

此外，申完的报告中还透露了琉球方面提供的其他台湾情报：

> 又曰：台湾服色，悉从明制。日前福建总督姚启图送书招款，则答书略曰："曩者惠书，教以不逮。又遣贵价刘、马二君备达委曲，幸甚幸甚。然不佞窃怪麾下未佞之心，而犹从流俗之未议也。顷者思明之役，自以粮尽而退，非战之失也。况风帆所指，北极高辽，东至东瀛，何地不可以开屯，何处不可以聚兵？"且曰："自先王以至不佞，只缘争此削发，而贵价所传，又述前日之套语，削发之空谈，尚可谓智者之论乎？惟我东宁，台湾别名，远在海中，不在版图之内，商贾辐辏，人民流通，王侯固吾所有。衣冠之盛，不输于中土，即未敢遽比于太王迁邠，而生聚教训，亦可以树千万不磨之基业，此皆贵价所目睹者。不佞何慕于爵号，何贪于疆土，为此削发之举哉？贵朝犹未深察远迁海滨之民，使男女老幼失其生

---

① 《同文汇考 补编》，第1591页。

业,此何意哉?尚麾下以苍生为念俾复故地,实仁人之心,不佞亦同此怀也。缕缕赐言,惟麾下谅之。"闽中老人皆言台湾中有大明臣子之避地者,故每次檄文书信,皆彬彬可观云。读此数语,信……①

接着,申完还报告了不少琉球方面的情况,如:

> 然又书问琉球地方及风俗、官制、土产、进贡之物。则答曰:"琉球国王所居之地为中山,故自大明时封为中山王,外有三十岛属,其管辖内有南山、北山、麻姑、马齿等诸山,而不能尽记。官制则国王以下,有三十六长史,又有耳目官、正议大夫、通议大夫、都通事等官,而又不能尽记。法司长史、紫金则执政之官,其余则皆牧民者也。地方则比福建一省之大,而土瘦人稀,惟事五谷。风俗则颇好读书,尤长于诗经,且奉佛法,不尚玄教。土产进贡则硫黄一万五千斤,马十匹,海螺钿三千个,红铜五百斤,金罐一个,银罐一个,烟草一百匣,金靶鞘刀二把,苏木留在福建库,其余皆解进京矣。自福建明州梅花所开顺风六七日可到。与福建相距八千里,而去用东南风,来用西北风。②

这里介绍了琉球的地理、风俗、官制以及向清朝进贡的情况。琉球国的都城号"中山",琉球国王则被明朝封为"中山王"。琉球辖有三十余岛。其官制自国王以下为:三十六长史、耳目官、正议大夫、通议大夫、都通事等,紫金为执政之官。琉球的土地差不多和福建一样大,但是土地贫瘠、人口稀少。其物产以五谷为主,风尚甚好,多习诗经,尊崇佛教。琉球进贡清朝的贡品有硫黄1.5万斤、马10匹、海螺钿3000个、红铜500斤,苏木被纳入福建官仓,其余物品则都被输往北京。自福建扬帆往航琉球只需六七日即可到达。

这批冬至使的报告,在《承政院日记》第289册"肃宗八年三月壬

---

①② 《同文汇考 补编》,第1591、1591—1592页。

戌康熙二十一年三月二十日"条中亦有记载,并述于下:

> 上东原君渠、副使同知中枢府事南二星、书状官弘文馆应教申完、同副承旨鱼震翼……入侍,使臣以下拜讫,以次而就坐。……完曰:"……臣等所得文书,已登睿览乎?"上曰:"已见之矣。"二星曰:"郑锦于我国,似无虑矣。其书中,有南极高、辽,北极东瀛等语。高、辽似指我国,东瀛似指日本,而此皆外为大言,而其实穷蹙云矣。"完曰:"臣等与琉球使臣同参太平宴矣。琉球通官乃福建人云。故使译官问郑锦之事,则初讳不言,固问之后,始言郑锦在台湾岛,距福建不远,终必侵掠云。且言福建在耿王时,民皆乐生,今为清人所处,反多怨言云矣。所谓耿王,即耿精忠也。其后更以书问之,则曰郑锦不过五六年乱矣。且曰,福建总督抚恤百姓,其言有异于文书,不可知也。"二星曰:"虽不可臆断,郑锦形势,似不可越海侵入矣。"遂罢出,以上烬余。①

申完在这里所透露的"琉球通官乃福建人"这一信息值得注意。与朝鲜冬至使接触的虽说是广义上的琉球使者,但只不过是琉球方面的福建人通事。故而,这些情报事实上得自琉球方面的福建人通事。在朝鲜使者向该名福建人通事打探台湾郑经情报时,这位福建人通事最初不肯透露,但是最终却未能经住朝鲜使臣的软磨硬泡。

申完特意向朝鲜国王提到这一点,显有居功之意,因为确实可以想见这件情报收集工作的困难。这位福建人琉球通事,就是此前在《肃宗实录》"肃宗八年康熙二十一年三月庚戌(初二)"条中已经提及的谢宣。②

另外,《同文汇考》补编卷二"使臣别单·辛酉奏请冬至行书状官

---

① 《承政院日记》第15册,第417页。
② 《肃宗实录》"肃宗八年(康熙二十一年)三月庚戌(二日)"条:"琉球国使臣方寓于会同馆。臣等欲知郑锦事情,使译官金喜门多般探问,喜门与琉球使通事福建人谢宣书札往复,辞说颇多。"

申完闻见事件"中也提到了这名福建人通事谢宣：

> 琉球使臣来接，提督馆通官谢宣亦随使臣来寓，只隔一墙。欲探耿精忠及郑锦事情，而彼此门尽坚锁，甲军把守，不得接面。故使译官密书问闽、越事情。①

那么，这名作为琉球通事的福建人谢宣究竟是个什么样的人物呢？诚如西里善行所指出的，进贡使节团里面除了朝京都通事、在船都通事、在留通事共五名通事之外，为了方便进贡使者在福州和北京之间的往来，清朝方面还特意为他们配备了数名伴走官和一名土通事。② 这里所提及的"土通事"，指的只能是清朝人的琉球语通事③，即谢宣。西里善行曾经指出，在明末清初，有位名叫谢必振的土通事曾经在当时的中琉关系上发挥过重要作用。③ 我们可以想见，谢宣和谢必振因属同姓，他们很可能是有着相近血缘关系的同一家族成员。

四、结　语

如上所述，自康熙二十年(1681)至次年年初朝贡清朝的朝鲜使者所收集到的台湾、琉球情报，是由同一时期朝贡清朝的琉球使者手下的福建通事所提供的。

特别需要指出的是，朝鲜谢恩副使尹堦等人虽然与琉球使者一起被安排在会同馆内，但是两国使者并没有获得自由接触的机会。因此，朝鲜使者让译官金喜门通过与随从琉球使者的福建人通事谢宣以通信的方式，曲折地获取了台湾和琉球的情报。尤其是台湾军

---

① 《同文汇考　补编》，第1591页。
②③　西里善行：《中流交涉史上的土通事和牙行(琉商)》，《琉球大学教育学部纪要》第50集，1997年3月，第55页。
③　西里善行：《中流交涉史上的土通事和牙行(琉商)》。

队在乌龙江之战中的大败以及退回台湾这一细节的透露,使得朝鲜方面获悉了郑经集团逐渐撤出大陆、困守台湾这一重要的转折性情报。

【附记】本文系平成15年度文部省科学研究费补助金基盘研究(C)"14—20世纪初叶东亚海域各国的海外情报研究"(研究代表:松浦章)成果的一部分。

(原刊《南岛史学》[日文]第63号,2004年4月。郑洁西译)

第四编
清代中国情报之传播海外

第一章 康熙年间武昌兵变在日本的传闻

一、前 言

三藩之乱(康熙十二年至康熙二十年,1673—1681)平定后不久的康熙二十七年(1688),在湖北省武昌发生了一起兵变。魏源在其所著的《圣武记》第8卷中,也以"康熙武昌兵变记"①为题,记载了这一事件。

这个事件的经过是这样的:为平定三藩之乱,清朝政府曾将驻守湖广的清军由原来的三个营增加至五个营。及至云南、贵州的叛乱平定之后,政府企图减掉增加的那两千兵员,恢复原有的三个营,这些连战功也无份的士兵们便以夏逢龙为首揭起了叛乱。②这次兵变始于康熙二十七年(1688)五月中旬,止于七月末,历时仅两个月。因此,"康熙武昌兵变记"对该事件着墨不多。谢国桢在其《清初农民起义资料辑录》一书中,从《清实录》、《清史稿·列传》、《广阳杂记》等文献中收集了有关该事件的资料,补充了《圣武记》在记载上的不足。③

与上述一些资料不同,本文所介绍的有关武昌兵变的传闻,是由当时驶抵长崎的中国商船传入日本的。江户时代初期,日本虽然采取

---

① ② 魏源撰,韩锡铎、孙文良点校:《圣武记》下册,中华书局1984年版,第362—364页。
③ 谢国桢编:《清初农民起义资料辑录》,新知识出版社1956年版,第337—342页。

了锁国政策,但是却仍然非常热衷于向来航长崎的中国船和荷兰船收集外国情报。当时所收集的这些情报,对于了解中国及其沿海地区、东南亚以及欧洲的真实情况十分重要。例如,这些情报所提供的英国在福建沿海地区的贸易情况,其中有一些在中国和英国的有关资料中已经看不到了。①

本文试图以武昌兵变的消息是怎样传到日本来的这一问题为中心,探讨一下中国沿海地区民众对该事件的反应。

二、传递武昌兵变消息的中国商船

将武昌兵变的消息传入日本的,是在康熙二十七年(日本贞享五年、元禄元年,1688)七月七日以后进入长崎港的中国船只。有关这些船只从中国启航的日期、驶达长崎港的日期,以及这次事件的消息来源地,悉如下表所示。②

传递武昌兵变消息的船只主要来自中国江南方面。这些船只是于康熙二十七年(1688)六月下旬和七月份从中国沿海港口出发前来长崎的。而同年八月至九月启航、九月末十月初抵达长崎的则仅有三艘船。这一年的中国船所带来的情报,传递了该事件的最初情况。

翌年的康熙二十八年(日本元禄二年,1689),从正月下旬经闰正月到二月初,仍有一些船只到达日本,通过这些船只,可以追寻该事件的经过及其结果。

武昌兵变消息的来源地,主要是中国的江南地区,另外还有福建北部的沙埕、福州、厦门以及广东部分地区。

---

① 松浦章:《清代前期中国英国间海运贸易研究》,《海事交通研究》第22集,1983年10月。该稿曾被范作申、晓峰两人以《介绍〈清朝前期中英海运贸易研究〉》为题,在《中国史研究动态》1984年第二期上做过介绍。

② 财团法人东洋文库刊《华夷变态》中册,1958年3月,1981年11月东方书店复印,第967—1090页。这本书有关武昌兵变的情报尽管较少,但也有所反映。

第一章 康熙年间武昌兵变在日本的传闻 193

将武昌兵变消息传入日本的中国商船表

公元纪年	中国年代	日本年代	长崎入港船	出发地	出发日期	进港日期	消息来源地
1688	康熙二十七	贞享5（元禄元）	133号南京船	上海	7.1	7.7	南京
			135号普陀山船	普陀山	6.26	7.7	普陀山
			136号南京船	上海	6.29	7.7	南京
			139号普陀山船	普陀山	6.28	7.7	（普陀山）
			140号广东船	广东	6.20	7.8	广东
			143号福州船	福州	6.20	7.8	（福州）
			145号宁波船	宁波	6.28	7.8	（宁波）
			153号南京船	上海	7.3	7.10	南京
			154号南京船	上海	7.3	7.11	上海
			154号宁波船	宁波	7.1	7.11	（宁波）
			160号漳州船	漳州	7.3	7.14	（漳州）
			166号宁波船	宁波	6.24	7.17	（宁波）
			167号沙埕船	沙埕	7.3	7.17	沙埕
			168号沙埕船	沙埕	6.28	7.20	沙埕
			169号南京船	上海	7.9	7.28	上海
			171号南京船	上海	7.13	7.29	上海
			172号宁波船	宁波	7.18	7.29	（宁波）
			173号宁波船	普陀山	7.18	8.1	（宁波）
			174号福州船	普陀山	7.24	8.1	福州
			175号南京船	上海	7.22	8.1	（上海）
			177号厦门船	沙埕	7.24	8.3	厦门
			179号南京船	上海	7.28	8.5	上海
			181号南京船	上海	7.9	8.6	上海
			183号宁波船	普陀山	7.18		宁波
			190号宁波船	宁波	8.28	9.22	宁波
			192号宁波船	宁波	9.21	10.5	（宁波）
			194号南京船	山东	9.2	10.5	（上海）
1689	康熙二十八	元禄2	1号普陀山船	普陀山	正.17	正.25	普陀山
			2号宁波船	普陀山	正.17	正.25	（宁波）
			3号宁波船	普陀山	正.19	正.26	（宁波）
			4号宁波船	普陀山	正.25	正.7	（宁波）
			5号宁波船	普陀山	正.24	正.8	（宁波）
			6号福州船	普陀山	正.22	正.8	
			7号宁波船	普陀山	闰正.5	闰正.11	
			8号宁波船	普陀山	闰正.2	闰正.13	
			19号南京船	上海	2.3	2.11	（上海）

三、武昌兵变的传闻内容

在长崎最初传递武昌兵变消息的是康熙二十七年（日本贞享五年，1688年）七月七日进港的133号南京船。这只船是于七月初一驶离上海发往长崎的。启航时在南京得到的是这样的消息：

> 三藩之乱中，湖广的武昌府、汉阳府、黄州府变为战场，各府均置兵卒二万防守。而今，诸国归一统，太平无事，因此北京的清政府采纳了不需要镇守之兵之议，三府兵卒六、七万人军粮被剥夺，结果，以武昌府兵卒之小头目把总陈氏为首的士兵们策划了反叛。这次反叛并不仅限于武昌府，汉阳府、黄州府也都采取了同一步调，最终在五月二十四日揭起了叛乱。清政府对之束手无策，官员之中有不少人投井自尽，据说湖广巡抚柯永升就是投井而死的。这些叛乱者对百姓秋毫不犯，不加害百姓，也不抢夺官府财库。叛兵将三府的城廓全都加固了。相传首谋者陈氏以元帅自居，至于后来清政府是怎样应付的，就不得而知了。①

更为详细的消息，是由翌日即七月八日进港的139号普陀山船传递的。②该船所汇报的武昌兵变消息更为详实：

> 在平定三藩之乱的过程中，大清之大将蔡氏功绩卓著，平乱后康熙帝授之以高位，晋升他为四川湖广二省总督部院之官。吴三桂有爱姬美女二人，被称为"八面观音"和"四面观音"。此二女中，"八面观音"落入蔡氏之手，"四面观音"则献给了康熙帝。不

---

① ② 《华夷变态》中册，1958年3月，1981年11月东方书店复印，第967—968、973—977页。

久,康熙帝又获知"八面观音"情况,令蔡氏献上。可是,"八面观音"在去北京途中病死,对此康熙帝甚为恼怒,随即削革蔡氏的二省兵权,并将其治罪发配满洲。由于削革蔡氏兵权,军队裁减,兵卒八百余人便失去了职业。他们既无田产,又无积蓄,也不能经商,不得不到处流浪,因此便以小头目冯龙为首谋,发动了叛乱。五月二十二日,叛乱者蜂拥聚集于武昌府抚院丁氏宅第前,陈述由于裁减所造成的无粮可用的穷困情况。由于得悉处理军粮事宜属于布政司职权,所以士兵们又前往布政使府邸,要求发放军粮。但布政使以未经巡抚许可为由不能发粮,便去请示巡抚,反叛者们也尾随前往,但得知此事的总兵却发兵一百多前来镇压。叛乱兵卒将总兵和布政使杀死,并抢夺了他的财库,结果巡抚投井自杀。

叛乱者声威大震,一日之内激增至二万人,冯龙号称"兴汉灭房大将军",军师为石麟生。相传20日以后,造反者竟达到十余万众。清政府为了镇压这场叛乱,从浙江方面调派来三千兵卒。①

这份情报与其他船只传递的情报内容相比,突出的不同点在于女色问题是兵卒被削减的原因之一。关于这一点,《清人逸事》(《清朝野史大观》本)卷一也有相关记载:"(吴)三桂爱姬有称八面观音者,故宗伯南昌李明睿家妓,城破为蔡毓荣所得。又有四面观音者,亦美姿容,后归征南将军穆占。"可知,吴三桂的爱妾中确有被称为八面观音和四面观音者。关于蔡毓荣和这两个女子有关系一事,除上述中国船传递的情报之外,作为蔡毓荣家产被查封的原因之一,和吴三桂之女孙被纳为妾的记载相吻合。很显然,这里所说的女孙很可能就是上面提及的两个女子。

七月七日同一天进港的153号南京船还传递了这样一则消息:"五月二十四日,这些叛乱者皆一改大清风俗的衣冠,摘去赤熊图饰

---

① 《华夷变态》中册,1958年3月,1981年11月东方书店复印,第974—977页。

的帽子,换了大明的衣着,举着旗帜。"①这一传闻,说的是叛乱者全体都穿上了明代的服饰。但是在《圣武记》中却记载为"大元谋主",即认为反叛者所标榜的是复兴元朝。我觉得,这艘南京船的报告传达了真实情况,魏源很可能是有意将明朝改写成元朝。而传递武昌兵变平定消息的,是十月五日进港的192号宁波船。②叛乱的主谋者四十多人被捕获,并被依法处置,而有关这方面的檄文,"已于八月末向四方传送"。由此可知,在八月末,叛乱已经平定的消息在各地已经传开。

翌年即元禄二年(康熙二十八年,1689)二月十二日,驶抵长崎的19号南京船又提供了这样一则消息:"湖广地区,去年一乱灾及人民,故减四府之年贡。"③说明湖广四府的当年年贡已被减免。关于这一点,清《圣祖实录》卷一三七"康熙二十七年十一月壬辰(二十三日)"条中也记载说:"免湖广崇阳等七州县,本年分旱灾额赋有差。"可知,湖广武昌府崇阳县等七州县的该年税收被减免了,但这次减免是因为有"旱灾",而这个减免理由同中国老百姓的传闻之间存在着很大的差距。

四、结 语

如上所述,康熙二十七年(1688)在武昌发生了兵变。本文以日本长崎方面所获得的相关消息为根据,将之同中国方面的资料进行了比较。通过比较,可以大体了解到这些消息提供了大多为中国方面,尤其官撰的史料中所不能见到的记载。

我认为在这些流传的消息中有许多内容不仅在日本,而且在中国各地也被广泛传播。其中的部分内容,今天只能在不易看到的野史资料中见到。对这些传入长崎的中国消息的研究,可以给人们以

---

①②③ 《华夷变态》中册,1958年3月,1981年11月东方书店复印,第992、1055—1056、1089页。

这样的启迪:在中国被视为野史的著作中,往往保留着许多真实的历史!

(原刊《日本研究》1985年第3期。辽宁大学王秀华译)

第二章　乾隆年间山东王伦起义在日本的传闻

一、前　言

江户时代,日本处在锁国政策之下,与外国的联系受到限制,自外国传入的情报大都来自荷兰以及中国开往长崎的船只。荷兰船只带给日本的情报收集在《和兰风说记集成》上、下两卷中①,而中国船只带来的情报则全部收集在江户前期的《华夷变态》上、中、下三册中②,在此之后的史料中,除幕府末期以外,都没有得到记载。③

中国船只带往日本的海外情报一般被称为"唐船传说",浦廉一先生首先开始着手于这方面的研究。④ 他在《唐船传说研究》中有这样的论述:

> 平泽元恺的《琼浦偶笔》卷之六所载汉文的"安永五年(清乾隆四十一年)来舶风说记",是根据末(安永四年)第七船船主周壬

---

① 法政兰学研究会编:《和兰风说书集成》(上、下卷),1977年2月。
② 东洋文库:《华夷变态》(上、中、下),东方书店,1981年。
③ 森睦彦:《唐船传说的鸦片战争情报——以书志考察为主》,《法政史学》20,1968年2月。
④ 参见浦廉一《唐船风说书的研究》等系列文章。

禄和申（安永五年）第二船船主张蕴文带来的传闻而记载的，只是记录了山东某地出现的一场小内乱的有关情况。①

他把安永五年的舶来传说作为唐船传说的一部分，确定了它的地位，但未重视这一情报的内容。本文拟对安永五年（清乾隆四十一年，1776）的舶来传说加以若干考察。

二、安永五年来舶风说记

平泽元恺在安永三年（1774）到四年之间曾去过长崎，他将"安永五年来舶风说记"收入《琼浦偶笔》第6卷之中，其全文如下：

> 去年八月间，山东东昌府寿张县地方岁荒，有该县拳人王伦者，将家藏米谷，俵散人民，救其饥困，买服人心。该县知县疑其王伦所为，拿获收监。前得王伦救恩人众，谋叛杀死寿张、阳谷二县知县，救出王伦，更其主将，抢夺仓库，杀戮人民无数。各官衙门，将其情由奏闻，圣上特差大学士舒赫德率领官兵征讨王伦党，拿获者即行处死。该王伦一人，虽被火器打死，未获确是，但恐该犯避迹，圣上疑信相参，为此行文到各省所属地方，查访等情，至于上年十月内，得王伦死信报到，已经平定。此覆。

未七番船主　周人禄
申二番船主　张蕴文②

"安永五年来舶风说记"是由两位来到长崎的中国船主周壬禄和张蕴文带过来的。唐船传说只是记载了安永五年这个年号，并没有明确记载得知这一消息的具体日期。这就有必要首先弄清楚两位船主来航

---

① 浦浦廉一：《唐船风说书的研究》，《广岛大学文学部纪要》第6号，第129页。
② 新村出博士监修《海表丛书》第6卷，更生阁书店，1928年11月版，第135—136页。

长崎的确切日期。

据《明安调方记》所收的《唐船宿町顺》记载,张蕴文作为船主来航长崎的记录,有以下四次:

明和五年(乾隆三十三年,1768)十一月二十八日,长崎入港,为第7船船主。

明和七年(乾隆三十五年,1770)二月二十九日,长崎入港,为第4船船主。

安永三年(乾隆三十九年,1774)十一月十九日,长崎入港,为第13船船主。

安永四年(乾隆四十年,1775)十二月十日,长崎入港,为第2船船主。

周壬禄到过日本三次:

安永四年(乾隆四十年,1775)五月二十三日,长崎入港,为第7船船主。

安永六年(乾隆四十二年,1777)十一月二十日,长崎入港,为第10船船主。

安永九年(乾隆四十五年,1780),长崎入港,为第8船船主。①

但是周壬禄在天明八年(乾隆五十三年,1789)曾说过:"仆来日本,几二十年"②,由此可见,他在明和年间(1764—1771)来过日本。

《安永五年来舶风说记》中,载有"去年八月"、"上年十月"等文字,以及安永四年(1775)即乾隆三十九年的情况。这样,经过对照周壬禄与张蕴文来航长崎的日期,就可以清楚地看到,"安永五年来舶风说记"并不是由安永四年(1775)五月二十日来长崎的周壬禄,而是由同年十二月十日进入长崎港的张蕴文所带来的中国情报。之所以把张蕴文和周壬禄的名字连在一起,大概是因为他们同为12家商人成员的缘故。③

---

① 《长崎县史·史料编之四》,第569—572页。
② 春木南湖:《西游日簿》"天明八年十月十五日"条。
③ 《长崎县史·史料编第四》第569—570页中被称为"十二"和"十二货主"。

周壬禄是浙江省湖州府归安县人，他精于书法，小有名气。①

张蕴文也不是单纯的商人，他也是一个才华横溢的人物。长久保赤水在《清槎唱和集》中提到了他的情况：

> 张蕴文，名焕，南京人。

根据《清槎唱和集》记载，张蕴文是南京人，他以张蕴文和古吴的署名留下一些诗篇。

张蕴文和周壬禄虽然是为了贸易而来到长崎的，但他们不仅仅是商人，而且也是有教养、有学问的人物。

《安永五年来舶风说记》的主题是有关乾隆三十九年（1775）在山东发生的王伦起义的情报。我们从《清史稿》卷一三《高宗本纪四》有关条目中可以了解到这场起义的梗概：

> 九月乙卯，山东寿张奸民王伦等谋逆，命山东巡抚徐绩剿捕之。……丙子，山东临清贼平，王伦自焚死。

根据《清史稿》的记载可知，王伦之乱始于九月乙卯（五日），至同月丙子（三十日）即被镇压下去。可以把它理解为是上年（乾隆三十九年）九月之间的事。

乾隆四十年（1775）即安永四年来到长崎的中国船只，继七月四日入港的第12号船之后，一直到十二月一日前都没有船入港，十二月间入港的船只有以下四艘：

十二月一日入港，为第13号船。

十二月五日入港，为申第1船。

十二月五日入港，为申第2船。

---

① 松浦章：《在长崎贸易中的中国货主——以汪绳武、汪竹里、程赤诚为重点》，《伊哑》十号，1978年6月。

十二月十一日入港,为第3船。①

张蕴文是申第2船船主,由此可以说,"安永五年来舶风说记"是王伦起义被镇压以后,根据最初来长崎的中国船队之中的一艘,也就是张蕴文船所带来的情报而记载的。

三、乾隆三十九年山东王伦起义

关于乾隆三十九年(1774)在山东发生的王伦起义,很多学者都进行过研究,特别是韩书瑞女士还出过专著。② 天津南开大学历史研究所的南炳文等编著的《清史》上编第11章"清朝由盛转衰的开始"第2节"各族人民的起义"指出:

> 乾隆中叶以后,社会矛盾日渐激化,以王伦起义为契机爆发了一系列的各族人民武装起义,成为清朝由繁荣走向衰退的重要转折点。③

以上这段话指出了王伦起义的重大历史性意义。

进行这种研究,没有必要继续重复罗列。我想根据前面所提到的《安永五年来舶风说记》的记载,追溯一下王伦起义的经过。《安永五年来舶风说记》主要分为"起义开始时期及其原因"、"清朝对起义的对策"、"起义的结果"等几个方面的内容。

1. 王伦起义的开始时期

据《安永五年来舶风说记》记载,起义开始于"去年八月间"。首

---

① 《长崎县史·史料编》,第570页。
② Susan Naquin(韩书瑞),*Shantung Rebellion: the Wang Lun Uprising of 1774*, New Haven: Yale University Press, 1981.中译本《山东叛乱:1774年的王伦起义》,收于江苏人民出版社"海外中国研究丛书"(2009年5月版)。
③ 郑天挺主编:《清史·上编》,第448页。

第二章　乾隆年间山东王伦起义在日本的传闻　203

先,让我们了解一下起义的确切时间。

有关王伦起义的最早报告是乾隆三十九年(1774)九月一日山东兖州总兵官惟一的奏折。奏折中说:

> 于九月初一未时,接据梁山营都司洪哲燕禀报称,八月二十九日辰刻,据寿张营马兵张廷贵禀报,寿张县于二十八日夜,有贼匪抢夺城池、仓库,其人甚众,该都司现已带兵前往严拿等情。①

寿张营的张廷贵向梁山营都司洪哲燕报告了八月二十八日晚在寿张县发生群众暴动的消息。洪哲燕接到这份报告是在二十九日上午八时左右。他马上就此向兖州总兵官惟一做了汇报。时间是在第二天九月一日下午二时左右,同日,惟一直接向北京汇报。

这个事件的消息,经过寿张营→梁山营→兖州镇,最后到达北京皇城,朝廷得到报告的具体日期却不得而知。据《高宗实录》等有关记载,大概是在九月五日左右。

几乎与此同时,朝廷也接到河东河道总督姚立德和山东巡抚徐绩关于寿张县、堂邑县发生民众起义的报告。

姚立德在报告中说:"八月二十八日夜间,寿张县有贼匪多人越城,杀人放火,抢劫县库县署等情。"②

徐绩在报告中指出:"八月二十九日,有堂邑县张四孤庄民刘会等赴该州(临清州)禀报,二十八日起更时,有本庄王圣如等,率领多人,手持凶械,放火伤人。该署州会同付将据报,即亲往查拿等情。"③

另外,俞蛟的《临清寇略》中,也记载了王伦起义开始日期是八月二十八日。书中写道:"甲午之秋……时逆匪王伦……八月二十八日子夜,陷寿张。"④

如上所述,《安永五年来舶风说记》所载王伦起义发生在八月间,

---

①②③　《宫中档乾隆朝奏折》第36辑(台北,故宫博物院印刊,1985年4月),第496、504、507页。

④　《萝厂杂著》卷六《临清寇略》。

虽然具体日期并不明确,但是报告的"八月间"无疑是准确的。

2. 清朝对王伦起义的对策

《安永五年来舶风说记》中记载,王伦起义伊始,乾隆帝即派遣大学士舒赫德率领官兵前往讨伐。清朝在接到九月五日有关王伦事件的报告后,立即下令当时的山东巡抚徐绩逮捕王伦等人。八日,又命令大学士舒赫德带兵前往镇压。舒赫德在前一天曾被命令去治理黄河,第二天却突然收到改变去向的命令。此事在《清史列传》第20卷《舒赫德传》中有记载:

(乾隆三十八年)七月,晋武英殿大学士……(乾隆三十九年)九月,命往江南筹办黄河霸口堤工。因寿张奸民王伦假邪教纠众占据临清旧城,命先赴山东……

由此可见,《安永五年来舶风说记》所记载的清朝派大学士舒赫德镇压王伦起义之事也是非常准确的。

3. 王伦起义的结果

《安永五年来舶风说记》有关王伦起义的结果是这样记叙的:"至于上年十月内,获得王伦死信报道,已经平定。"

乾隆三十九年(1774)十月初一直隶布政使杨景素的奏折里也谈到了以王伦自焚为结局的这场内乱。奏折中写道:

三十日拜闻大学士舒赫德等,已获贼目樊和尚、王胜如、孟参等人,其首犯王伦业已自焚。①

由此可见,清朝方面确认王伦死去的报告,大致是在十月间,也就是说,《安永五年来舶风说记》中的"至于上年十月内"的记述也是准

---

① 《宫中档乾隆朝奏折》第37辑,第93页。

确的。

4. 王伦起义的原因

在《安永五年来舶风说记》中也没有见到有关起义原因的记载。清朝方面的记录是以镇压王伦起义为中心的,故而也很少涉及到王伦起义的原因。① 只有在《高宗实录》卷九六九"乾隆三十九年十月乙亥(十九日)"条中出现了以下内容：

> 审讯贼党孟灿在山东省供,有今岁欠收,地方官额加征,以至激变之语。

关于孟灿,俞蛟在《临清寇略》中曾指出："孟灿,兖州人,勇鸷凶悍……王伦倚如左右手,跬步不离。"可见,孟灿是深受王伦倚重的人物,他的口供应该是可信的。但是清朝官吏只是把孟灿的供述当成叛乱分子为了开脱罪行而作出的狡辩。②

5. 宗教问题

迄今为止,有关王伦起义研究中最重要的课题之一就是宗教问题,但是《安永五年来舶风说记》中却完全没有触及这个问题。

有关王伦起义中的宗教问题,在起义伊始的乾隆三十九年(1775)九月十日的直隶总督周元理的奏折中是这样论述的：

> 逆匪首犯王伦,系寿张人,本属白莲邪教,煽惑愚民,擅敢劫掠寿张、堂邑、阳谷三县,杀害官员,劫掠库银。③

奏折中指出王伦是白莲教徒,他利用宗教煽动民众,组织暴乱。

俞蛟的《临清寇略》中也记述了清水邪教与王伦起义的密切关系：

---

①② 《康雍乾时期城乡人民反抗斗争资料》下册。
③ 《宫中档乾隆朝奏折》第36辑,第626页。

> 时逆匪王伦,以清水邪教煽聚亡命至数千人。

但是,《安永五年来舶风说记》对这一问题完全没有提及,是否因为在长崎传达这一事件的中国船主,考虑到当时日本人对宗教,尤其是对基督教特别敏感而有意避开了这方面的汇报?其详情不得而知。

四、结　语

综上所述,乾隆三十九年(1774),在清朝的山东发生了王伦起义。起义发生后不久,起义消息即由《安永五年来舶风说记》非常准确地传到了日本。

王伦起义,对日本来说,并不能影响其政局的发展,但对清朝来说,却是能够动摇其统治基础的至关重要的政治问题,故而它也是当时中国人非常关心的事件,所以来到长崎的中国江南方面的船主把这一消息准确地传入了日本。

(原刊李家振主编《回顾与展望——中日学者笔谈录》,黄河出版社1991年版。山东师范大学朱亚非译)

第三章　道光十一年湖南赵金龙叛乱在日本的传闻

一、前　言

在江户时代,来航长崎的中国商船给锁国的日本带来了很多海外情报。这些由中国商船带来的中国和其他海外各国的情报被称为"唐船风说书"或"唐人风说书"。关于这些"风说书",浦廉一①、市古宙三②、森睦彦③、大庭修④、增田涉⑤等学者作过一定的研究,并已经将资料整理成书刊行于世了。

但是,关于这些"风说书",在目前的研究上还留有一个比较大的空白时期。这个时期上溯18世纪初,下迄1890年,时间跨度大约110

---

① 浦廉一:《唐船风说书之研究》,《广岛大学文学部纪要》第6号,1954年12月。浦廉一:《华夷变态解题——唐船风说书之研究》,《华夷变态》上册,东洋文库所收。
② 市古宙三:《幕末日本人关于太平天国的知识》,《开国百年记念明治文化史论集》,1952年。市古宙三:《近代中国的政治和社会》,东京大学出版会,1972年。
③ 森睦彦:《作为鸦片战争情报的唐船风说书——以书志考察为主》,《法政史学》第20号,1968年。
④ 大庭修:《唐船进港回棹录·岛原本唐人风说书·割符留帐》,关西大学东西学术研究所,1974年3月。
⑤ 增田涉:《西学东渐和中国事情》,岩波书店,1979年2月。

多年。

关于"唐船风说书"的内容残存情况,从17世纪中叶到18世纪初的部分,已经被收入东方书店版的《华夷变态》中。此后的110余年的"唐船风说书",虽然留有一些片断的记录,但基本上可以算是研究上的一个空白。之后的18世纪40年代初期,为森睦彦所提出的"鸦片战争关系"的"唐船风说书";再之后的18世纪50年代,则为增田涉所提出的"太平天国关系"的"唐船风说书"。

这里以处于"唐船风说书"空白时期的天保三年(1832)为研究对象,拟就该年的"唐船风说书"作些考述。

二、天保三年的"通事留书"

在收录于《史籍集览》别记第269中的"通事留书"中,有一篇题为"唐通事平野繁十郎此度到来书简抄"的"唐船风说书"。

关于"唐通事平野繁十郎",据《译司统谱》[1]可知,他于文政八年(1825)八月六日被任命为小通事,天保七年(1836)三月七日则升任大通事助。另据宫田安的《唐通事家系论考》[2],平野繁十郎的汉名为冯祐长,其字为子纯,其号为惠园。该年(天保三年,1832)的平野繁十郎刚好37岁。

为论述方便起见,先移录平野繁十郎的"唐船风说书"内容如下:

> 清国去年遭遇洪灾,米谷欠收,饿死者枕藉。因为百姓不堪穷困之故,河南之富户赵金龙于去冬十一月欲施米谷、柴火等物救济之。当此之际,官府却指示需将以上救济物品送至官衙,然后可由官府出面以行救济;或者向官府交付相当数额的贿赂,方能允许自行将所蓄米谷救济百姓。赵金龙答复道,以自己所蓄财

---

[1] 《长崎县史 史料编 第四》"长崎县",吉川弘文馆,第616、623页。
[2] 宫田安:《唐通事家系论考》,长崎文献社,1979年,第15—16页。

物救济灾民，没有向官府施行贿赂的道理，官府所提出的两个条件都不能接受。官府遂将赵金龙逮捕下狱。土民们愤然生恨，发动起义，攻杀知县，捣毁牢狱，救出了赵金龙。这次骚动颇为巨大，河南的总兵、游击于是出兵征讨叛民。此前赵金龙之妹金凤所嫁山洞住居之人，亦响应起义援助土民，与官军交战。官军最终败北，河南总兵及游击皆战死在山洞之中。该山洞与四川、广东、广西、河南四省皆能相通，为少数民族的聚居之地。另外还有消息称金龙之子已经被抓，其弟金席亦已成阶下之囚。据闻此后北京派莫和为大将军，领精兵十万前来河南镇压。以上系本船出海之际听到的传闻。……

  辰六月
  天保三辰年八月二十二日写之当年之事也

该份"唐船风说书"，汇报了天保二年即清道光十一年（1831）以河南［湖南］为中心地带的少数民族叛乱情况。

  据该份"唐船风说书"篇末的日期标注"辰六月"，它应该是抄写于天保三年（清道光十二年，1832）壬辰六月。据《割符留帐》，天保三年正月底以后很长的一段时间内，一直没有中国商船来航长崎，但是到了六月份，六月二十日、二十一日、二十二日、二十三日连续四天都有中国商船驶入长崎，它们就是被命名为辰一番、辰二番、辰三番、辰四番的四艘中国商船。此后，中国船又踪迹全无，一直到该年十二月。可见，上述的风说书的情报提供者，应该是该年六月来航长崎的辰一番至四番船中的某一艘。

三、道光十二年湖南赵金龙之乱

  天保三年"唐船风说书"里的赵金龙叛乱究竟是怎么一回事呢？关于这次叛乱的梗概，我们可以先来翻看一下《清史稿》卷一八"宣宗本纪·道光十二年条"的记录：

> 二月戊寅（一日），湖南江华县瑶贼赵金龙作乱，命卢坤等剿之。

可见，《清史稿》里关于这次叛乱的记载为：湖南省江华县的瑶人赵金龙发动叛乱，清政府则命令卢坤等人出兵镇压。

关于这次叛乱，魏源在《圣武记》卷七的《道光湖粤平瑶记》中有大致的记录。另外，在黄鸿寿所编的《清史纪事本末》（民国四年十一月初版）卷四二"平瑶之役"中，亦可以看到整个事件的梗概。这次叛乱，是道光十一年（1831）十二月底爆发于湖南省南部地区的一次并不引人注目的瑶族叛乱。近年，程贤敏从《大清圣训》中抽选了部分相关史料，将之选编入《清〈圣训〉西南民族史料》①中。

关于赵金龙叛乱的早期经过，《宣宗实录》卷二〇五"道光十二年二月戊寅朔"条的记录颇为详细：

> 上年十二月二十九日，江华县锦田乡猺人赵金龙聚集九冲猺人五六百人在雨河口等处劫杀男妇二十余口。

原来，去年（道光十一年，1831）十二月二十九日，在湖南省江华县的锦田乡爆发了以瑶族人赵金龙为首的叛乱。参加叛乱的瑶人们"均给红巾数尺，裹首为号"，他们以红巾为标志发动了起义。

另外，关于该次叛乱的其他参与者，前文提及的"唐船风说书"中有如下的记录：

> 此前赵金龙之妹金凤所嫁山洞住居之人，亦响应起义援助土民，与官军交战。

风说书提到了赵金龙之妹的夫家也参与了叛乱的情况。关于这一点，

---

① 程贤敏选编：《清〈圣训〉西南民族史料》"道光朝〈圣训〉四·对瑶区的治理"，四川大学出版社1988年版，第255—275页。

《宣宗实录》卷二〇七"道光十二年(1832)三月乙卯(八日)"条中也有相关的记述：

> 赵金龙之妹，嫁与广东八排猺王姓。

以上两份资料指出了湖南南部的瑶族与临近的广东瑶族有着通婚关系这一事实。

此外，刊行于同治九年的《江华县志》卷七"兵防·寇变"中亦有关于赵金龙叛乱的记载：

> 道光十一年，锦田长塘冲瑶人赵金龙煽惑九冲八排诸瑶聚众滋事，自称大朝王，焚烧房屋、杀掠人民，窜扰蓝山、宁远、新田、桂阳、常宁等州县，经大兵围逼羊泉，尽数歼灭。

由此可见，赵金龙在发动叛乱之后自称大朝王，其势力从江华县锦田波及蓝山等各个临近州县。

同书卷四"职官"中对叛乱发生时任江华县知县的林先樑还有如下一段记载：

> 林先樑，广西北流进士。道光十一年为江华令，廉明勤慎，疾恶如仇，下车数月，政令一新。未几，赵金龙滋事，围锦田，告急文至，时在腊月三十日，先樑会营，星夜往救，贼不期援兵猝至，解围分窜。江城得保，是其力也。后竟因此罣误。阖邑士民具禀攀留，不获。去之日，无不堕泪，至今犹念不已。

四、结　语

《宣宗实录》和《宣宗圣训》主要以赵金龙的叛乱经过为记述重点，

几乎没有触及叛乱的原因这个问题。但是，前述的"唐船风说书"虽然是传入日本的中国消息，但却以叛乱发生的原因为主要内容。"唐船风说书"虽然将叛乱地点湖南误作"河南"，且文中出现的人名与正史的记载也有着一些出入，但是该风说书非常准确地将湖南瑶族人赵金龙的叛乱消息传入了日本。

此外，关于该次叛乱的原因，清朝的官方记录《圣武记》和《清史纪事本末》一样，将之记录为"积怨则变"。两书指出，湖南的江华县等地与广东、广西接壤，为少数民族与汉族的杂居地带，不通汉语的少数民族深受汉族的欺压榨取，即使少数民族向当地官府告状，官员们也大多作出偏袒汉族的裁决；正是因为这些所谓的"积年怨恨"，瑶族才最终揭竿而起。

但是，与上述的记录有所不同，"唐船风说书"却详细地记录了由于洪水泛滥、农业欠收等自然方面的原因。

如上所述，天保三年的"唐船风说书"，仅仅在叛乱发生半年之后，就将道光十一年（1831）的湖南赵金龙叛乱较为详细、准确地传到了日本。

（郑洁西译）

第四章 《遐迩贯珍》中所见的近代东亚世界

一、前 言

1815年8月,在麻剌甲的罗伯特·马礼逊(Robert Morrison)等人以汉文发行月刊《察世俗每月统纪传》。这份停刊于1821年12月的刊物,共计发行七卷。不久之后的1823年7月,印度尼西亚雅加达的麦都思(W. H. Medhurst)等人开始发行月刊《特选撮要每月统纪传》,至1826年停刊止,共计刊行了四卷。① 1833年,罗伯特·马礼逊(Robert Morrison)等人在广州发行月刊《东西洋考每月统纪传》。② 1853年9月,麦都思(W. H. Medhurst)等人在香港开始发行月刊《遐迩贯珍》,该杂志于1856年5月停刊,共计刊行33期。以上四种均是以中文发行的早期定期刊物。

早期以中文为定期刊物而刊行的中心人物,都是英国国教会的传教士。以上四种定期刊物,以启蒙的科学杂志为主要内容。根据

---

① 卓南生:《中国近代报业发展史 1815—1874》(增订版),中国社会科学出版社2002年版,第15—65页。
② 《东西洋考每月统记传》,中华书局1997年版。

内田庆市研究员①和沈国威研究员②的研究成果,我们可以清楚地了解到,这些刊物以汉文将欧洲先进的科学知识传播到中国,起到了十分重要的作用。除了启蒙的思想普及内容以外,这些刊物不仅关注当时清朝中国周边各国的情况,也刊登了不少世界各地的新闻。我们可以从《东西洋考每月统纪传》里十分明显地看出这个倾向。譬如,在《东西洋考每月统纪传》癸巳年六月(道光十三年,1833)"新闻"栏中的"土耳几国事荷兰国事"③,就有报导世界情势的趋势。自此以后,该刊在每期中均设有"新闻"栏,以世界各国的新闻为主要刊登内容。④ 这些情报由来航至广州的贸易船所带来,是当时最新的世界情报。

《遐迩贯珍》刊行之后,其第1期新闻刊登栏以"近日各报"⑤为题,但在第2期以后则以"近日杂报"为常例化的刊登形式,它在当时非常及时地刊登了东亚世界各国的各种"新闻"。《遐迩贯珍》的刊行时间虽然不满三年,但在其"近日杂报"栏中刊登了很多反映近代东亚世界变化状况的重要新闻。⑥

增田涉氏曾经指出,《遐迩贯珍》作为重要的海外情报来源,曾在幕末时期的日本也受到了极大的关注。⑦ 在此仅将《遐迩贯珍》传入日本的情况作一简介。

根据川路圣谟"下田日记"在嘉永七年安政元年(咸丰四年,1854)十二月二十三日的记述,美国人将《遐迩贯珍》传入了日本:

---

① 内田庆市:《近代东西语言文化接触的研究》,关西大学出版部,2001年10月。
② 沈国威、内田庆市:《近代启蒙的足迹——东西文化交流和语言接触:〈智环启蒙塾课初步〉之研究》,关西大学出版部,2002年3月。
③ 《东西洋行每月统纪传》,中华书局1997年版,第8页。
④ 松浦章:《〈东西洋考每月统纪传〉所见之海难记事》,《关西大学东西研究所纪要》第67号,1999年3月,第4页。
⑤ 《遐迩贯珍》第1号的目录为"近日各报",但在第1号的文本内容上正文中却写成了"近日杂报"。
⑥ 松浦章:《〈遐迩贯珍〉所见美国柏利舰队的来航日本——罗森〈日本日记〉前史》,《关西大学东西学术研究所创立五十周年纪念论文集》,关西大学,2001年10月,第392—411页。
⑦ 增田涉:《西学东渐和中国事情》,岩波书店,1979年2月,第137—139页。
增田涉:《杂书杂谈》,汲古书院,1983年3月,第40—41页。

亚洲人持带来遐迩贯珍该书，系云书的抄录等，此书是所称中国香港的英国人所著，一册十五文，按月内出售。有如世界许久不见的书。西洋新闻纸此称荷兰风说书。不以横式书写，计有心得，并有汉文书写，横滨的条约、其细节，由船桅用望远镜望之，可了解其中内容。其中比日本人的消息还要详细。①

川路圣谟对《遐迩贯珍》的出版状况把握得极为准确，认为它的新闻性价值非常高。

川路圣谟在此之前，曾要求阅览由中国船带至长崎而被德川幕府购买的魏源《海国图志》。他向当时的老中阿部正弘进言，这是一本极为重要的书。阿部因此向幕府将军要求阁老等人需熟读此书，这获得了幕府将军的许可。另外，川路圣谟还向阿部建议刊刻《海国图志》，"供公众、志士阅览，以利国家"②。由此可知，川路是一个极有见识的人。

另外，吉田松阴也注意到了《遐迩贯珍》。当时居住在萩的松阴于安政三年（1856）七月十九日给江户久保清太郎写了一封书信，其中有"遐迩贯珍等已收到"③的记载。松阴又于安政四年（1857）九月二日在江户长原武的书信中有"遐迩贯珍拜受，不胜感谢"④的记载。

开明派人士桥本左内对《遐迩贯珍》亦抱极关心的态度。居住在江户的桥本左内在给居住在江户的岩濑肥后守的安政五年（1858）四月二十一日的书信中有"遐迩贯珍在下有搜藏，如欲御览，不久后可奉上，何时为妥，敬请赐覆"④的记载。岩濑肥后守即是开国论者岩濑忠震，他在安政元年由老中阿部正弘拔擢为目付，是对海防、军事、外交情势认识最深的人。

如上可知，幕末开明派人士对海外情报抱有相当的关心，这些情

---

① 《大日本古文书　幕末外国关系文书附录之一》，东京帝国大学，1913 年 2 月，第154 页。
② 川路宽堂编述：《川路圣谟之生涯》，1903 年 10 月，世界文库版，1970 年 9 月，第 350—351 页。
③④ 《吉田松阴全集》第八卷，岩波书店，1939 年 7 月，第 506、587 页。
④ 《桥本景岳全集》下卷，亩傍书房，1943 年 6 月，第 874 页。

报的重要来源即是《遐迩贯珍》。

《遐迩贯珍》也受到了当时世界其他报纸的关注。内田庆市研究员于 2000 年在美国东部圣拉姆比伯丁·维吉尼亚博物馆看到了该馆所收藏的《东涯新录》(The Oriental or Tung-GaiSan-Luk) 第十一号 (唐甲寅十二月初九日耶稣一千八百五十五年正月二十五日录)。[①] 该报纸上有引用自《遐迩贯珍》的内容。《东涯新录》刊行于"加利科尔亚省散泛思歌埠",即加州旧金山。《东涯新录》第十一号中刊登了"据香港《遐迩贯珍》云六月十七日琉球国地方有花旗国总宪皋厘赴任彼与该国王及大吏等议立和约……"的消息。经确认,这条消息转引自《遐迩贯珍》1854 年 9 月 1 日第 9 号的"近日杂报"中所刊登的"六月十七日琉球国地方有花旗国总宪皋厘……"一文。就是说,1854 年 9 月 1 日刊行的《遐迩贯珍》第九号的文章,从香港经由太平洋传向新大陆的旧金山,于 147 天以后转载在 1855 年 1 月 25 日的《东涯新录》第十一号上。

日本幕府末期传入日本,并以"官板"的形式复刻出版的麦嘉湖辑译的《中外杂志》[②]第五号(同治壬戌〔1862〕九月)上,刊登有《遐迩贯珍》的文章。《中外杂志》第五号刊登的"续生物论　鸟类"写明是由"遐迩贯珍录出"。《中外杂志》第六号(同治壬戌十月)所刊登的"续生物论"和"泰西种痘奇法"两编,《中外杂志》第七号(同治壬戌十一月)的"续生物总论　虫鱼类"和"茶叶通用述略"的两编,都清楚地写明由"遐迩贯珍录出"。以下为转载自《遐迩贯珍》的具体情况。

《中外杂志》第五号(同治壬戌九月)"续生物论　鸟类"
　　抄录自《遐迩贯珍》1854 年第 12 号"续生物总论鸟类"
《中外杂志》第六号(同治壬戌十月)"续生物论"和"泰西种痘奇法"

---

① 《遐迩贯珍》1855 年 8 月号,17 页下的文章中也有从《东涯新录》抄录的内容。

② 《官板　中外杂志》同治壬戌六月,一八六二年,日本文久二年六月,第一号。同第二号,同治壬戌七月。同第三号,同治壬戌八月。同第四号,同治壬戌闰八月。同第五号,同治壬戌九月。同第六号,同治壬戌十月。同第七号,同治壬戌十一月。关西大学图书馆增田文库有藏本(图书番号 LM2/ほ·39)。

抄录自《遐迩贯珍》1854年第12号的"续生物总论　鸟类"

抄录自《遐迩贯珍》1855年第7号的"泰西种痘奇法"

《中外杂志》第七号(同治壬戌十一月)的"续生物总论　虫鱼类"和"茶叶通用述略"

抄录自《遐迩贯珍》1855年第1号的"续生物总论　虫鱼类"

抄录自《遐迩贯珍》1853年第5号的"茶叶通用述略"(全文转载,有部分改动)

由此可知,《中外杂志》与《遐迩贯珍》之间存在着文章转引的关系。

《遐迩贯珍》是一份在中国国内广为人知的定期刊物。

这里特以《遐迩贯珍》各号所刊登的"近日杂报"栏为中心,对《遐迩贯珍》作为历史史料的重要性,作一叙述。

二、《遐迩贯珍》中"近日杂报"所见的近代东亚世界之新闻

首先,仅将《遐迩贯珍》的"近日杂报"刊登的具体内容作一简单整理。

①《遐迩贯珍》1853年8月1日第1号"近日杂报",12页下—13页上

五月二十日,俄国军舰入港香港

厦门天地会事件

截至五月,返回香港的中国人数,自旧金山140名,新加坡193名,孟买13名

东亚海域海盗出没频繁

英国总理贸易公使的告示

上海吴道的镇江之役

五月十五日,香港的汉人问题

在福建海域的盗匪
五月中旬,美国船前往日本的情报

②《遐迩贯珍》1853年9月1日第2号,"近日杂报",14页上—15页上

上海英商数家佥禀公使
六月二十七日有英国统辖提督来航香港
柏利舰队的香港出港
本月初五日,英国舰船缉捕海盗船
本月十二日,英国商船的海盗被害情况
本月初二日,江南来信,安徽河南的战况
广西桂林的太平天国

③《遐迩贯珍》1853年10月1日,第3号,"近日杂报",9页下—11页上

上海小刀会的叛乱情况
八月初旬,广东省南海县、番禺县的贸易关系
关于使用英国银钱的告示

④《遐迩贯珍》1853年11月1日,第4号,"近日杂报",14页上—15页上

五月二十三日,香港出港的三根桅杆帆船在台湾近海遭遇海难
八月初七日,上海的英国美国领事发生贸易问题
厦门来信,政府军的情况
本月二十二日,英国邮船装载鸦片烟入香港
旧金山的社会教育事业
东莞县的会党情况

南海、番禺的银圆流通

⑤《遐迩贯珍》1853年12月1日,第5号,"近日杂报",8页下—11页下

中国人劳工远航西印度问题

七月间,台湾的土匪

鸦片烟流通问题

上海战况

月内,香港近海的海盗船问题

十月初三日,香港近海的海盗

上海火轮邮船来信,太平天国军和政府军的战况

【附】直隶、山东、山西略图

⑥《遐迩贯珍》1854年1月1日,第1号,"近日杂报",5页下—11页下

十一月十四日,美国船二只自旧金山入香港,归国中国人561名

英国、美国人的旅馆问题

九月初二日,土耳其与俄国的战况(翌年克里米亚战争扩大)

【附】黑海周边地图

上海来信,战乱情况

法国公使从上海赴南京

上海来信,太平天国等战况

厦门的贸易消息

福州的茶叶贸易消息

宁波的情况

10月10日美国新商船的竣工消息

十月间,英商船自厦门航行福州途中的海盗被害情况

香港的地保条例

俄国船前往日本的消息
关于北美航行的消息
香港公使归任
在香港的匪徒情报
1853年香港贸易额

⑦《遐迩贯珍》1854年2月1日,第2号,"近日杂报",7页下—13页下

十一月十三日,福州来信,福建地方的经济恐慌
厦门来信,海上的盗匪情况
由上海新闻摘录太平天国消息
自上海的新闻情报,嘉应州的状况
上海外国人的火药买卖
法国公使的动向
关于法国人天主教传教士的消息
法国统治太平洋岛屿的情况
美国消息
美国公使履新
美国舰队停靠香港等相关消息
在美国的中国劳工问题
香港的出口贸易
中国劳工运送船的船内状况
香港英国总督告示
香港的石拜湾事件
英国商船和中国船的海难事故
潮州汕头的中国劳工的出港情况
十二月十五日,邮船输入鸦片烟873箱,国外报纸报道的克里米亚战况
十二月二十三日,邮船自加尔格打装载鸦片烟1725箱

十二月二十六日,从上海来港轮船,货载情况寄政府军的战况

京报,癸丑十月三十日一折,政府军的战况

⑧《遐迩贯珍》1854年4月1日,第3、4号,"近日杂报",7页下—15页下

去年十一月归善县的土匪
旧金山的中国人情况
去年十二月邮船遇海盗被害状况
向西班牙的新总督答礼的英国船
去年五月秘鲁船内中国人病死者情况
去年十二月旧金山中国劳工被逮捕事
十一月初旬,正月二十一日的邸抄的摘录
去年十二月中旬的邸抄的摘录
正月初六日,香港诉讼事件
正月十六日,香港诉讼事件
正月十八日至二十日的香港审判事件
正月十九日香港的海盗事件
正月二十二日俄国舰队向日本派遣舰队的消息
正月二十四日英国军舰巡视近海
美国香港公使的交接
二月十三日香港强盗事件
二月十六日英国人在广州被袭击事
香港的贸易消息
香港人口,乙巳年(1845)—癸丑年(1853)
搭乘荷兰船出国的中国劳工情况
菲律宾—香港航路
颜料消息
泰国的基督教传教

美国产的马

上海来信

正月二十二日邸抄

美国向日本派遣

⑨《遐迩贯珍》1854年5月1日,第5号,"近日杂报",4页上—9页下

二月初五六日上海城中的动乱

二月二十四日香港入港船的乘客

二月二十五日厦门沿海的海盗情况

二月二十五日秘鲁船只的船籍问题

二月二十九日英国邮船装载鸦片烟问题

三月初五日美国船自日本回航

三月初六日上海战事

三月十五日香港新公使履新

英国的输出额

1853年火轮邮船从外国向香港输送的白银数额

香港的1853年的死亡人数

香港的英华房屋数

南北美洲的运河计画(划)

1853年西藏南部亚珊地方的产茶量

在上海传教士编纂书籍

广西地区的外国人传教士

洪秀泉(秀全)的原籍

广东省的贼匪

三月十七日邮船到达香港

香港新任水师提督

英国邮船带来的克里米亚战况

驻香港美国领事的布告

昨年八月十二日英商船中国人水手杀人事件
小吕宋岛的叛乱情报

⑩《遐迩贯珍》1854年6月1日,第6号,"近日杂报",4页下—12页上

佛兰西人翻译中国典籍
英国的条例
清官吏奏报告摘录五件
美国船带来的新闻报道抄录
太平天国消息

⑪《遐迩贯珍》1854年7月1日,第7号,"近日杂报",6页上—13页上

黄埔地区马莱人与美国人的凶斗案
土耳其的现状
1853年香港入港停泊船舶数和人口
上帝保佑上海遭战火损害的家庭
加尔格得产的鸦片
上海小刀会的消息
台湾海峡的海盗
英国船的海难救助
广东省的社会不安
福州的外国贸易旺盛
四月二十九日的上海小刀会情报
印度的兵力
英国伦敦的图书馆
五月初六日至十三日香港的死者
加尔格得(答)到达香港的两批鸦片

中国外国军舰捕拿海盗

香港沿海的海盗

美国船到达香港的消息

法国的新闻

英国进口茶的种类

英国船输入鸦片

美国船救护海难

有关讨伐香港海盗的消息

克里米亚战争相关消息

香港的扫荡海盗的有关消息

克里米亚战况

香港的英国士兵手枪走火

太平山地区的土砂灾害

广东省东莞地方的盗匪

邸报所见的三条消息：上海小刀会及其他

英国造船新闻

有关外国船出港情况

英国进口茶叶的种类

英国军船捕拿海盗

有关英国的新闻三件：地理关系及其他

⑫《遐迩贯珍》1854年8月1日，第8号，"近日杂报"，6页上—13页下

来自旧金山的消息：华侨人口和美国船在日本贸易

五月二十二日广东东莞县的会匪

五月二十四日海南的海盗灾害

广东团练等的经费

五月二十六日的香港司法

五月二十七日英国军舰到达香港

同日在上海官军的动向

希腊的叛乱

俄国兵的死亡数

六月一日英国商船到达香港和鸦片装载量

六月三日广东急水门洋面的海盗

同日广东平海水域的海盗

同日广东东莞县的匪贼

六月五日到达香港美国船的情报

六月八日来自英国军舰的海盗捕获情报

六月九日来自上海的消息

美国政府船在日本海域的水深调查

美国黄金的生产量

六月十四日中国船的海盗被害状况

同日到达香港英国船的鸦片装载量

英国进口工夫茶的价格

欧洲造船业的情况

六月十五日加尔格得（答）蒸器船的鸦片装载量

英国国王学习中文

在加尔格得（答）的鸦片产量

南京太平天国的动静

香港的海防经费

日本和美国间的通商问题

广东佛山的会匪

广东的匪党

六月十五十六日广东富室避难

六月十八日法国军舰来航状况

英国船遭海盗袭击被害

六月二十一日香港公布法案

六月二十二日美国船自日本归航香港

自正月至六月止美国旧金山入港船只的中国移民数

六月二十三日广东省所驻美国领事的佛山现地调查
克里米亚战争的英法派兵
克里米亚战争的状况
在上海的匪党状况

⑬《遐迩贯珍》1854年9月1日,第9号,"近日杂报",4页上—11页上

宁波的葡萄牙船
香港中国士绅的状况
六月十七日琉球国和美国的条约
六月二十八日柏利与日本间的条约缔结
上海的匪党状况
地中海·丘尼士的派兵、瑞典和俄国的纷争
葡萄牙国王访问英国
镇江来航的外国船
六月二十九日来航黄埔地区的秘鲁船只
六月三十日上海的官军的情势
七月一日英国船的鸦片装载量
自亚士得利亚墨儿奔的新闻
旧金山蒸汽船的鸦片装载量
香港的俸禄情况
来自上海领官的贸易咨询
七月十五日克里米亚战况
波罗的海的俄国船只
希腊北部的民众状况
英国派遣船只前往北洋白海
麻打拉萨地方俄国货物船的被捕捉
俄国二帆船被英国军捕捉
香港出港帆船触礁

荷兰军舰的火灾
进入新加坡的英国船的海洋调查
香港的银行纷争
印尼的纷争
来自美国人的南京太平天国情报（长文）
上海城外的外国人居住情况
香港发船的搭乘情况
七月十一日乘船经费的事件
香港司法消息
克里米亚战况
英国的博览会
美国和英国的国境纷争
英国的工夫茶价
六月上海官军动静
美国和日本的外交交涉
广东的会匪情况
佛山的太平天国
七月二十一日英国公使在福州停留
七月二十七日英国公使归航香港
七月二十六日香港的海盗情报
肇庆府的匪党情报
广东省的匪党情报

⑭《遐迩贯珍》1854年10月1日，第10号，"近日杂报"，9页上—14页下

闰七月九日上海到达香港船的货载
闰七月十二日加尔格得（答）到达香港船的货载
闰七月十七日孟买到达香港船的货载
闰七月二十七日庞贝到达香港船的货载

七月二十七日广州驶往香港的航班时刻
　　闰七月十七日英国船的海盗受害情况
　　七月二十六日渔船的海盗受害情况
　　七月二十九日商船的海盗受害情况
　　闰七月二十二日在厦门海域的海盗事件
　　闰七月初八日海盗事件
　　闰七月初九日海盗事件
　　闰七月十二日海盗事件
　　广东省的匪党情况
　　香港火药制造犯人被捕
　　闰七月二十日，泰国使节船来航
　　华人的海外移民
　　四月初二日，香港至旧金山轮船的华人乘船情况
　　英国公使、法国公使、美国公使的会谈
　　克里米亚战况
　　大吕宋叛乱消息
　　瑞典的消息
　　欧洲各国的农业收获消息
　　亚洲诸国的国情
　　六月二十一日京报所载铸币消息
　　上海的战况
　　闰七月初一日，英国海军派舰船前往日本，美国和日本缔结条约关系

⑮《遐迩贯珍》1854年11月1日，第11号，"近日杂报"，12页上—16页下

　　八月初七日，关于地震的消息
　　赴旧金山船中乘客死亡的消息
　　海盗情报

第四章　《遐迩贯珍》中所见的近代东亚世界　229

佛山的贼情
根据上海、厦门、宁波港三处报纸所载的上海情报
八月十七日,乘英国货物船的华人相关消息
闰七月二十九日,英国驻厦门领事谈沿海贸易课税方法
七月二十三日,克里米亚战况
英国对克里米亚战争的政策

⑯《遐迩贯珍》1854年12月1日,第12号,"近日杂报",11页下—17页下

三月初四日,香港出港船只在海上发生疫情及有关信函的内容
九月十一日,英国皇室船只的航海记录
上海的战况
九月十二日,美国军舰遭遇海盗
古兰贼匪情报
法国、英国军队加入克里米亚战争
波罗的海的战斗
英法军舰攻陷俄国领土
广东北门会匪
十月初六日,英国公使乘英国船归港的消息

⑰《遐迩贯珍》1855年1月1日,第1号,"近日杂报",8页下—11页上

西鹬士船的货载
十月十六日花旗国船遇难
十月十六日英国船消息
厦门的叛匪
上海税务情况

十一月初一日中国人避难香港
十一月初一日来信
十一月初二日佛山火灾
十一月初八日欧洲报纸的报道

⑱《遐迩贯珍》1855年2月1日,第2号,"近日杂报",8页上—15页上

1853年英国输出品额
省城(广州)新闻略
上海新闻略
警察消息

⑲《遐迩贯珍》1855年3月1日,第3号,"近日杂报",8页下—16页下

(注)自本号起近日杂报栏的各报道文章始附加标表题。以下据标题录出。
出游外国论
唐人往真查洲佣工论
三港生意兴败论
省城新闻略
省城西关惠爱医馆报
上海新闻略
京报
欧罗巴新闻略

⑳《遐迩贯珍》1855年4月1日,第4号,"近日杂报",6页上—18页下

(注)自本号起,近日杂报栏附加目次。以下据目次录出。
岁客香港进支费项
马加列船搭客受枉事论
公使包令往暹罗事纪
救危获报论
省垣新闻略
清远等处杂报
省城西关惠爱医馆报
上海新闻略
上海捷报奏稿
旧金山新闻略
欧罗巴新闻略
大英主后纶音

㉑《遐迩贯珍》1855年5月1日,第5号,"近日杂报",6页上—18页下

香港客岁户口册
香港人数加多幼男多于幼女论
西游闻见略
厦门道术报
京报
旧金山正埠中国客商会馆公启
欧罗巴新闻略

㉒《遐迩贯珍》1855年6月1日,第6号,"近日杂报",10页下—16页下

西鹳士船运载搭客论
各商红呈

大宪批语
　　省垣新闻略
　　京报
　　公使包令往暹罗立约节略
　　包令于暹罗代花旗传导师解难
　　欧罗巴新闻略
　　港内义学广益唐人论

㉓《遐迩贯珍》1855年7月初2日，第7号，"近日杂报"，12页上—16页下剿贼事

　　癸甲两年鸦片箱及银数在港出入总论
　　按察司代受亏搭客申冤
　　省垣新报
　　京报
　　欧罗巴新闻略
　　本港六月十三日英人敬守圣节求息干戈论

㉔《遐迩贯珍》1855年8月1日，第8号，"近日杂报"，11页上—18页下

　　禁止贩卖儿女并在本港载客往上海扰乱事
　　赌博为害本港自当严禁论
　　省垣新报
　　恩平县客家作乱事
　　京报
　　旧金山新设条例增收唐客饷银
　　旧金山禁止赌钱新例
　　欧罗巴新闻略

㉕《遐迩贯珍》1855年9月1日,第9号,"近日杂报",13页下—19页下

  剿灭高兰海盗捷报
  因时感事序
  肇庆府红贼大略
  与公局论善后书
  戒打白鸽票略论
  省城新报
  京报
  上海新闻略
  欧罗巴新闻略

㉖《遐迩贯珍》1855年10月1日,第10号,"近日杂报",13页下—19页下

  省城新报
  京报
  北方剿灭海盗事
  砵非立处唐客进埠新例
  欧罗巴新闻略

㉗《遐迩贯珍》1855年11月1日,第11号,"近日杂报",11页上—15页下

  省垣报略
  京报
  欧罗巴新闻略

㉘《遐迩贯珍》1855年12月1日,第12号,"近日杂报",14页

上—21 页上

　　香港大宪禁示
　　蛙为利船唐客受惨录
　　省城杂报
　　京报

㉙《遐迩贯珍》1856 年 1 月 1 日,第 1 号,"近日杂报",3 页上—15 页上

　　波里曼船载俄兵被获事
　　大宪议筑海旁大路事
　　奏稿
　　京报
　　欧罗巴新闻略

㉚《遐迩贯珍》1856 年 2 月 1 日,第 2 号,"近日杂报",6 页下—12 页下

　　京报
　　欧罗巴新闻略
　　香港犯案录
　　杂报
　　香港大宪办理海盗示

㉛《遐迩贯珍》1856 年 3 月 1 日,第 3 号,"近日杂报",11 页上—15 页下

　　印度国总理大臣示
　　洋船在香港搭载唐人规例开例

欧罗巴新闻略

杂报

美厘邦埠新例

京报(第三号,6页上—10页下)

㉜《遐迩贯珍》1856年5月1日,第5号,"近日杂报",20页上—21页上

京报(第五号,15页上—19页下)

以上是在《遐迩贯珍》各号"近日杂报"栏所刊登的新闻消息的概略。由此可知,《遐迩贯珍》对世界各地的新闻消息是极为关注的。

三、《遐迩贯珍》中所描述的近代东亚世界

(1)《遐迩贯珍》所记录的柏利舰队动向

柏利提督率领的美国舰队来航日本,给江户时期的日本社会带来了极大的冲击,这是众所周知的事实。而美国的政策,对于居住在东亚的欧美人士已经是公开的秘密了。①

柏利舰队来航至东亚,是1853年(咸丰三年)5月的事情。5月4日从澳门来到上海,16日向琉球出航,经过琉球、小笠原诸岛,再经过琉球,于7月来到日本江户,进行第一次日美谈判。② 柏利舰队的东亚来航时期,正是《遐迩贯珍》刊行(1853年8月)的前夜,从这一意义上说,柏利舰队的记录和《遐迩贯珍》是同时代的史料。因此,本文将柏利舰队的记录也作为《遐迩贯珍》参考史料之一种进行考察。

---

① 松浦章:《〈遐迩贯珍〉所见美国柏利舰队的来航日本——罗森〈日本日记〉前史》,《关西大学东西学术研究所创立五十周年纪念论文集》,关西大学,2001年10月,第392—411页。

② Narrative of The Expedition of An American Squadron to the China Seas and Japan, performed in the years 1852, 1853, and 1854, Washington, 1856.

以中国大陆为据点的英国人，对于美利坚合众国的柏利舰队的动向极为关注。

菲利凯特舰密西西比号
资料来源：Spuadron to the China Seas and Japan, perfonned in the years 1852, 1853 and 1854, Washington, 1856.

萨斯肯哈纳号　1/80 缩尺模型
横滨开港资料馆

礼炮发射图
资料来源：《黑船来航图卷》(1854年柏利再来航时的图卷)

波哈顿号柏利舰队再来时的旗舰
资料来源：《横滨百年——从幕末到昭和初期》，横滨开港资料普及会，1991年3月第1版，1996年10月第3次印，第10页。

以下谨将《遐迩贯珍》中所记载的柏利舰队相关记事整理如下。

① 《遐迩贯珍》1853年8月1日，第1号，"近日杂报"(13页上)

　　五月中旬，有花旗国师船火船数只，由上海赴日本国，欲图通商，并求该国王准其设立贮煤之所，以作中站，俾金山暨亚墨利加，与中国往来火船，从此接济。

②《遐迩贯珍》1853年9月1日,第2号,"近日杂报"(14页上下)

前号曾叙花旗国师船,前赴日本国公干,充公使者,系其水师提督柏利,兹于本月初三日,抵日本之聊陀海面,于初九日,与该国主专派之王大臣会晤,遂将原携国书交付,订于来春复往接取覆音,故宽其期,以见从容,无逼促之意,两家宾主款洽,均有礼物酬酢往还,即于十二日扬帆南旋。

《遐迩贯珍》1854年1月1日,第1号,"近日杂报"(10页上下)

前第一号篇内,曾叙俄罗斯国师船,夏间由港前赴日本国等处,兹已于上月返抵上海,据云,日本现遭大丧,其国主殂逝。

③《遐迩贯珍》1854年2月2日,第2号,"近日杂报"(11页上下)

日前扬帆赴日本国之花旗师船,其上月驻泊本港时,数次置演戏剧。凡英师船,及居港者,皆得往纵观,两国人皆极谐睦,盖因志趣同向,均欲有以推广贸易共臻平康景象也。

《遐迩贯珍》1854年4月1日,第3、4号,"近日杂报"(11页上)

正月二十二日,上海到有火轮船信云,俄罗斯现有火轮师船,从日本驶至彼地,将碇泊日本之俄国船新函等件,付为代行邮达,事毕越日出口。据其舟人云,日本国主,已许将本境开各国贸易埠头,不复如前独许荷兰一国贸易而已,果斯言不虚,是花旗俄罗斯二国,使舟至彼所议,已有成矣。

④《遐迩贯珍》1854年4月1日,第3、4号,"近日杂报"(15页上下)

> 近日,花旗国前赴日本之使舟,业已旋港。据云,使臣与日本执政大吏,妥议贸易事务,于彼境开立二处埠头,二月二十五日,订立和约,章程妥竣矣。

以上从①—④中所见各段报道中的国名为"花旗国",《遐迩贯珍》1853年11月1日,第4号的"极西开荒建治析国源流"的文章中有"北亚美里驾境内,现称之合郡国,即俗呼花旗国,彼时地广人稀"的文字,可知花旗国是美利坚合众国的俗称。

在广州刊行的周刊杂志《中外新闻七日录》第壹号,同治四年正月初七日(1865年2月2日)对"花旗国"作如下解释:

> 原花旗国为三十余郡,会合而成,故名曰合众国。①

该杂志同贰号,同治四年正月十四日(1865年2月9日)的"美国济兵纪事"的文章中有关于南北战争(1861—1865)的介绍:

> 近闻花旗国南北民对垒交锋,杀人如麻,流血成海。②

标题的"美国"和文中的"花旗国"同时使用。

咸丰乙卯(咸丰五年,1855)年,协德堂藏板的何紫庭序的《华英通语》各埠名类,107页上亦有"花旗 America 亚孖加加"的记载。以上事例说明,在19世纪,花旗国是美利坚合众国的俗称。

上述①—④的资料所载均为美国派遣舰队的情况。

罗森《日本日记》是从《遐迩贯珍》1854年11月号开始连载的,可以和上述①—④中的资料相印证。③ 资料①中,柏利舰队赴

---

① 英国教士湛约翰主编:《中外新闻七日录》,清末民初报刊丛编之五,华文书局,1969年12月,第3页。
② 《中外新闻七日录》,第5页。
③ 松浦章:《〈遐迩贯珍〉所见美国柏利舰队的来航日本——罗森〈日本日记〉前史》,《关西大学东西学术研究所创立五十周年纪念论文集》,关西大学,2001年10月,392—411页。

日本要求实现通商,并设置煤炭贮藏设施,想把日本变成连结美国旧金山与中国的太平洋航线的中继基地,于是要求日本开港。在资料②中,肩负美国外交目的,赴日本的舰队指挥官名为"柏利",在向日本提交国书后,得到日本方面第二年春天给予答复的承诺而返航。资料③中对停泊在香港的柏利舰队的乘员,在香港休假的情况有所叙述。资料④告诉我们,柏利舰队达到了预定目的,缔结了条约。

关于柏利来日以后的情况,《遐迩贯珍》[①]1854年第5号,1856年第1号上有两条报道消息。

⑤《遐迩贯珍》1854年5月1日第5号,"近日杂报"(5页上):

> 三月初五日,花旗国有火轮师船一号,由日本回抵香港,据其新闻纸云,正月十六日彼国师船一帮,驶至日本,碇泊海面,距其国都城六十里,天气寒烈,滴水成冰。二十七日,进驶移泊,其处距都仅二十余里之遥,于桅上,可以观其城中楼殿屋宇,历历如绘。二月初三日,其国之地方大吏来船,会谈燕坐,宾主极欢怡款洽,席上刀匕,运使亦如素习,杯觥酬勤,仪度优娴。前篇曾叙其国有大丧,兹询知其国主葬逝,春秋八十三龄,今之在位者,则其储君嗣立也。越日有从耶度京城来通事一名,西国言语文字,皆能暗习。初十日,遂有其国主钦派王公四人,与公使大臣会晤,公使登岸,各师船照西邦成规声炮,亦将日本国号,悬置高桅,声炮二十一门,如国主之成仪。踰日,再会晤,遂将花旗国主所赉馈礼物,搬卸上岸,内有铸成铁火轮车路一盘,周环有九里之程,其国人乍睹骇异,继亦敢试乘驾行,无不欣怍。复有传送言语之电气机铁线,转瞬之间,即能传送日本土人言语,无不欢悦鼓舞,赞赏得未曾有。

[①] 香川大学附属图书馆·神原文库(图书番号:071—1)该馆中所藏《遐迩贯珍》全是复刻本。1853年8—12月,1854年1、2、4—12月,1855年1—3、6—7、9—12月,1856年1—3、5月,1856年5月的各号计19册,"日本部 广匪异闻"的一册计二十册。《遐迩贯珍》1854年第五号的记事以"洋夷朝贡事款"为题收录。

> 花旗国此行,已立成效,和好遂定,允为立约,贩运交易,开设埠头,火轮船需用煤炭,亦允于其境内,照时价采买。日本人云,凡外邦各国,有能从容合理请开港贸易者,亦必允之。方讲盟约时,适有花旗水手一名病死,即指给地一所以葬之,并立为义冢。彼国见花旗船只,无不夸美奖异,派人规度其船大小广狭之式,欲行仿制。现尚有数船,在彼椗泊,许定立约条之事,犹办理竣功云。

资料⑤报道了柏利船队日本之行的情况以及在神奈川签署日美和亲条约时的情况。文中有国主大葬消息,应该是第十一代将军德川家庆的逝世。家庆逝世于嘉永六年六月,享年60岁,文中误作83岁。柏利一行赠给日本的蒸汽机关车和电信机,特别引起了日本人的惊叹。根据柏利舰队随行员之一的卫三畏(Samuel Wells Williams)的《柏利提督远征记》中所载1854年3月13日(嘉永七年〔安政元年,咸丰四年〕二月十五日)的记述,送给德川将军的赠品为:

> 1/4 微型蒸气机关车一台与铁轨、煤水车、客车等
> 电信机与电线三英里,绝缘电线等①

《柏利提督远征记》还详细地记录了这些西方物品引起了日本人的极大兴趣。②

《遐迩贯珍》1854年第8号,"近日杂报"(6页上):

> 三佛兰息士哥即金山,近有信来云,……又该处现有花旗船一只,欲驶往日本国地方贸易。

---

① 《柏利日本远征随行记》,新异国丛书,第217—218页。
② 《柏利提督日本远征记》(三),岩波文库,第200—201页。

第四章 《遐迩贯珍》中所见的近代东亚世界　241

据柏利舰队的随行画家哈瑞的原画作成的石版画"横滨上陆",《横滨百年》,第9页。

同号(8页下):

花旗国总理官,前往日本国洋面探量水势,测度沙石绘刊一图,以便往来行舟考镜,并与该处地方官妥议设置带水章程,每船每名给价若干,并议购买柴薪淡水等价值。

同号(12页下):

[六月]二十二日,有花旗船由日本国驶回抵港,载有土仪礼物多种,系日本国王,馈送花旗国主者。

《遐迩贯珍》1854年第9号,"近日杂报"(5页上下):

[六月]二十八日,花旗国总宪卑厘由日本国建立和约,事竣回港。在该国未登程时,两邦人往还应酬,皆极和睦,西邦人甚冀其此后贸易日益增盛,两地同享其利。日本国所产造新异奇巧之物,西邦所无,而西邦所赋造珍美精华之物,亦日本所乏,两邦彼

此交易，其益何可胜言。日本与西土人，均皆上帝赤子，凡此寰瀛大地所生，各国之人，皆应互为赞辅，相助为理，彼苍欲使之睦好和谐，合而为一，故有此日和谊之建也。如世上之人，自秘其所有，靳不敢以与人，人亦藏其所有，吝不肯以与我，又安能所往皆得如意，所为皆得适愿也耶。

同号（10页上）：

日本国，先日花旗船未开行时，曾见其国人有绘造图书一册，将外国所有新异奇巧之器物，绘写图像，备极工致，复创造一舟，如外国舟之式无异，其国人之工巧敏捷如此。

上述等资料详细记录了日美和亲条约缔结的经过。
《遐迩贯珍》1854年第10号，"近日杂报"（13页上—14页下）中，刊登了日美和亲条约的中文摘译如下：

闰七月初一日，英水师提督，驾师船由上海驶赴日本，有火轮师船三号同往，揣其本意，非欲与日本速成和约，但欲往候其国主，且贺其于春间与花旗曾立和约之喜而已。花旗与日本所立和约，共十二款，兹缕述其大意如左。一曰，花旗人与日本人，不论何人，及会晤何地，必须礼貌周旋，相亲相敬。二曰，日本给箱馆、下田二港，为花旗船矴泊之所，凡木料、水粮、煤炭，一切要需之物，任其采买。三曰，凡花旗船在日本海滨，倘遭风涛触礁损坏之患，日本人务须协力相救，至被拯之水手人等，并破船所有货物，须于箱馆、下田二港交付其本国之人，若日本人在花旗遇有破船之患，花旗人相助，亦如之，至于救护所支工费，则两免赔还。四曰，花旗破船之人及各商人，在彼国地方游玩不得约束，然亦必遵所宜之律。五曰，花旗破船之人，及各商人，在箱馆、下田二港妥居妥处，限于日本七里之内，任其遨游，无得禁阻，日本里数约四倍中华所云七里，即中华之二十八里有奇。六曰，凡各商贸易，或有相议事宜,必须矢公矢慎,以免嚷闹滋事。七曰,各商贸易,花旗人或以金银交换,或以货易货,若有货物,花旗人不顾售者,亦必任其复载出港。八曰,木料、水粮、煤炭,及各需用之物,必须向日本所该管辖之官领取,不得别向他人。九曰,将来日本倘与别国建立和约,凡俾别国人以利益之事,或更有逾于今日所立之约者,花旗人必得同与其利,无有异词。十曰,若花旗船非遭风雨搁礁之患,不得更适他港,只在箱馆、下田二港而已。十一曰,自立约年半之内,必许花旗派领事官往居箱馆以酌议各事。十二曰,花旗国主,与日本国主,将立之和约,各押名字,年半之内,两相交执,以垂永久。

根据《柏利提督远征记》:

  一八五四年三月三十一日　星期五,提督仍如过去由随员们陪伴下来到条约馆,到达后旋即在英语书写的条约草案三张上署名,合众国的通译菲利姆氏和波多曼氏为证明,以荷兰语、汉语同草案复写三份,共同交给委员们手中。同时日本委员,代表同国政府,各以日本语、汉语、荷兰语书写的条约草案三份,交至提督手中。①

在日本文的第一条中:

  美利坚合众国与日本帝国之间的人民间,无人及场所的例外,完全永久且广泛的存在着和平诚实恳笃和亲。②

美利坚合众国与日本之间缔结和亲条约。第二条:

  伊豆国的下田港及松前领的箱馆港,作为迎接美国船舶的

---

①② 《柏利提督远征记》(三),第242页。

港,是日本人所允许的。在该二港的薪水、食料、煤炭及必要其他物品,以日本人所有为限,得到供给。下田港最初开港的时期,条约用印后即刻行成。箱馆港在日本历的明年同日后即刻开港。但由日本官员所提供获得的物品,由日本官员交付物价表,其支付方式,应是金货或是银货。①

上述条约记载了下田和函馆对美利坚合众国的船舶开港,并决定二港为美国船只提供燃料、水、食品。下田的开港日是在条约缔结后利即执行,而函馆开港是在条约缔结一年后实行的。

以上是和亲条约的内容,《遐迩贯珍》是从英文将条约的内容译成汉语的。因此,我们在这里将条约的原文(汉语)同英文转译的条约作一简要对比。② 条约汉文以[条汉]表示:

一曰,花旗人与日本人,不论何人,及会晤何地,必须礼貌周旋,相亲相敬。

[条汉]两国之人嗣后当互相亲睦,不得以其人之高下贵贱与所遇异地,而格别视之也。③

二曰,日本给箱馆、下田二港,为花旗船矴泊之所,凡木料、水粮、煤炭,一切要需之物,任其采买。

[条汉]日本国政府今定下田箱馆两港,做为合众国船,发薪水、食料、煤炭等诸缺乏物之现存者,尽数给之之地,准其驾船入港。但下田港,应以钤印约书之日为之始,箱馆,应以来年三月而始开,其发给诸物,应自日本官吏购价报知,而抵以洋金洋银也。④

三曰,凡花旗船在日本海滨,倘遭风涛触礁损坏之患,日本人务须协力相救,至被拯之水手人等,并破船所有货物,须于箱馆、

---

① 《柏利提督远征记》(三),第 242 页。
② 《大日本古文书 幕末外国关系文书之五》,第 449—452 页。
③④ 同上书,第 450 页。

下田二港交付其本国之人，若日本人在花旗遇有破船之患，花旗人相助，亦如之，至于救护所支工费，则两免赔还。

［条汉］合众国船漂到日本诸处海滨者，应救恤周济，并其所携诸物，具船送致之于下田或箱馆，附之该国人到港，其周济漂民诸费项，彼此所同，两国皆不用追支也。①

四曰，花旗破船之人，及各商人，在彼国地方游玩不得约束，然亦必遵所宜之律。

［条汉］漂民及到港合众国人，应同海外诸国之俗，从容待之，不得一处，安置也。但至日本正理之例，合众国人亦不得不甘心从顺。②

五曰花旗破船之人，及各商人，在箱馆、下田二港妥居妥处，限于日本七里之内，任其遨游，无得禁阻，日本里数约四倍中华所云七里，即中华之二十八里有奇。

［条汉］合众国漂民及其他到港者，两港官吏不应仿长崎港置唐山和兰诸国人之制，而锢禁之也。但下田港，则其港内小岛居中，向四方能步游七里，若箱馆港行步之规，应俟日后量度较定。③

六曰，凡各商贸易，或有相议事宜，必须矢公矢慎，以免嚷闹滋事。

［条汉］或要觅必需诸物，及其余宜见允准之事，应俟两国议定。④

七曰，各商贸易，花旗人或以金银交换，或以货易货，若有货物，花旗人不顾售者，亦必任其复载出港。

［条汉］合众国船到两港者，准其以洋金洋银及诸货，抵换必需诸物，应谨守日本政府之法制，若其所发诸货，不中日本之意而却之者，合众国人应甘心带回。⑤

---

① 《大日本古文书　幕末外国关系文书之五》，第 450 页。
②③ 《大日本古文书　幕末外国关系文书之五》，第 450、450—451 页。
④⑤ 同上书，第 451 页。

八曰,木料、水粮、煤炭,及各需用之物,必须向日本所该管辖之官领取,不得别向他人。

[条汉]其取薪水食料煤炭及缺乏之诸物,皆应从该地官吏干办,凡一支一收皆不得私下相与也。①

九曰,将来日本倘与别国建立和约,凡俾别国人以利益之事,或更有逾于今日所立之约者,花旗人必得同与其利,无有异词。

[条汉]嗣后日本政府倘以今不相允于合众国之事,与他海外诸国相允,则亦应同允之于合众国,勿庸迟缓待议也。②

十曰,若花旗船非遭风雨搁礁之患,不得更适他港,只在箱馆、下田二港而已。

[条汉]两港即开,则合众国人除猝遇风飓之外,不得向例别处恣意入港也。③

十一曰,自立约年半之内,必许花旗派领事官往居箱馆以酌议各事。

[条汉]倘两国政府均有不得已之事情,或应置合众国总领事于下田,但置总领之事,应以钤印约书以来十八月后为期。④

十二曰,花旗国主,与日本国主,将立之和约,各押名字,年半之内,两相交执,以垂永久。

[条汉]条约一定,两国各官民自应谨守,且合众国大统领同长公会大臣议定允肯,致书于日本大君,此事应以今后十八个月,即将两国君上批准之条约互换。已上。⑤

《遐迩贯珍》的第一条,其条约原文内容基本一致。第二条做了简略处理,仅记录了原文的前半部分。第三条以下也并非一字不动地抄录原文,但是基本上准确地传达了条约的内容。

《遐迩贯珍》上的转译自英语的条约与日美和亲条约正式的汉文原文主要的不同之处在于条约原文中"合众国"在《遐迩贯珍》中均记

---

①②③④⑤ 《大日本古文书 幕末外国关系文书之五》,第451页。

作"花旗"这一美国的俗称。笔者曾经指出①,《遐迩贯珍》1853年11月1日第4号的《极西开荒建治析国源流》一文中有"北亚美里驾境内,现称之合郡国,即俗呼花旗国,彼时地广人稀"字句。就是说,花旗国是美利坚合众国的俗称。上面提到的广州刊行的周报《中外新闻七日录》第壹号(同治四年正月初七日,1865年2月2日)中,有"花旗国"一文,文中有"原花旗国为三十余郡,会合而成,故名曰合众国"的说明。该周报的第贰号(同治四年正月十四日,1865年2月9日)中有一篇题为《美国济兵纪事》(1861—1865)的文章,文中有"近闻花旗国南北民对垒交锋,杀人如麻,流血成海"字句。在这里同时使用了"美国"和"花旗国"两个不同的名称。在19世纪中叶的中国,花旗国是美利坚合众国的别称。

在这之后,《遐迩贯珍》上有关日本的消息是1854年第11号刊登的《日本日记》(4页上—8页上),第12号刊登的"续日本日记"(6页上—10页上),以及1855年1月1日第1号上的文章:

花旗国屡年,有船到日本洋面,捕取鲸鱼。自立和约之后,花旗多有带货来此,以与该船贸易者,日本官以约内所议,若花旗客商到埠,只许逗留数日,不许在此贸易,故将花旗客商逐回,现在花旗客商返国,将其情节,禀知国主所议,如何尚未得知。

这段文字记录了日美和亲条约的规定事项。日美条约的主要目的是为美国船只在日本补给燃料、水、食物提供方便。② 从这段文字我们可以看出《遐迩贯珍》的编者基本上掌握了美国的动向。

---

① 松浦章:《〈遐迩贯珍〉所见美国柏利舰队的来航日本——罗森《日本日记》前史》,《关西大学东西学术研究所创立五十周年纪念论文集》,关西大学,2001年10月,第398—399页。

② 《柏利日本远征随行记》,第255—257页。

美国使节乘船之绘图
资料来源:《大日本古文书　幕末外国关系文书之十九》。

《遐迩贯珍》创刊伊始就对柏利舰队来航日本加以注意,日期上虽然还不太准确,但是在简短的报道中,准确地报道了当时的动向。《遐迩贯珍》创刊当初就大量刊登柏利舰队的消息,这一点与后来刊登罗森的《日本日记》一事不无关系。①

(2)《遐迩贯珍》所见琉球

《东西洋考每月统纪传》癸巳年九月(道光十三年,1833)的《大清一统全图说》中有如下一段文字:

> 天下之形势,从京师、天津,东向辽东,至鸭绿江而抵朝鲜国,向东有大东洋,日本、琉球、台湾洲等,抵亚墨利加大地方。②

此外,《东西洋考每月统纪传》甲午年三月(道光十四年,1834),乙未年二月(道光十五年,1835)的"列国地方总论"中也写道:

---

① 松浦章:《〈遐迩贯珍〉所见美国柏利舰队的来航日本——罗森《日本日记》前史》,《关西大学东西学术研究所创立五十周年纪念论文集》,关西大学,2001年10月,第398—399页。
② 《东西洋考每月统纪传》,第39页。

于亚西亚东边为日本诸屿洲,高丽国与琉球屿兼台湾及琼州。①

《东西洋考每月统纪传》所刊登的琉球国的文章都是琉球地理位置的文章,没有更详细的情况介绍。但是,《遐迩贯珍》中关于琉球国的报道则非常具体详细。

《遐迩贯珍》1854年6月1日第6号,第1页上—3页下刊登题为《琉球杂记述略》一文,全文共1597字。文章开头写道:

癸丑之岁,友人泛海之琉球,僦居其地两载,寄余杂记一帙。叙其风土民物甚详,兹采撷概略,联缀成篇,以备游人之考镜。

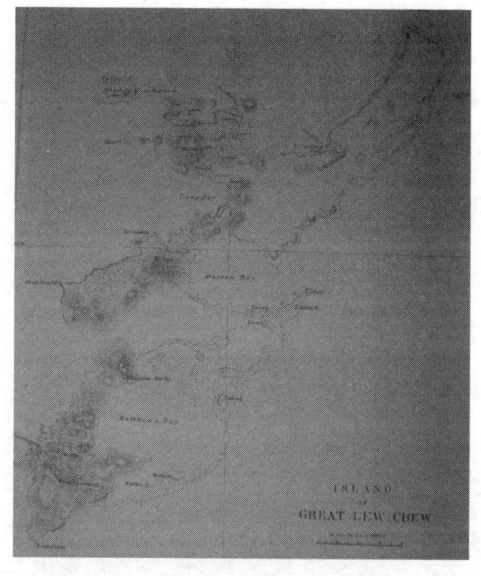

琉球地图

资料来源:Narrative of the Expedition of an American Squadron to the China Seas and Japan, performed in the years 1852, 1853 and 1854, Washington, 1856.

癸丑即咸丰三年,公元1853年,相当于日本的嘉永六年。本文是这一年访问琉球之人所写。关于此文作者并无具体的消息,但是英文目录中写明:

Notes on Loochoo and the Loochooans (communicated by a Chinese.)

---

① 《东西洋考每月统纪传》,第101、147页。

就是说,该文是由某中国人提供的关于"琉球和琉球人的消息",可知作者是中国人。文章继续写道:

> 琉球一土,地本弹丸,孤悬于东洋巨浸中,周围百里有奇,启封建国,列为中土外藩,其主代立嗣位,皆由中朝遣使册封。……

记录了琉球国的地理位置,还特别明确地指出,琉球是中国的朝贡国,中国为了册封琉球国王,派遣了册封使者。① 文章接着写道:

> 海舟至者,多泊于那霸,由那霸至首里约十里之遥,则有中山王府,若都城焉。辟宇建宅,皆处山之阳,长径纡回,两旁古柏虬松,极苍郁深秀,润水清冽,行人憩饮,取径渐高,亦有寺观亭台,可资游眺。将近王府,中道有一牌楼,颜曰守礼之邦,为中朝使臣笔也。逾半里许,有巨阙,署曰中山王府,旁列公廨,国有政事,诸大夫聚而佥谋于斯,过此则比屋连云……

1853年5月26日至6月9日在琉球国访问的柏利舰队一行于"守礼之门"

资料来源:Narrative of the Expedition of an American Squadron to the China Seas and Japan, performed in the years 1852, 1853 and 1854, Washington, 1856.

---

① 夫马进编:《增订使琉球录之研究》,榕树书林,2001年。

上文详细地记录了那霸港登陆以后的地理情况等,中山王府的附近有牌楼,上书"守礼之邦",为中国使节所题写。根据实际的见闻详细地记载了琉球国的情况。

1853年6月6日,在那霸上陆后赴首里城的柏利在其日记中写道:

> 从上陆地点至首里,道路约4英里的距离,道路用收集的珊瑚岩仔细铺设。其表面也许是人工打磨的,也许是人们通过时所造成的,总之,成平坦状。在我们所经过的住宿的村边,道路两侧也和首里一样,家家户户都用高墙围绕,那霸也是一样。
>
> 通往首里的路上,美丽的风景引人入胜。农田整治良好,稻田也非常壮观。……
>
> 首里位于大约海拔一百五十英尺高的地方。有很多坡路和弯路。我从未看见过如此整洁的大都市街道,不见一丝尘土,和中国所有都市的脏乱现象非常不一样。
>
> 那霸入口有两个门。第二个门和第一个门距离大约二百码。通过最初的门时,只接受了官兵普通的额手礼。但是,在第二道门,执政官和王国其他官吏也都排列整齐,头几乎贴到地面,郑重其事地行额手礼。①

这是第一次访问琉球国的柏利详细记录下来的琉球好印象。

下面,我们再回过头来看一看《琉球杂记述略》对守礼之门和首里王府的记载:

> 逾半里许,有巨阙,署曰中山王府,旁列公廨,国有政事,诸大夫聚而佥谋于斯,过此则比屋连云。而宫殿楼阁,岧峣葱郁,则距于山之巅,禁门制如城阙,署曰欢会门,凡官员供使令者,皆不由此门出入。别有山径斜曲,石壁数仞,辟户以通往来,王府东偏,

---

① 金井圆译:《柏利提督远征记》,第127—128页。

> 清水一池,荷芰掩映交翠,波心建亭,小桥以达之,有石碑岿然,则圆觉禅师敕建藏经阁文也。

在这里描述了中山王府的建筑及其周围的情况。明确记载的欢会议门是进入首里城郭的第一道正门,有欢迎的意思,特别是有欢迎来自中国的册封使的意义。首里城的外郭原是第一道门。① 文中有"王府东偏,清水一池"的句子,"清水一池"是邻接首里城的圆鉴池,"亭"应该是辨财天堂之意。据说1502年朝鲜赠送的"方册藏经"即藏于此。② 圆觉寺是1494年创建的临济宗的寺庙,曾是第二尚氏王统历代的菩提寺。③

接着,文章对当时中山王府执政者及其衣冠等,作了叙述:

> 现今在位之王,春秋鼎森,仅十余龄耳,国之大政,统归其大臣尚宏勋裁夺。其次则有布政大夫四人,相为辅赞。再次则宰民社者如守牧,均亦称为大夫,半多通事。盖其国以朝贡请封为巨典,使臣多携俊秀入朝,即留中朝习汉人言语文字,居中土者多至十余岁,娴习则为通事,颁俸授糈,其品级高下,以冠簪为等差,如总理大臣,冠紫金冠而贯金簪,布政大夫亦金簪而冠则青毡,守牧官亦冠青毡,而簪则银,其余诸大夫黄冠而银簪,士人世禄红冠银簪,有不冠者,则群庶耳。至于袍服,贵贱无甚区别,若履草屦而蹑木屐,则王与黎庶同。

当时在位之王是道光二十三年(1843)年出生、道光二十八年(1843)即位的尚泰王。咸丰四年(1854)当时年仅11岁。④ 辅佐国王的是总理大臣和布政大夫四人以及大夫。关于衣冠和簪,总理大臣是紫冠和金簪,布政大夫是金簪和青毡,守牧官是青毡和银簪,大夫是黄冠和银

---

① ② ③ 《首里城公园导游册》,海洋博览会记念公园管理财团,首里城公园管理中心,2000年3月,第17、43、42页。

④ 《中山世谱》,琉球史料丛书第四,名取书店,1941年9月,第254页。

簪,士人是红冠和银簪,庶民是无冠。琉球国的等级制度分为三等:贵族阶层头上戴有金簪,主要由首里那霸的知识阶层构成的士族戴银簪,以及庶民阶层。① 官职等级,包括辅佐国王的摄政,摄政相当于国王的咨问机关。在其下统括行政实务的是三司官,政厅被称为评定所,负责担当管理仪礼、财务、文教、治安。另一方面是担任财政方面的政务。②《琉球杂记述略》所说的总理大臣即为摄政,布政大夫指三司官,大夫应指诸奉行。关于簪,在康熙二十二年(1683)作为册封使访问琉球国的汪楫③曾有"重臣的簪是金簪,其次是金的头银的脚,再次是纯银,人民的簪全是铜或骨。簪来区分身分一点也不混乱"④的记载。

柏利舰队于1852年11月从美国出航后,停靠香港再经由上海,1853年6月停靠那霸后航至浦贺,不久后返航时再度经琉球后回到香港,翌年1月从香港出航第三次前往那霸。

上面提到的《东涯新录》(*The Oriental or Tung-Ngai San-Luk*)卷十一号,唐甲寅十二月初九日,耶稣一千八百五十五年正月二十五日录中,有从《遐迩贯珍》1854年9月1日第9号的"近日杂报"所刊登"六月十七日,琉球国地方有花旗国总宪卑厘……"的引用部分。其内容是"迫使日本开国取得成功的柏利,和琉球之间也缔结了优待访问琉球的美国人,供给必要物资和薪炭饮,保护遇难船员的生命财产安全及美国人的墓地,入港引行等内容的琉美修好条约"⑤。

《遐迩贯珍》1854年第9号,"近日杂报"4页下—5页下有"六月十七日,琉球国地方,有花旗国总宪卑厘赴彼,与该国王及大吏等议立和约"的文字,并记录了第一条至第六条的条约条文,现将各条抄录如

---

①② 东恩纳宽惇:《琉球历史》,《东恩纳宽惇全集》1,第一书房,1978年6月,第122—124、136—139页。

③ 松浦章:《汪楫撰〈使琉球杂录〉〈中山沿革志〉解题》,夫马进编《增订使琉球录解题及其研究》,榕树书林,1999年9月,第79—90页。

④ 汪楫:《使琉球杂录》卷三"俗尚",原田禹雄译注《汪楫册封琉球使录三编》,榕树书林,1997年9月,第83页。

⑤ 《高等学校 琉球·冲绳史》,冲绳县历史教育研究会,1995年3月第3版,第154页。

下,以资和后述的条约原文进行比较:

> 第一条,花旗国人凡至彼居住贸易,皆得受球国一体保护平善,勿有欺侮。
>
> 第二条,花旗人于该处购买货物,无论何人交易,无论数目多寡,皆照公平时价,不伪不欺。
>
> 第三条,倘有花旗船偶遭风水,漂至彼地者,由该国地方官派人救护,妥为料理安置。
>
> 第四条,花旗人在彼国地方无论前往何处,闲游赏玩,皆无禁阻。
>
> 第五条,由该国指给地段一所,为花旗人攒葬之区,界内不得容纵闲杂人等,踩躏践踏。
>
> 第六条,由该国选派谙熟伶俐带水人,在海口外,专候花旗船只驶到,带引入口,照给公道工价。

这六条简要记录了美国的柏利和琉球国之间缔结的和约的大致内容。

第一条,规定了美国人在琉球国从事贸易时应给予保护。第二条,要求美国人在琉球国进行贸易时,应进行公平交易。第三条,规定美国人在琉球国遭船难之际应给予保护和救助。第四条,保证美国人在琉球国可自由游览。第五条,设置美国人在琉球国埋葬区域,他人不准擅自进入。第六条,美国船在入港琉球国时可以得到领航服务。

关于这个条约,《柏利提督远征记》中说是用英语和汉语签订的。柏利说"1854年7月11日,在大琉球那霸签署了合众国及琉球王国间的盟约"①,"作为合众国代表的统辖东印度、支那、日本诸海的合众国海军司令长官兼遣日特使水师提督柏利,与作为琉球政府代表及琉球公务监督官(总理大臣)尚宏勋,琉球布政大夫马良才,在首里用英语及汉语署名。又于1854年7月11日即咸丰四年六月十七日,在

---

① 《柏利提督日本远征记》(四),第207页。

那霸官舍交换副本"①。

琉球合众国条约的汉文原文,如下所示:

一、此后,合众国人民到琉球,须要以礼厚待,和睦相交。其国人要求买物,虽官虽民,亦能以所有之物而卖之,官员无得设例阻禁百姓。凡一支一收,须要两边公平相换。

一、合众国船,或到琉球各港内,须要供给其薪水,而亦公道价钱支之。至若该船欲买什物,则宜于那霸而买。

一、合众国船,倘或被风飓漂,坏船于琉球,或琉球之属洲,俱要地方官遣人救命救货,至岸保护相安,俟该国船到,以人货附还之,而难人之费用几何,亦能向该国船,取还于琉球。

一、合众国人民上岸,俱要任从其游行各处,勿得遣差追随之穷探之。但或闯入人家,或妨妇女,或强买物件,又别有不法之事,则宜地方官拿缚该人。不可打之,然后往报船主,自能执责。

一、于泊村,以一地为亚国之坟所,倘或埋葬,则宜保护勿毁坏其坟。

一、要琉球国政府,常养善知水路者,以为引水之用,使其探望海外,倘有外国船将入那霸港。须以好小舟出于滩之外,迎引其船入港,使知安稳之处而泊船。该船主应以洋银五圆,而谢引水之人,倘或出港,亦要引出沙滩外,亦谢洋银五圆。

一、此后有船到琉球港,须要地方官供给薪水,薪每壹千觔价钱三千六百六,水每一千觔工价六百文,凡以中大之玼𤙡桶六个,即载水千觔。

一、合众国全权钦差大臣兼水师提督　被理,以洋书汉书。立字。

　　琉球国中山府　总理大臣　尚宏勋
　　　　　　　　布政大夫　马良才　应遵执据

---

① 《柏利提督日本远征记》(四),第208—209页。

> 纪年一千八百五十四年七月十一日
> 咸丰四年六月十七日　　　在那霸公馆立①

《遐迩贯珍》1855年第5号,"近日杂报"的"京报"中,也有关于琉球国的消息:"琉球国贡使,恳请入都,以贺立皇后也。"(14页下)这是咸丰五年的事情,琉球国的《中山世谱》卷一三,为尚泰王的治世,该书在咸丰四年的条文中有"十一月二十三日,到京。即将例贡、谢恩,暨庆贺册立皇后大典等方物,照例奉纳"②的记载,即咸丰四年(1854)琉球向北京派遣使者的记录。

除了以上的记录外,还有关于琉球船遭遇海难的消息。如《遐迩贯珍》1856年第2号,"近日杂报"的"京报"中"十一月初一日,江苏巡抚吉尔杭阿奏,琉球国遭风难夷,漂收内地,照例抚恤,护送赴闽回国……于广东外洋救护琉球国人五名到沪……"(8页上),这条消息的来源是江苏巡抚吉尔杭阿咸丰五年九月二十六日(11月5日)奏折,该折于同年十月二十日(11月29日)得到咸丰帝的朱批,作为军机处录副后收在《清代中琉关系档案选编》里。其原文如下:

> 江苏巡抚臣吉尔杭阿跪奏,为琉球国遭风难夷漂收内地,照例拯恤,护送赴闽回国恭折奏祈圣鉴事,窃据松海防同知蓝蔚霞,署上海县知县孙学索称准英吉利领事官罗伯逊照会,该国蕃人于广东外洋,救护琉球国人五名到沪,询因在海遭风逮救……③

两者内容几乎一致。这道奏折到达北京是在11月29日,其内容在翌年1856年2月1日被刊登在《遐迩贯珍》中。由此可以判断,北京方

---

① 关于琉球合众国条约的正文,参见《大日本古文书　幕末外国关系文书之六》(1914年10月发行,东京大学出版会,1984年11月复刻再刊)第485—487页;大熊良一:《异国船琉球来航史的研究》(鹿岛研究所出版会,1971年4月)第195页;中山盛茂编著:《琉球史辞典》(文教图书,1969年11月初版,1975年3月再版)"琉美修好条约"(第917—918页)等。
② 《中山世谱》,琉球史料丛书第四,第262页。
③ 《清代中琉关系档案选编》,中华书局1993年版,第977—978页。

面的消息在两个多月(65 天)的时间里就传到了广东,并为《遐迩贯珍》所利用。

《遐迩贯珍》1856 年(咸丰六年)5 月,第 5 号,"京报"中有以下内容:

> 浙抚何桂清奏,琉球国遭风难夷,船已损漏,夷人三十人,系琉球国八重山岛人,装载布米,向本国进贡,在大目外洋遇风,现在修整原船,护理回国。(13 页上)

这条消息的来源是浙江巡抚何桂清咸丰五年十月二十七日的奏折,同年十一月二十一日中得到咸丰帝的朱批,同样作为军机处录副收录在《清代中琉关系档案选编》中:

> 浙江巡抚何桂清跪奏,为琉球国遭风难夷循例恭折奏祈圣鉴事,窃据象山县知县何福呈报,本年七月二十六日,有琉球国遭风夷船一只,漂至大目外洋,经巡船带进爵溪口停泊,驰往查验该船,业已损漏,船内装有布米等物,并无违禁物件,夷人三十八名皆不通汉语,只粗识汉字,须与纸笔,寄据称该难夷供,琉球国八重山岛人,官名山阳宫良亲云上,随带头目船主舵工水手锦弟小滨与人等三十七人,装载布米,赴本国进贡,七月初三日,在洋忽遇飓风,漂至大目外洋,经巡船护带进港,现篷帆漂失,船身杠具均多损漏,求修整送归本国等语。①

根据何桂清的奏折,咸丰五年七月二十六日,在浙江省宁波府象山县外海大目外洋,巡视船发现了漂流的船只并给予救助,拖至象山县爵溪港进行调查。乘员因不会讲汉语而使用笔谈,得知是琉球八重山人,38 名船员,装载了琉球国的上贡的米和布。于七月三日从八重山出港,遭遇飓风漂流至象山县外海。何桂清的奏折写于咸丰五年

---

① 《清代中琉关系档案选编》,第 979—980 页。

十月二十七日(1855 年 12 月 6 日),在《遐迩贯珍》"京报"上登出是 1856 年 5 月 1 日,时间相距 148 天。何桂清的奏折送呈咸丰皇帝的日期,据录副记载为"十一月二十一日"①,西历是 12 月 29 日。《遐迩贯珍》登出为 124 天。也就是说,北京的消息在四个月后在《遐迩贯珍》上刊登。

由上述可知,《遐迩贯珍》对琉球国动向也非常重视。

(3)《遐迩贯珍》所见太平天国

柏利舰队在赴日本的途中,于 1853 年 5 月靠岸上海,留下了以下的记录:

> 柏利提督在上海期间,现今尚在进行的革命非常活跃。其后又有了新的发展,是以其形势发生了极大的变化。但提督观察内乱所得到的结论并没有错误,他对于内乱抱有极大的兴趣想是当然。提督立即于 1853 年 5 月作了以下的记述:"中国目前的政情极不安定,整个帝国处于煽动激烈的革命漩涡之中。这个很久以前为现王朝所篡夺的中国的一半被暴动军队所占领,他们声称是明王朝遗民的代表。叛军拥戴着一个甚为贤明之人物。……最初他不过仅有二三名部下,随着时间的流逝无数人汇集在他的麾下。他的军队席卷众多的州县以后,今日已完全占领大都市南京。……"②

1851 年 1 月 11 日(道光三十年十二月十日)在广西省金田村举兵的太平天国革命运动,以太平天国为国号,以洪秀全为天王,势力不断扩大,自长江中游至下游,1853 年 3 月 20 日占领南京,3 月 29 日(咸丰三年二月二十日)以南京为首都并改名为天京。柏利舰队来航上海正好刚过一个月余,看到了当时中国政情非常不安定。

---

① 《清代中琉关系档案选编》,第 979 页。
② 《柏利提督远征记》(一),第 355—356、108 页。

关于此大事件,《遐迩贯珍》自然不会放过。

对中国的近代史研究的重要资料之一是报刊资料。例如1850年8月3日在上海刊行的英字报纸 *North-China Herald*,中国名《北华捷报》就是一个例子。这份报纸对太平天国的动向提供了重要的资料,其中一部分由上海社会科学院历史研究所编集翻译后以《太平军在上海——〈北华捷报〉选译》①为题刊行。此外,1861年12月在上海创刊的《上海新报》也有很多关于太平天国动向的重要资料。上海图书馆对这份资料作了整理。②

在中国史学界,《遐迩贯珍》上所刊登的太平天国消息也引起了学者的注意。1950年在编纂《太平天国史料》的时候,从《遐迩贯珍》中选收了资料。金毓黻在该书的序文中对事情经过作了如下说明:

> 王[重民]先生抄的《遐迩贯珍》,是外国人对于当时太平天国本身的所见所闻而作的记载,比较当时处于直接敌对地位的清方记载,要客观些和真实些。其中佛兰西公使赴天京记载法国公使坐船由上海到南京和太平军将领会面,看见南京秩序极好,决没有在南京滥杀无辜的百姓,这是极忠实的记载,足以粉碎清方官书诬太平军杀人如麻、血洗南京城、奸淫妇女等项记载。③

编者注意到了《遐迩贯珍》作为史料的重要性。这个材料是王重民氏在1950年以前留学欧洲之际,从大英博物馆图书馆东方部所藏的《遐迩贯珍》中抄写的。后来本书于1959年由中华书局重印,金氏的序文被删除。以下列出《太平天国史料》中转引自《遐迩贯珍》的太平天国史料。为了便于查对,附上了杂志的页码。用汉数位标注的年、号、页数等是王重民的原文,退两格的说明和括弧中的部分是笔者补充的部分。

西兴括论 《遐迩贯珍》一八五三年第一号(《遐迩贯珍》第一号,4

---

① 上海社会科学院历史研究所编译:《太平军在上海——〈北华捷报〉选译》,1983年2月。
② 《〈上海新报〉中的太平天国史料》,上海图书馆,1964年11月。
③ 国立北京大学文科研究所、北京图书馆编:《太平天国史料》,明清史料丛书第二种,开明书店,1950年11月初版,1951年5月二版。

页上—7 页上）

　　太平天国新闻杂辑
　　《遐迩贯珍》一八五四年第二号,8 页上
　　　　"近接到上海新闻内有云,十一月十七日,……矛盾矣。"
　　《遐迩贯珍》一八五四年第二号,9 页上
　　《遐迩贯珍》一八五四年第三、四号,14 页下
　　《遐迩贯珍》一八五五年第二号,13 页上至 14 页下
　　《遐迩贯珍》一八五五年第五号,十页下节略西游见闻略
　　　　"西游见闻略"《遐迩贯珍》1855 年第 5 号,10 页上—11 页下。
　　会党消息　附曾望颜奏稿
　　《遐迩贯珍》一八五三年第四号,14 页下
　　《遐迩贯珍》一八五四年第一号,10 页上
　　《遐迩贯珍》一八五四年第三、四号,11 页下
　　《遐迩贯珍》一八五五年第一号,9 页下
　　《遐迩贯珍》一八五五年第一号,10 页下
　　《遐迩贯珍》一八五五年第二号,10 页上下
　　《遐迩贯珍》一八五五年第三号,10 页下—11 页上
　　《遐迩贯珍》一八五五年第四号,10 页下—12 页下
　　《遐迩贯珍》一八五五年第五号,10 页下—11 页上　节略西游闻
见录
　　《遐迩贯珍》一八五五年第六号,12 页上—13 页上
　　《遐迩贯珍》一八五五年第八号,13 页上
　　《遐迩贯珍》一八五五年第九号,15 页上
　　《遐迩贯珍》一八五五年第九号,17 页上下
　　《遐迩贯珍》一八五五年第十号,13 页下
　　附　曾望颜沥陈广东祸乱之由奏稿
　　《遐迩贯珍》一八五六年第一号,6 页—9 页
　　　　"奏稿"《遐迩贯珍》1856 年第 1 号,6 页上—9 页下
　　上海事辑　附上海报捷奏稿
　　《遐迩贯珍》一八五三年第三号,9 页下"江苏上海县于八月初五

日……"

《遐迩贯珍》一八五三年第四号,14 页上"上海有九月初十日之信来港云……"

《遐迩贯珍》一八五三年第五号,10 页上"数日前,上海失守时,苏淞太兵备道吴……"

《遐迩贯珍》一八五四年第一号,9 页上"月内有上海来信云,该处城池尚……"

《遐迩贯珍》一八五四年第二号,8 页上"上海有十二月初九日新闻纸内开,……"

《遐迩贯珍》一八五四年第三、四号,9 页上"上海官兵屡次试攻,均未得手,……"

同上　　　　　　　　　　15 页上"上海来信云,县城现未收复……"

《遐迩贯珍》一八五五年第二号,11 页上—12 页上"上海新闻说城内红头,甚……"

《遐迩贯珍》一八五五年第三号,13 页上
　　"上海所到之新闻纸有云,去年腊月二十日……"

《遐迩贯珍》一八五五年第四号,13 页下"正月初一日夜至三更时候……"

　　附　上海捷报奏稿
《遐迩贯珍》一八五五年第四号,14 页下—17 页下

厦门事辑
《遐迩贯珍》一八五三年第一号,7 页上"中国正直四方……"

《遐迩贯珍》一八五三年第一号,12 页上"厦门现尚被天地会党……"

《遐迩贯珍》一八五三年第四号,14 页下"厦门有本月……"

《遐迩贯珍》一八五三年第五号,9 页上"厦门有本月……"

《遐迩贯珍》一八五四年第一号,10 页上"厦门现安堵,本月……"

《遐迩贯珍》一八五四年第二号,8 页上"厦门有十二月二十日……"

《遐迩贯珍》一八五四年第三、四号,"槟榔屿即新埠……"(同号,8页上下)

《遐迩贯珍》一八五五年第一号,9页上"风闻昨年占据厦门之叛党……"

佛兰西公使赴天京记

《遐迩贯珍》一八五四年第一号,9页上"佛兰西公使九月三十日……"

《遐迩贯珍》一八五四年第二号,9页上"佛兰西公使于十月三十日由上海……"

附录一则

《遐迩贯珍》一八五四年第二号,"前月上海有土人从佛兰西天主教师……"(同号,10页上下)

以上是《太平天国史料》中所收录的《遐迩贯珍》中太平天国资料一览。作成一览表则如下所示。

年　月	《遐迩贯珍》	《太平天国史料》
1853年8月	1853年第1号	○
1853年9月	1853年第2号	
1853年10月	1853年第3号	○
1853年11月	1853年第4号	○
1853年12月	1853年第5号	○
1854年1月	1854年第1号	○
1854年2月	1854年第2号	○
1854年4月	1854年第3、4号	○
1854年5月	1854年第5号	
1854年6月	1854年第6号	
1854年7月	1854年第7号	
1854年8月	1854年第8号	
1854年9月	1854年第9号	

续　表

年　　月	《遐迩贯珍》	《太平天国史料》
1854 年 10 月	1854 年第 10 号	
1854 年 11 月	1854 年第 11 号	
1854 年 12 月	1854 年第 12 号	
1855 年 1 月	1855 年第 1 号	○
1855 年 2 月	1855 年第 2 号	○
1855 年 3 月	1855 年第 3 号	○
1855 年 4 月	1855 年第 4 号	○
1855 年 5 月	1855 年第 5 号	○
1855 年 6 月	1855 年第 6 号	○
1855 年 7 月	1855 年第 7 号	
1855 年 8 月	1855 年第 8 号	○
1855 年 9 月	1855 年第 9 号	○
1855 年 10 月	1855 年第 10 号	○
1855 年 11 月	1855 年第 11 号	
1855 年 12 月	1855 年第 12 号	
1856 年 1 月	1855 年第 1 号	
1856 年 2 月	1855 年第 2 号	
1856 年 3 月	1855 年第 3 号	
1856 年 5 月	1855 年第 4、5 号	

［注］○:表示自《遐迩贯珍》中抄出。

　　从上面的一览表我们可以明确地知道,王重民氏阅览的显然不是《遐迩贯珍》的所有号数。尽管如此,他早在 1950 年以前就注意到了《遐迩贯珍》的资料价值,并从中抄录了当时太平天国的动向,以及我们下面将要提到的上海小刀会等有关情况,是应该给予高度评价的。

　　本书收录了《遐迩贯珍》的全部号数,包括王重民氏所未能阅览的部分,这为了解太平天国的情况提供了珍贵的史料。

下面我们来看一看《太平天国史料》所没有提到的《遐迩贯珍》"近日杂报"中关于太平天国的记述。

《遐迩贯珍》1853年第2号,"近日杂报"中有以下记录:

> 本月初二日,有江南信来云,江宁城内驻扎主持者,现拨出人马二股,各二万人,其一渡江至浦口,克安徽之六合、凤阳、亳州,河南之归德,并围困开封。当途经六合时,曾与索伦兵相持,兵旋溃逃⋯⋯现闻广西桂林,并邻近各州县,复受围困。

其后在《遐迩贯珍》1854年第5号的"近日杂报"中又见"有人云,清远县地方有匪党滋扰,洪秀泉原籍花县,亦有伊党扰躏颇猖獗",在这里,洪秀全的名字被写成洪秀泉。"全"普通话发音是[quan]第二声,广东话是[tsyn]第四声,泉与全是同音字。① 洪秀泉在《遐迩贯珍》中的记述并无错误。例如,咸丰皇帝在咸丰三年二月十三日的上谕中,对广西巡抚劳崇光的奏折有如下回复:

> 前据劳崇光覆奏,查明洪秀泉、冯云山、韦正祖坟,先经广东花县、广西桂平县发掘禀报有案。②

所记录的是洪秀泉而非洪秀全。由此可知《遐迩贯珍》的情报是相当准确的。

《遐迩贯珍》1854年第6号的"近日杂报"中报道:

> 广西人起事数年,今统计其得据之地,省会则有江苏之江宁府、安徽之庐州府、湖北之武昌府,现闻分兵三股。⋯⋯

又有:

---

① 黄港生编:《普通话·粤音　商务新字典》,商务印书馆,1994年4月第6次印刷,第46、360页。
② 《清政府镇压太平天国档案史料》第五册,社会科学文献出版社1992年版,第178页。

广西地方,现有红带会,起事骚扰,东省地方,幸尚安靖,而官府堵御防守,事务紧严,亦费尽智虑材力。

这些都是与太平天国有关的消息。

以上的举例表明,《太平天国史料》中漏收了一些关于太平天国的史料,从这一意义上讲,全号复刻《遐迩贯珍》是极有必要的。

(4)《遐迩贯珍》中所记录的上海小刀会

在太平天国发展壮大的时期,于1853年9月7日占领上海县城。上海小刀会则占领了青浦、宝山、川沙、南汇等地。此后,上海小刀会的叛乱于1855年2月在法国军队的帮助下,被清军镇压。

小刀会占据上海以后不久,曾与小刀会的首领刘丽川会见的罗孝全在《北华捷报》(No.166,1853年10月1日)上发表文章叙述了会见的具体情况,今全文抄译如下:

上海,1853年9月25日,致《北华捷报》主笔,关于刘首领。

我于今日往访李丽川氏于文庙,此处即其大本营也。我见彼之时,正在吸鸦片烟如常,我入室后,彼放下烟枪而坐起来,我问导者室中诸人谁是刘氏?讵料在我眼前之身体瘦弱、容貌苍白的吸烟者,就是其人,不胜诧异!彼身材矮小,容貌则除烟油遮盖之外,状如童子,而全无战士之威严勇猛的仪容。彼此寒暄已毕,待役进茶,我又觉其气态和蔼可亲,言语则娴雅悦耳,殊足以补充其容貌身材之缺乏。他似是一个沉默寡言者,但是亦颇肯说话。我问其年龄籍贯?(原注:此为中国规矩所许者。)则答:"三十四岁,生于广东香山县,从一八四九年始到上海居住。"

刘氏云:"已送了两封公文往南京。与太平王通款曲:其一由陆路,其一由水路递送,彼正等候复音,并盼望南京派大员前来与其布置上海各事。如其希望成功,彼将能令城中中西居民人人欢喜,比自本月七日占城后所做任何的事更为满意的了。"

我对他讲知"十诫"和其历史,并告诉他"太平军奉此为初期的军律"。我又对他说:"彼之来客(即罗本人)曾为太平王之总教师。"并表示"愿意照样施教于其部下之广东人(约八九百之数)"。但彼推诿云:"专候南京派人到后再商量诸事。"我复问他:"外国人在城内安全否?"盖外人颇怀惧心也。彼则答云:"他们不用畏惧。"我乃请求"如将来有可惧之事发生,请其事前通知",彼于是把我的姓名(罗孝全)及住址写下,并表示"如有不虞,至少也令我知道"。我以为彼亦必令其他居于城内的三家外国人知道的。对于我曾递片子拜候他一两次面未接见之事,彼复向我道歉。彼又解释关闭三个城门之原因,颇为满意,并言"无意关闭其他城门"云。如此当可令一般畏惧被关在城不能与外国人交通者,或惧将来如不至在城内被害,则必须从城墙跳下,以免饿死者,免再忧心了。我离别刘氏后,再从别处访问,大约此处不久将有战事发生,系刘氏党人与清军交绥也。①

---

① "North-China Herald" No. 166、1853 年 10 月 1 日
Shanhae, Sept. 25th, 1853 To the Editor of the "North-China Herald."
LEW, THE CHIEF
Lo, a religious teacher, called on Lew, to-day at the Confucion Temple, which he makes head-quarters. He found him in the very act of smoking opium as usual. He got up from his pipe after Lo got into the room. Lo asked his conductor which among those in the room, was the chief? And was surprised to find that the puny-looking, pale-faced, opium smoker before him was man! He is rather under size, and has something of a boyish look in addition to his opium disparagement, leaving him little of boanerges, dignified appearance expected in the warrior. After compliments, howevre, and they had taken their seats, with a tea-poy between them, on which the waiter placed each of them a cup of tea, Lo found him with a suavity of manners and pleasantess of address which somewhat made up for his other deficiencies. He seemed to be a man of few words yet not very reserved. Upon inquiry, which Chinese etiquette allows, be was found to be thirty-four years of age; had been born in Heong-shan district, in which Macao is located; and has been living in Shanghae since 1849.

Lew said, he had sent two letters to Nanking with communications to Tae-ping Wong, one by land the other by water; he is now, looking for an answer, and, also for a commissioner from hence to arrange matters with him here. Should he succeed in this expectation, he will doubtlessly please the inhabitants generally of this city, both foreign and native, better than in anything else he has done since he took the city on the 7th instant. Lo shewed him　(转下页)

从罗的文章中可知,小刀会于 9 月 7 日占领上海,其首领刘丽川 34 岁,是广东香山县出身人,是鸦片吸食者。小刀会使上海一时大为震动。

罗的文章中提到刘丽川向太平王寄出了两封信函,这两封信应是"刘丽川上天王奏",后为两江总督怡良的部下所缴获。其内容为:

> 未受职臣刘丽川,系广东省广州府香山县人氏,今年三十四岁,诚惶诚恐,顿首稽首,谨奏我主上陛下。
>
> 臣以一介庸愚,力耕乡落,于愿已足。不期时世变迁,人民失业,夙兴夜寐,再四思惟,大丈夫当立功名于乱世,不宜缩首以潜身。且仰主上圣明英武,德彰华夏,自兴仁义之师以来,不啻武王兴周之易易也。即今定鼎金陵,民安国泰,四海归心,应天顺人,显然可见。
>
> 兹臣拼驽马之才,急欲建效,不揣冒昧,已于本年八月初五日寅刻,率数千义勇,立定上海,直至十二,连日不用只弓寸矢,分定嘉兴、嘉定、宝山、川沙、南会等府县地方,保护居民铺户安业如

(接上页) the Ten Commandments, gave him some history of their origin, and informed him of the met that Tae-ping-Wong's religious teacher, and desired to teach the Canton men among his attendants or soldiers, who were understood to amount to eight or nine hundred; but he waved that request by saying, that matters would be arranged after the commissioner shall arrive from Nanking. Lo asked him if foreigners are safe inside the city, about which they have felt some fears? To which he replied, they need not fear. Then Lo requested that, if there should be any cause of fear, that he would kindly let them know. He had Lo-how-Tseuen's name and place of residence taken down, and indicated that he would let him know at any rate. And I presume he would not leave the other three families in the city uniformed. He made an apology for not receiving Lo when he had sent in his card once or twice before : and gave a satisfactory explanation for having closed up three of the city-gates ; and stated that he had an idea of closing up the rest. This will doubtless be some relief of mind to those who were anxiously fearing that they should be closed in from foreign intercourse, and perhaps have to leap ever the wall to escape starvation if not previously destroyed in some other way. Upon farther inquiry, however, after I left him, I found the probabilities rather threatening of a batter at this place. Between him and the imperialists before many days? I. J. R.

翻译之际参照中国近代史资料丛刊《太平天国》(六)所收"小刀会首领刘丽川访问记"(上海书店 2000 年版,第 967—968 页)。

常。刻即星驰具奏,伏乞我主上早命差官莅任,暨颁赐誉黄,以顺天心,以慰民望。臣不胜恳切待命之至。臣刘丽川谨奏。

太平天国癸好三年八月　日奏

另,奏尾粘钞进呈御电:

臣刘丽川于道光二十五年十月二十日,蒙劳德泽先生在粤东香港传斗于臣,于是暗招军士,直至今日,得有以効力于主上陛下。另具宝剑一口,伏愿我主上将以利天下。臣不胜厚幸之至。臣再奏。

封面书有以下内容:

内奏折烦英国船主温那治送至南京城,呈镇国大人收入,转呈太平天国主上。刘启。外并外国宝剑壹口。未受职臣刘丽川由上海百叩缄。①

在罗的会见记中记录了刘丽川使用陆路和水路两种方法,与太平天国洪秀全联络,"刘丽川上天王奏"中也有类似的内容。但是由水路传递的信函被两江总督怡良所获,这份珍贵的历史记录就保留下来了。"刘丽川上天王奏"中的刘丽川是广东省广州府香山县人、34岁等内容也和罗孝全的会见记的记述一致。

上海小刀会叛乱发生的原因,当时清朝官吏有以下的意见。两江总督怡良等咸丰三年十月初九日(1853年11月9日)的奏折谓:

……上海为闽、广、浙江海舶通商之地,该三省水手失业流落不归者,动辄聚众滋事,向皆由各该省会馆董事说法周恤安抚。

---

① 《两江总督怡良等所录"刘丽川上天王奏"》,《福建、上海小刀会档案史料汇编》,福建人民出版社1993年版,第321—322页。

> 自五口通商以后，内地航海商船遂多歇业，水手流落者日增一日，渐与本地无籍之徒互相勾，兴贩鸦片，遇事生风。各会馆董事稽难周，弹压不易。本年六月间，有嘉定县人金守平者，假冒周立春之名，在青浦县千秋桥地方伙抢广东人船内烟土。周立春闻知不依，押令赔还，遂与闽、广、宁波人认识交好，结盟拜会。此周立春与闽、广匪徒勾结所由来也。①

上海是福建、广东、浙江的沿海贸易船只往来的通商要地，一些船员、水手在上海停泊期间滋惹事端。以前遇到这种情况，由各省会馆的董事进行处理，但是1842年的《南京条约》签字，五港开港以后，失业船员、无业游民增加，惹是生非。鸦片泛滥也使治安严重恶化。

上海小刀会动乱的时期，正好和《遐迩贯珍》刊行时期相同。北京大学文科研究所和北京图书馆所1950年在编集《太平天国史料》时，就已经注意到了《遐迩贯珍》中所收录的有关新闻消息。而中国史学会编集的资料集《太平天国》并未收录《遐迩贯珍》的文章。另外，《太平天国史料》中收录的《遐迩贯珍》后来在上海社会科学院历史研究所编集的《上海小刀会起义史料汇编》中再次收录，其详细情况如下。

《遐迩贯珍》1853年第3号，9页上"江苏上海县于八月初五日……"

《遐迩贯珍》1853年第4号，14页上"上海有九月初十日之信来港云……"

《遐迩贯珍》1853年第5号，10页上"数日前，上海失守时，苏淞太兵备道吴……"

《遐迩贯珍》1854年第1号，9页上"月内有上海来信云，该处城池尚……"

《遐迩贯珍》1854年第2号，8页上"上海有十二月初九日新闻纸内开，……"

《遐迩贯珍》1854年第3、4号，9页上"上海官兵屡次试攻，均未得

---

① 《福建、上海小刀会档案史料汇编》，第330页。

手,……"

《遐迩贯珍》1854年第3、4号,15页上"上海来信云,县城现未收复……"

《遐迩贯珍》1855年第2号,11页上—12页上"上海新闻说城内红头,甚……"

《遐迩贯珍》1855年第3号,13页上"上海所到之新闻纸有云,去年腊月二十日……"

《遐迩贯珍》1855年第4号,13页下"正月初一日夜至三更时候……"

以上是《太平天国史料》及《上海小刀会起义史料汇编》中所收录《遐迩贯珍》的一部分,制成一览表如下所示:

年　月	《遐迩贯珍》	《上海小刀会》
1853年8月	1853年第1号	
1853年9月	1853年第2号	
1853年10月	1853年第3号	○
1853年11月	1853年第4号	○
1853年12月	1853年第5号	○
1854年1月	1854年第1号	○
1854年2月	1854年第2号	○
1854年4月	1854年第3、4号	○
1854年5月	1854年第5号	
1854年6月	1854年第6号	
1854年7月	1854年第7号	
1854年8月	1854年第8号	
1854年9月	1854年第9号	
1854年10月	1854年第10号	
1854年11月	1854年第11号	
1854年12月	1854年第12号	

续　表

	《遐迩贯珍》	《上海小刀会》1855 年 1 月
1855 年第 1 号		
1855 年 2 月	1855 年第 2 号	○
1855 年 3 月	1855 年第 3 号	○
1855 年 4 月	1855 年第 4 号	○
1855 年 5 月	1855 年第 5 号	
1855 年 6 月	1855 年第 6 号	
1855 年 7 月	1855 年第 7 号	
1855 年 8 月	1855 年第 8 号	
1855 年 9 月	1855 年第 9 号	
1855 年 10 月	1855 年第 10 号	
1855 年 11 月	1855 年第 11 号	
1855 年 12 月	1855 年第 12 号	
1856 年 1 月	1855 年第 1 号	
1856 年 2 月	1855 年第 2 号	
1856 年 3 月	1855 年第 3 号	
1856 年 5 月	1855 年第 4·5 号	

[注]○:表示自《遐迩贯珍》中抄出。

《遐迩贯珍》1853 年第 3 号,9 页下"近日杂报"中有一条消息:

> 江苏上海县于八月初五日晨,为闽粤人聚党构哄,戕县令,劫监司,毁文武大小各署,盖所谓小刀会也。……

所记载的八月初五日是西历 1853 年 9 月 7 日,当天早上由福建人、广东人所构成的武装集团袭击了衙门,杀害了知县。消息中明确地记载为小刀会,和上述《北华捷报》刘丽川会见记的日期一致。

但是从上面的一览表中,我们发现自 1854 年第 5 号至 1855 年第 1 号的 8 个月的杂志中没有涉及小刀会的情况。这是因为编纂《太平天国史料》的时候无法阅览《遐迩贯珍》所造成的结果。

而事实上,《遐迩贯珍》自1854年第5号至1855年第12号都有关于上海小刀会的消息。

《遐迩贯珍》1854年第5号,"近日杂报"4页上报道:

> 二月初五六日,上海城中党徒,与官军接仗,官军挫败,失去炮台六座……

这一期上还刊登了一张上海的地图,图虽简略但是正确地描绘出了1854年左右的上海的县城和外滩租界区的状况。

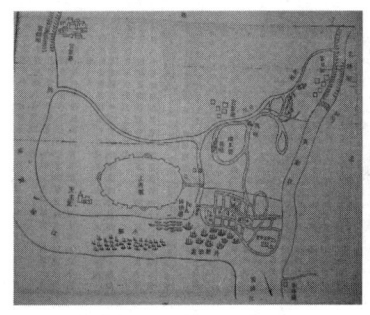

《遐迩贯珍》中所见上海地图

柏利舰队靠港时的上海 1853年5月4日—16日
Narrative of the Expedition of an American Squadron to the China Seas and Japan, performed in the years 1852, 1853 and 1854, Washington, 1856.

《遐迩贯珍》1854年第6号,"近日杂报"7页下:

> [三月]二十五日,上海地方,因英佛花旗等官商,将中土官军驱逐迁移,恐其怀恨报复,兹有英火轮师船一只、佛火轮船一只、自外地驶抵上海碇泊,以资防护,然地方亦尚安靖。上海英佛花旗三国领事官,会同出一示,告中土商民,以前者交锋接仗之事,原因各国与中国立有万年合同和约,内言外国人可以随意到五港经商,携眷贸易,不致受土人欺凌,所以外国人见此和约,乃赴上

海建造房宇,长久居住,讵上年八月初间,有洪门会党人,大半出粤闽所产,据夺县城,逼逐内地官宪,朝廷系其君上,一时亦付之莫可如何。……

《遐迩贯珍》1854年第7号,"近日杂报"7页下—8页上:

[四月]二十九日,上海官军与城中人交仗,是日寅刻,官军用火药轰城,城墙崩陷三丈余,城内屋宇,亦有倒塌者。有官军二百名,同外国在逃不肖水手数名入城,行不数武,城中人即行攻逐,击毙官军四十人……

《遐迩贯珍》1854年第7号,"近日杂报"11页上下:

邸抄上谕,许乃钊迭次奏报,剿办上海逆匪情形,不过小有斩获……

《遐迩贯珍》1854年第8号,"近日杂报"6页下:

又是日[五月二十七日]闻上海官军,与城中党人交仗,彼此亦无甚胜败。

《遐迩贯珍》1854年第8号,"近日杂报"13页上:

上海自去年秋间,彼党人攻陷城池,拆毁海关,外国商人税课无从交纳……

《遐迩贯珍》1854年第9号,"近日杂报"6页上下:

[六月]三十日,上海官军用火药轰城三次,其第二次,自伤官兵五十人,内有一官,冠红顶者,城中亦毙数十人,其头目亚林亦

为火箭所伤,城墙崩陷,城中人死战,击官军,旋将缺口修复,官军亦未进城。

《遐迩贯珍》1854年第10号,"近日杂报"13页上下:

前第五号杂报条内,有论上海官军营寨,为英人与花旗人所击一款。……

《遐迩贯珍》1854年第11号,"近日杂报"14页叶上:

去月所接上海、厦门、宁波三港新闻纸,具无事故,惟贼匪尚踞上海城,未能克复。

《遐迩贯珍》1854年第12号,"近日杂报"12页下—13页上:

今年第七号贯珍,有载上海官军与贼交仗,官军穴地用火药轰城,城墙崩陷三丈余……

上述这些《遐迩贯珍》中关于上海小刀会叛乱的消息,都是记录了当时情况的宝贵史料。上海小刀会叛乱的概略,《申报》第821号,同治甲戌(十三年)十一月二十一日(1874年12月29日)第3页"邑尊青单违禁小甲"一文中曾有介绍:

〇上海自咸丰三年(1853)秋间,粤匪刘丽川盘踞滋扰,至五年(1855)分克复之后,前抚宪吉中丞于办理善后案,内议凡籍隶闽广来历不明者,从此不准居住城内。

自咸丰三年(1853)秋至同五年(1855)止,以广东出身的刘丽川为头目的小刀会在上海起事,这个时期正好是《遐迩贯珍》刊行的期间。

对上海小刀会有很多研究,其中伊藤泉美①和郭豫明②的研究仔细探讨了小刀会的全部过程。但是,这两项研究都未能利用《遐迩贯珍》。

《遐迩贯珍》1853年10月1日第3号的"近日杂报"中有如下记载:

> 江苏上海县,于八月初五日晨,为闽粤人聚党构哄,戕县令,劫监司,毁文武大小各署,盖所谓小刀会也。兹述其事之始末于篇……

这是在"近日杂报"中第一次刊登上海小刀会叛乱的消息,有关的报道一直持续到《遐迩贯珍》停刊。

(5)《遐迩贯珍》所记录的海盗情况

《柏利提督远征记》中有一段驶向广东港的记录:

> 同河(珠河)中有海盗筑巢,渔夫屡屡至同类处,他们对于炮垒的数量不放在心上,大胆的进行掠夺。倘若袭击的是外国人而失败,他们会合作袭击,将外国人杀害,几乎全不赦免,并将友人杀害夺物而去。密西西彼号自澳门至广东河停泊地黄埔的航行中,有二艘支那舟曳航之时,其中一艘因船舵损坏而颠覆。当时其他一艘担心会遭到同样灾难,将绳纲解开继续航行。众人认为应乘上密西西彼号,担心船在到达黄埔之前,被海盗追到。他的害怕并不是没有理由。该船自密西西彼号消失后,仅二三时间后海盗闯入,开始劫掠。密西西彼号在停留香港其间,几乎不断的自军舰发炮,但海盗仍数度在海上进行略夺。关于陆上海盗的传

---

① 伊藤清美:《上海小刀会起义——以十七个月的县城占领为中心》,《横滨市立大学学生论文集》第25号,1985年3月,第75—123页。

② 郭豫明:《上海小刀会起义史》,中国大百科全书出版社上海分社,1993年3月。

闻，他们和纽约、伦敦一流的盗贼和小偷一样，对于偷窃和掠夺十分熟练。密西西彼号一海军大尉，于夕阳黄昏之际，想要归舰，于是雇入小舟，正当乘船之时，一群人围向他，想要从口袋中夺走手表。所幸因他身体特别肥胖之关系，无法取走怀表，但锁则被狡猾的夺走。①

在这里详实地记载了广东省珠河的海盗情况和密西西比号船员受到海盗袭击的事实。

在当时，中国南部海面海盗猖獗，《遐迩贯珍》"近日杂录"中关于海盗的消息也不少。例如《遐迩贯珍》1853年1号，"近日杂报"中报道：

粤东洋面，近日盗贼无数，每有良民运货出口，辄被劫掠，财命两葬，殊堪悼惜。

杂志的编者感叹广东沿海海盗众多，商船被袭击，不仅货物，性命安全也没有保障。在同一期中还有：

福建洋面有盗匪，经英国师船，将其拿获，俱解交地方官衙讯治正法。

从上面的报道可知在福建沿海出没的海盗被英国军舰捕获，送往地方官府处决。在《遐迩贯珍》1853年第2号的"近日杂报"中有关于此事的进一步报道：

本月初五日，英提督统率师船五只，离港前诣电白洋面，缉拿海盗，随获毁盗船十二艘，炮七十余门，救放商船数只。

---

① 《柏利提督日本远征记》（一），第336—337页。

即,英国派出军舰五艘前往广东省雷州半岛东侧的雷白县沿海,捕获海盗并拿获海盗船 12 只,摧毁船载大炮 70 门,救出商船数艘。在本期中还有:

> 本月十二日,英国商船名亚勒顿亚卜驾猝遇凶横残暴之惨,因此船是日出口,行至子刻,船内中国水手十余人,忽起乘船主暨各英人熟寐,持刀将船主等六人砍毙,弃尸于海,将箱匣掀开,掠所有器物而逸,其本船之印度国水手等,恇怯畏懦。……

这是实际被海盗袭击的英国船亚勒顿亚卜驾号的遇险经过。该船自香港出港后,半夜 12 时左右,中国人水手 10 名余,袭击熟睡的英国人船主,将船主等 6 名被杀害,抛尸大海,将船上财物抢劫一空逃走。亚勒顿亚卜驾号上的印度水手等看到了犯罪的全过程。

《遐迩贯珍》1854 年第 5 号,"近日杂报"对这一事件再次做了报道:

> 上年八月十二日,英商船名亚勒顿亚卜驾被中土水手等,同谋劫杀一案,旋经地方官捕获主谋人一名李华监禁在狱,近已瘐死,前经悬赏购捕各凶,除凶首余者每名花红银一百元,其捕获李华之人,已得颁给红银矣。

袭击亚勒顿亚卜驾号船的海盗首谋者李华,被捕获后死于狱中。官府为逮捕凶犯设了巨额悬赏。

在此以后的《遐迩贯珍》上经常刊登有关于海盗情况的消息。

(6)《遐迩贯珍》"近日杂录"所刊登的世界"新闻"

《遐迩贯珍》创刊的 1853 年 8 月至停刊的 1856 年 5 月期间,世界发生的大事件应属克里米亚战争。该战争始于俄国和奥斯曼帝国之间开始的战争"俄土战争",1854 年 3 月英法同盟向俄国宣战,同年秋在克里米亚半岛展开激战。

历史上的克里米亚战争最初于 1853 年 10 月 4 日,俄国和奥斯曼帝国之间开启战端,翌年 1854 年 3 月 12 日,英国、法国和奥斯曼帝国结成同盟,3 月 27 日英国和法国对俄国宣战,战火扩大到整个克里米亚半岛。战争持续了两年,1856 年 3 月 30 日巴黎和会停战协议签字,战争终止。①

拿破仑战争后的维也纳会议,保证了 19 世纪前叶欧洲国际政治四十年的和平。克里米亚战争使 19 世纪后半叶的国际政治转为英国与俄国两个大国对抗。克里米亚战争就是这种转变的分水岭。这种战争给亚洲,特别是日本的国际环境带来了极大的影响。② 战争中法国和俄国的阵亡士兵约 10 万人,土耳其约 3 万人,英国约达到 2.3 万人。③

《遐迩贯珍》对西欧诸国的情况极为关心。

《遐迩贯珍》1854 年 1 月 1 日,第 1 号,"近日杂报"8 页上下有地图一幅,其说明写道:

　　九月初二日,土耳其国在新疆、叶尔羌之西投军书与俄罗斯国约期交战。兹括绘小图,附于后,阅者可以览之了然。……

这幅《黑海周边地图》反映的是俄土开战之后不久的情况。在这之后,《遐迩贯珍》陆续刊登了战争的有关消息。

从这张图,可以了解到俄国与奥斯曼帝国挟多瑙河相对峙的状况。

地图中央的"京都"应是伊斯坦布尔(Istambul)。博斯普鲁斯海峡(Bosporus 海峡)以"马木剌海"的名字表示。

---

① 江口朴郎:《克里米亚战争》,《世界历史事典》第六卷,平凡社,1955 年 6 月,第 53—55 页。
② 中山治一:《克里米亚战争和东亚》,《史林》五七卷五号,1974 年 9 月,第 1—24 页。
③ 坂井秀夫:《理查德·科布登和克里为亚战争》,《专修法学论集》第五九号,1993 年 9 月,第 101—109 页。

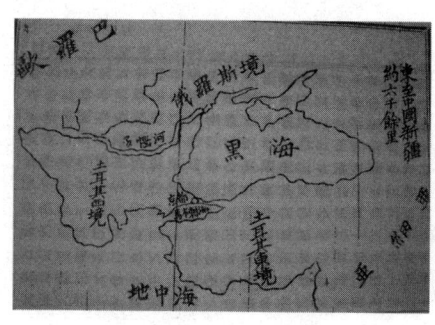 

黑海周边地图　　　　　　　克里米亚半岛塞瓦斯托波尔
《遐迩贯珍》1854 年第 1 号所刊黑　　（Sevastopol）要塞图
海周边地图。

四、结　语

如上所述，《遐迩贯珍》自 1853 年 8 月第 1 号起至 1856 年 5 月停刊止，在各号上所刊登的"近日各报"一栏，其文章内容不但准确地描述了东方亚洲的形势，而且准确及时地报道了世界的动态。如本文所列举的美利坚合众国柏利舰队来航日本的有关报道，关于访问琉球国的实际情况报道，震撼清王朝的太平天国的情报，以及上海小刀会的情报，广东福建沿海频频发生海盗的报道等等。对当时世界上最大的国际争端克里米亚战争也做了详细的报道，其内容也极为准确。

《遐迩贯珍》与 1815 年 8 月创刊的《察世俗每月统纪传》，1823 年 7 月创刊的《特选撮要每月统纪传》和 1833 年创刊的《东西洋考每月统纪传》等相比，其对于各种最新消息、情报更为重视。

在刊登的文章中，对柏利舰队的动静作了详尽地报道。该舰队作为美利坚合众国的外交先驱，为缔结日美和亲条约来航日本，使日本翻开了近代史上新的一页。对太平天国以及在上海发生的小刀会的情况也都作了逐一报道。特别值得一提的是，罗森所作的《日本日记》分三次在该杂志上连载，向中国传递了当时不为人知的国家——日本的真实情况。

　　在此之前,广大学者、研究人员受条件限制无缘披览《遐迩贯珍》,以本杂志为史料的研究也比较有限。① 现能以影印的形式向学界同仁提供整套刊物,无疑是一件可喜可贺的事情。

　　本书能得以公开发行,还应感谢关西大学有关部分的理解与合作,关西大学东西学术研究所藤善真澄所长、事务长助理田中文子女士也为本书的初版付出了心血,在此谨表谢意。

　　【附记】本稿系平成15年度文部科学省科学研究费补助金基盘研究(C)"14世纪—20世纪初叶东亚海域诸国海外情报之研究"(研究代表者:松浦章)成果之一部分。

　　　　　　(最初发表于2002年的"第二届多元视野中的中国史"国际学术讨论会。北京,2004年8月24日。日本关西大学沈国威译)

---

① 以《遐迩贯珍》为题材进行的研究,除了先前所提到的卓南生氏的《中国近代报业发展史》(增订版)以外,个人管见有以下两点:石田八洲雄:《〈遐迩贯珍〉中所见弥尔顿的诗作〈盲目之诗〉》,《福冈工业大学研究论集》第1号,1967年5月,第1—11页;卓南生:《〈遐迩贯珍〉(1853—56)——关于香港最早的汉文月刊之考察》,《应用社会学研究》,立教大学社会学研究室,19号,1978年,第145—158页。石田的论文是叙述《遐迩贯珍》所引用英国诗人米尔顿的作品,被翻译成中文刊登之事。卓南生的论文是引用《中国近代报业发展史》(增订版)的原型论文。

第五编
清代海外华人与华商

第一章 清代前期的海外移民

一、前 言

　　福建省僻在海隅,自古以来"人满财乏,惟恃贩洋"①。福建的人口众多且生活贫困,因此往海外寻求贸易向来被视为是谋生乃至发财的最佳良策,这同时也是养活过剩人口的最好方法。这样的想法也同样可在 20 世纪初叶窥见。19 世纪末刊行于福州的报纸《闽报》第 493 号光绪二十八年十一月初四日(明治 35 年[1902 年]12 月 3 日)的头条新闻"福州米价升贵绿白"里写道:

　　　　福建西北背山,东南面海,足为耕种田地,约仅三分之一。

可见福建背山面海,仅有 1/3 的土地可供耕种。
　　农工商部右侍郎杨士琦于光绪三十四年(明治 41 年,1908)二月十六日的奏折"考察南洋华侨商业情形"里写道:

　　　　飞猎滨群岛大小千余,以小吕宋为最巨,其地西连闽、粤,北

---

① 同治《福建通志》卷八七。

枕台、澎，距香港、厦门均不过二千余里，土产以烟、糖、麻、米为大宗，转售行销，皆操自华人之手，贸易则闽商最盛，粤商次之。①

为了想与吕宋进行贸易，华人们前往该岛交易吕宋岛上所产的烟草、砂糖、麻、米。这些华人当中又以福建人占最大的势力，广东人则为其次。此外关于新加坡，杨士琦写道：

> 新加坡幅员甚小，农产亦稀，自英人开埠，后免税以广招徕，由此商舶云集，百货汇输，遂为海南第一巨埠，华侨二十余万人。②

根据引文可知，由于英国人为了自由贸易而使其开港以后，新加坡作为海南的巨大港口，吸引了 20 多万的华人来航贸易。

福建省因为地理状况造成许多华人流向海外。关于代表福建的港湾厦门，19 世纪末的台湾报纸《台湾新报》第 448 号，明治 31 年 (1898) 3 月 12 日的"来自厦门的海外渡海者"里写道：

> ……若加上搭乘中国帆船渡海来到本岛（台湾）或香港地区的人们，十年内至少有数百万名广东人从厦门出港。今假设从厦门每年平均有七万人出外讨活的话，其中的五万人渡海到其他地方，那在厦门每年至少有两万人会成为海外移民。……在厦门有被称作从来客头的人专门照顾海外移民，他们又被称为 Immigrant broker②，是以招揽客人为其职业。此外，专门招待处理海外移民的客栈有吕宋客栈及新嘉坡客栈二种，吕宋客栈专门招待来往马荷罗地区的渡海者；新嘉坡客栈则专门招待来往新嘉坡、安南（按：今越南）、ピナン（按：今马来西亚）、泰国等海峡地区的渡

---

①② 中国第一历史档案馆编：《清代中国与东南亚各国关系档案史料汇编》第一册，国家文化出版公司，1998 年 4 月，第 151、152 页。

② Immigrant broker：移民周旋业者。

海者。……①

根据上面的引用文,可知厦门在当时已经成为海外渡航的重要窗口,也开始出现专门处理这些移民们的业者,甚至有专门处理个别移民地区的客栈出现,例如吕宋客栈和新嘉(家)坡客栈等。

在清代前期,以福建人为首的大量华人走向海外,获得了发展。这里以这些走向海外的华人为研究对象,探讨他们是如何使用中国帆船这一当时的交通工具渡航出海,并顺利完成移民。

二、漂洋过海的华人们

中国的海外移民自古以来广为人知,历代的正史里也可看到无数移民事例。《宋史》卷四八七《外国三·高丽传》里写道:

> 王城有华人数百,多闽人因贾舶至者。

根据上面引文,有数百名的华人居住在高丽的都城里,而这些人大多数是从福建省坐船来此经商的中国商人。

《宋史》卷四八九《外国五·阇婆传》里写道:

> 中国贾人至者,待以宾馆。

根据此引文,可知中国人来到阇婆(译按:爪哇),并在宾馆受到招待。

《明史》卷三二三《外国四·吕宋传》里写道:

> 吕宋居南海中,去漳州甚近,……先是,闽人以其地近且饶富,商贩者至数万人,往往久居不返,至长子孙。

---

① 《台湾新报》第448号,明治31年(1898)3月12日,第2页,杂报。

根据此引文可知,华人从福建漳州渡过海洋来到的吕宋。吕宋是一块丰饶肥沃的土地,数万名华人为了商业或贸易来到吕宋,就这样居住下去不再返乡,并在当地孕育了自己的子孙后代。

《明史》卷三二三《外国四·文郎马神》里写道:

> 文郎马神,以木为城,其半倚山。……初用蕉叶为食器,后与华人市,渐用磁器。尤好磁瓮,画龙其外,死则贮瓮中以葬。其俗恶淫,奸者论死。华人与女通,辄削其发,以女配之,永不听归。

可见,在文郎马神(按:印度尼西亚加里曼丹),土著们用芭蕉做的叶子当作食器,但自从华人来到此地后,他们开始用陶器当食器,风俗习惯也渐渐有了转变。

《明史》卷三二四《外国五·占城》里写道:

> 王,琐里人,崇释教。……置华人胆辄居上,故尤贵之。

可知,占城(按:越南南部)的国王崇拜佛教,而华人也同样地受到了当地人的崇敬。

《明史》卷三二四《外国五·真腊》里写道:

> 番人杀唐人罪死,唐人杀番人则罚金,无金则鬻身赎罪。唐人者,诸番呼华人之称也。凡海外诸国尽然。

根据上面引文,在真腊(按:柬埔寨),若是发生了当地人杀害华人的事件,当地人会被处以死刑;但是倘若华人杀害了当地人,则只需以金钱来赎罪。由此可知华人在当地受重视的程度。他们将华人称呼为"唐人"。

《明史》卷三二四《外国五·泰国》里也写道:

> 其国,周千里,风俗劲悍,习于水战。……王,琐里人。官分十等。自王至庶民,有事皆决于其妇。其妇人志量,实出男子上。妇私华人,则夫置酒同饮,恬不为怪,曰,我妇美,而为华人所悦也。崇信释教,男女多为僧尼,亦居庵寺,持斋受戒。衣服颇类中国。

根据上面引文可知,华人在泰国社会里受到相当的重视。

《明史》卷三二四《外国五·爪哇》里写道:

> 其国近占城,二十昼夜可至……人有三种,华人流寓者,服食鲜华,他国贾人居久者,亦尚雅洁。

根据上面引文可知,即使是在距离中国有20昼夜距离的爪哇,华人也相当受到爪哇人重视。

《明史》卷三二五《外国六》里写道:

> 国统十四洲,在旧港之西,自占城四十日可至。初属爪哇,后属暹罗,改名大泥。华人多流寓其地。嘉靖末,闽、粤海寇遗孽逋逃至此,积二千余人。

根据上面引文可知,许多华人移住到浡泥(按:文莱)。在16世纪中后期的嘉靖年间,从福建或广东移民并居住在当地的华人人数已多达2000人以上。

《明史》卷三二五《外国六·苏门答剌》里写道:

> 其国俗颇淳,出言柔媚,……货舶至,贸易称平。地本瘠,无麦有禾,禾一岁二稔。四方商贾辐辏。华人往者,以地远价高,获利倍他国。

根据上面引文可知,华人也来到了苏门答剌(按:印度尼西亚)。该地虽距离中国相当遥远,但却因为与中国的贸易获得了相当大的利益。

《明史》卷三二五《外国六·苏禄》里写道:

> 其国,于古无所考。……土人以珠与华人市易,大者利数十倍。商舶将返,辄留数人为质,冀其再来。其旁近国名高药,出玳瑁。

根据上面引文可知,为了获取苏禄(按:在菲律宾)的珍珠,无数华人渡海来到苏禄。

《明史》卷三二五《外国六·柔佛》里写道:

> 柔佛,近彭亨,一名乌丁礁林。……华人贩他国者多就之贸易,时或邀至其国。

根据上面引文可知,华人也来到柔佛(按:在马来西亚)寻求贸易。

《明史》卷三二五《外国六·丁机宜》(译按:在爪哇)里也写道:

> 丁机宜,爪哇属国也、幅员甚狭、仅千余家。……华人往商、交易甚平。

根据上面引文可知,华人为了贸易而渡海来到丁机宜定居。

《清史稿》卷一六〇《邦交八·墨西哥》里也写道:

> [光绪]二十八年,伍廷芳据粤商,咨外务部,谓自上年中墨订约后,华人由香港搭船赴墨者日多。惟华人由香港附轮,先须假道美国旧金山埠,方能赴墨,殊非便商之道,因美正禁止华工入境故也。

根据上面引文可知,光绪二十五年(1899)清朝与墨西哥之间缔结的

《中墨通商条约》一成立①，光绪二十八年（1902）渡过太平洋来到墨西哥做生意的华人人数骤然变多，他们大部分是从香港坐汽船穿越过美国旧金山，之后再到达墨西哥的。

从以上正史流传下来的记录可以知道，大部分的华人在帆船时代里，搭乘上帆船飘扬到海外诸国，去寻找他们心目中的新天地。

三、漂洋过海往新天地迈进——清代帆船与海外移民

接下来，笔者想要探讨在大量华人频繁前往海外的清朝，华人们如何运用清朝帆船前往他们的海外新天地的。

乾隆《钦定大清会典则例》卷一一四《兵部·海禁》的"出入海洋之禁"里写道：

> ［康熙］五十六年，复准商船准在沿海省分及东洋贸易外，其南洋之吕宋、噶喇巴等处不许前往。皆在南澳等地方，稽察截住，令广东水师各营盘缉，违者治罪。其外国夹板船，照旧准其贸易，地方官严加防范，不许生事。

根据上面引文可知，康熙五十六年（1717），商船的海上航行遭到了严格的限制，中国大陆沿海与日本的贸易虽然得到允许，但中国商船却被禁止前往吕宋或噶喇巴。当时的清政府对渡航海外有着严格的规定：

> 复准渡海人民，必由地方官给照，守口官弁察验放行。若无照偷渡者，严行禁止。如有巡哨船私带偷渡者，将该管专辖官议处。

---

① 《清朝条约全集》第二卷，黑龙江人民出版社1999年版，第1090—1097页。

根据上面引文，想渡海之人必须拿到地方政府所颁发的渡海证明"照"，在港湾接受守备管理官员的盘查后，才能前往海外。①

《兵部处分则例》卷一二《关禁·无票出口》里写道：

> 无照民人偷渡过台湾
> 一　内地民人，往台湾者，该地方官给与照票，由厦门盘验出口。其无照偷渡者，严行禁止。……

根据上面引文可知，从中国大陆漂洋过海来到台湾的人们，必须事先获得出国者自己本身故乡的地方官所颁发的渡航证明书"照票"，在厦门通过检查后才能顺利出海，而没有渡航证明书的人会遭受到严格的处罚。

雍正四年(1726)九月初二日，浙闽总督高其倬在其奏折里写道：

> 如偷渡一节，大为台湾隐忧，而短摆之船及自备哨船二种、实为偷渡之津梁。②

根据上面引文可知，想要前往台湾的中国民众有两种方法。一种是搭乘大型船"短摆"，另一种则是搭乘哨船。此外还有以下方法：

> 盖自台湾至厦门，自厦门至台湾，俱必到澎湖，此实台、厦之咽喉。凡一切往来人货，自台湾至澎湖，可用杉板小船，自厦门至大担门外，亦可用杉板小船，惟自澎湖至大担门外，此中间一段，洋面水宽浪大，杉板船不敢行走，必用大船方能渡过。向有泉、漳一带，奸刁船户，借称往澎湖贸易，驾驶赶罾大船，名曰短摆。既不到台湾挂号，又不到厦门挂号，终年逗遛澎湖，往来于大担门外。有厦门不法店家客头包揽广东，及福建无照偷渡之人，用杉

---

① 松浦章：《清代海外贸易史之研究》，朋友书店，2002年1月，第583—598页。
② 《宫中档雍正朝奏折》第6辑，台北故宫博物院，1978年4月，第524页。

板小船,载出大担门外,送上短摆大船,渡到澎湖。又用杉板小船装载,不入鹿耳门,以避巡查。径至台湾北路之笨港,鹿仔港一带小港,幽僻无人之处上岸,散入台地。此种短摆,从前原任督满保俱经严禁。①

想要搭船偷渡到台湾,澎湖岛是必经之地。澎湖岛被认为是台湾与厦门间的"咽喉",从台湾到澎湖,可以乘坐一种叫做"杉板小船"的小船。从厦门到大担门外,也可以使用"杉板小船"。但是从澎湖岛到大担门外,必须要经过波涛汹涌的台湾海峡,若此时还使用杉板船的话,必然无法通行,所以必须要使用大型船。于是泉州或漳州一带的刁钻船户就假称要前往澎湖贸易使用大型船航行,这种大型船称为短摆。大型船短摆是不在台湾也不在厦门办理停靠登记的船,它一整年都逗留在澎湖岛,并来往于大担门外与台湾之间。厦门里有许多帮助偷渡的违法店家或客头及包揽人,他们专门帮助福建或广东人偷渡。首先使用杉板小船将偷渡客运往大担门外,再用短摆大船将他们载送到澎湖。一抵达澎湖岛,偷渡客再换上杉板小船,故意不在盘查严格的鹿耳门登陆,而选在人烟稀少的台湾北部笨港或鹿仔港等小港靠岸,进入台湾岛内部。

事实上,真的有使用上述方法的船只:

> 雍正三年,船户林合兴等一十九船,乘巡抚毛文铨初到情形未谙,借称澎湖人民需船装运咸鱼、粮米,具呈请行,澎湖协副将董芳,亦称便民,为之具详,毛文铨批司,道议详开禁。泉州海防同知冯临亦随详请有方永兴等一十三船,亦一体准行。不知澎湖鱼、米,若到台湾买卖,原有杉板小船络绎装运,不须大船。若云此大船往澎湖贸易,澎湖一带皆系不毛之山,无一出产,本地既无可贩,而此等船只,终年未曾一到台湾,一到厦门及一到漳泉二处外地,又无所贩不过为偷渡之人作接手耳。况林合兴等内中多有

---

① 《宫中档雍正朝奏折》第6辑,台北故宫博物院,1978年4月,第524—525页。

从前曾被查拏案,尚未结实非善类不但子。①

雍正三年(1725),船户林合兴等19艘船利用福建巡抚毛文铨刚上任还对当地状况不甚熟悉之机,假称要将咸干鱼或米谷输送到澎湖岛而趁机出海了。方永兴等13艘船也做了同样的行动。这些船基本上都在台湾、厦门、漳州或泉州等地靠岸,他们是专门协助想偷渡到台湾的人们之不法之徒。

雍正八年(1730),清政府扣留了一艘前往台湾的偷渡船。广东总督郝玉麟在雍正八年(1730)九月二十八日的奏折里写道:

> 八月十五日夜,有闽船叶豁等男妇一百二十余名口,因欲偷渡台湾,遇风漂至碣石镇属地方,撞石击碎,尔时登岸,男妇经该镇把总余振巡海盘获,押交海丰县,收审其营房炮台。②

根据上面的引文,有福建船只漂流至位于广东省东部沿海的惠州府之陆丰县治下的碣石湾附近海域。这艘船里有包括叶豁在内共有120名男女,他们搭乘的正是要偷渡前往台湾的船只。

雍正八年(1730)十一月十五日,管理福建海关事务郎中准泰在奏折里写道:

> 本月十一日有暹罗船一只,乘风漂至兴化府属之湄州地方挽泊,查据该彝商柯汉称,祖籍原系福建漳浦县人,并则副、舵水人等,俱系内地闽粤江浙等处人民。住暹年久,共带有番人六名,从暹罗载苏木、象牙等货,欲往宁波贸易,因遭风至闽,今船只搁漏,就厦贸易,修葺船只,置货回国等情。③

由上面的引文可看出,从泰国出海前往宁波贸易的船只遭遇海难,漂

---

① 《宫中档雍正朝奏折》第6辑,台北故宫博物院,1978年4月,第525页。
②③ 《宫中档雍正朝奏折》第17辑,台北故宫博物院,1979年3月,第39、193页。

流至福建省兴化府湄州岛。尽管这艘船是泰国船，乘船者当中却仅有六名外国人，他们应该是泰国人，而剩下的乘客却并非泰国人，他们几乎都是华人，来自福建、广东或江浙地区。船商柯汉供称其祖籍为福建漳浦。准泰在奏折里还写道：

> 八月十一日，又有暹罗商船户陈景常，载苏木等货，遭风收厦门贸易。十五日，又有安南船户蔡伍盛，载白糖等货，亦遭风收入厦门贸易。查此二船户，并舵水人等，均系内地人民，住在外蕃，并无番人在船，其船梁头尺寸，与内地商船，相同各等情。①

根据上面引文，八月十一日及十五日泰国商船、安南（按：在越南）商船遭遇海难，临时停靠在厦门港进行贸易。这些船上的船员里无任何外国人在船，全部都是华人，船只外形本身也不像外国船，其样式与普通的中国船只毫无二致。

雍正九年(1731)三月十五日，福建厦门水师提督许良彬在奏折里写道：

> 查石祥瑞壹船，系牙行陈柔远保载，于本年贰月贰拾贰日，经在厦文武挂验，无弊出口，欲往吕宋贸易，藉候风停寄烈屿洋面，候载此铁、明视出口之后，可免盘验，希图夹带。……查其船中，除原验舵梢货客之外，尚揽载无照客人壹百贰拾柒名，俱交兴泉道，讯供通报，……②

根据上面引文，二月二十二日从厦门前往吕宋（按：在菲律宾）从事贸易的石祥瑞船遭遇海难，在烈屿洋面接受当地官兵盘查，结果被发现除了船员以外没有携带渡航证明书的乘客居然有 127 名。

福建观风整俗使刘师恕在雍正九年六月二十二日的奏折里写道：

---

①② 《宫中档雍正朝奏折》第 17 辑，台北故宫博物院，1979 年 3 月，第 194、789 页。

> 于石祥瑞船内,搜获无照客民一百二十余名,亦交地方官收审未结,臣访闻外洋暹罗、吕宋、噶喇吧等处,闽广人民,在彼居住者甚多,有于彼处婚娶成家者,有领彼赀本为之贸易,往来彼国者,且有受彼地方官职者。今石祥瑞一船,已搜出一百余人,则平时之偷渡者,尝复不少。又闻暹罗贡船到广,每借募补水手为名,多带闽广人民回国。……嗣后,洋船必俟客民水手货物名项,齐备之后,方准呈请点验,提标中军参将厦门同知,务必亲身会同,逐一详查。①

根据上面引文,我们可以通过刘师恕对运载120名偷渡者的石祥瑞船的调查,了解到当时海外移民的实态。偷渡往泰国、吕宋或是噶喇吧(按:雅加达)的华人,以福建或广东人居多,他们中的很多人在海外泰国、吕宋等地结婚并拥有家庭。他们中的有些人是借助海外资本做贸易,还有一些人在海外谋得了一官半职。搭乘石祥瑞船的人们是将来可能成为海外华人的一群人。此外,也有人跟这些搭乘商船的偷渡者不同,他们是自己当上外国商船的船员,再往海外发展的。譬如,泰国朝贡船每次进港广州时,一定会以招募水手为名顺带一批福建或广州人出国。

还有其他类似石祥瑞船的船只。福建总督郝玉麟于雍正十一年(1733)四月初五的奏折里写道:

> 上年十二月十四日,据南澳镇呈报,有商船户姚锦春一船,前往吕宋贸易,配舵水二十四名,又配货客二十名,另有无照偷渡客民一百五十七名,经云澳汛外委把总杨光标等盘获等语。……臣密访得吕宋地方,系西洋干丝腊泊船之所,自厦门至彼水程七十二更,漳泉二府人民,向在该处贸易者甚多,现在住居者,约有一二万人,地极繁盛人多殷富,内地载往货物,俱系干丝腊番舶,运载番银至此交易,彼地番人,住居吕宋者,不过二三千人,内地百

---

① 《宫中档雍正朝奏折》第18辑,台北故宫博物院,1979年4月,第360页。

姓人势众多，……①

根据上面引文，位于福建省与广东省共同管辖的南澳岛，传出防卫官扣留商船的消息。该商船是企图与吕宋进行贸易的商船，有船员 24 名与货物的主人 20 名，而未持有渡航证明书的偷渡客却有 157 名。全部共有 225 名人员搭乘此艘船。157 名偷渡客想要前往的吕宋正处于西班牙的统治之下，吕宋与厦门有 72 更水程的距离，漳州或泉州的人们通常是为了贸易前往吕宋，住在当地的华人据说有一两万人。菲律宾土地丰饶，华人若将从中国来的商品运来吕宋的话，西班牙人也会将他们从新大陆带来的白银与华人做交易。当地的西班牙人只有二三千人左右。

企图偷渡前往吕宋的人相当多。他们为了搭乘上商船，需要支付相当额度的费用：

> 船户揽载商货上船，遂暗招无照偷渡客民，每人索银五六两不等。漳泉人民多暗驾驶之技，船户又利其相帮，即以混入水手之内，经由汛口稽查，或通同贿放，或在外洋上船因，而偷渡者多。②

如上所示，想偷渡的人必须支付乘船费用每人银 5 两至 6 两。即使只收 5 两的费用，一艘船偷渡 157 个人的话就有 785 两的收入。若收 6 两的话就有将近 1000 两的收入。这些帮助偷渡客偷渡的船户将这些偷渡客们混入船员当中登船，以躲过在汛口的盘查，亦或是拿钱贿赂官吏，再大家一起坐上大船，其前往的目标是新天地吕宋。

不只是吕宋，离中国很近的台湾对于中国民众们来说，也同样被认为是新天地，偷渡前往台湾的人也为数众多。郝玉麟于同年四月初五的另外一道奏折里写道：

---

①② 《宫中档雍正朝奏折》第 21 辑，台北故宫博物院，1979 年 6 月，第 353、354 页。

> 窃查台湾地方，田土肥饶，居民富庶，闽粤流寓人民，不啻数十万众，而冒险偷渡者，例禁虽严，终难禁绝，有种奸民，名充客头，招揽愚民，贪其多利，偷渡过台，或涉历险，或黑夜放洋，经拏获者十之一，到台者十之二三。其没于孤屿沙洲，葬于鱼腹者十之四五。①

根据上面的引文，台湾因为土地肥沃，而住在当地的人们也都经济状况良好，福建或广东的流民争先恐后地前往台湾，其人数远远超过数十万人。尽管清政府下达严格的禁令，偷渡客依然不断地偷渡至台湾。偷渡者并不能全部安全地渡过海峡，在中途就被扣留的人有1/10，而能真正偷渡成功到达台湾的只有十分之二三，剩下的人则在孤岛或沙洲上结束其生命。可见，在海上遭遇海难的偷渡客也为数不少。

根据雍正六年(1728)八月初十福建总督高其倬的奏折，长期滞留在海外最终想回国的人们也搭乘清朝的帆船回国。

> 查福建漂洋船只，仰蒙皇上隆恩，准令前往外洋贸易，随钦遵行，令厦门文武各员，将各漂洋商船人货，俱取地方官印结，及行家的保各结，严查明白陆续，于雍正五年十月以后，六年三月以前，共船二十一只，由厦门出口前往。今于本年六月末旬，至七月内，据署泉州海防同知印务张嗣昌前后共报，商船户魏胜兴、林万春、谢合兴、陈永盛、高升、魏长兴、甘弘源、陈得胜、许隆兴、苏永兴、陈国泰、杨若心共一十二船，俱已回厦，共计载回米一万一千八百石余，系燕窝、海参、苏木、牛皮各货，原人俱各照数回厦，内高升船内有原去客人康万、王之赐二人，因货账讨不起，暂留住咬留吧讨账，俟来年搭船回籍。又魏胜兴船内载回原留住咬留吧人黄龙等五人，内林哲一名在船病故。林万春船内载回原留住臣咬留吧人郭堂等四人。谢合兴船内载回原留

---

① 《宫中档雍正朝奏折》第21辑，台北故宫博物院，1979年6月，第355页。

住咬留吧人陈伯等三名。高升船内载回原留住咬留吧人郭加等十八人,女眷一口,小男孩二口,小女孩一口。甘宏源船内载回原留住咬留吧人李从一名。陈得胜船内载回原留住安南人陈茂兴等三名,各等因到臣。臣随飞饬该管文武各员逐一严查亲验船内回厦之人,是否原去之人数目,有无欠少,并所带有无违禁货物,其带回之人详细讯供,系何年留住外地,系何县人何处居住家中有无父母妻子,详行,查讯具报去后,兹据署泉州海防同知印务张嗣昌,查讯今已经报到者,据讯问魏胜兴船内,带回之黄龙供,系龙溪县人,在西门内居住,年六十二岁,有妻两个儿子在咬留吧十七年了,系在彼卖茶生理。据朱猜供,年五十二岁,系龙溪县人,在南门外居住,有妻有一子,十九岁了,在咬留吧十八年了,在彼种田。据韩聘供,年六十二岁,系龙溪县人,在北门保居住,有妻有一子,在咬留吧十八年了,在彼种园。陈厚供,年六十一岁,系龙溪县人,在二十七都长州乡居住,有妻有一子一孙,在咬留吧住十五年了,在彼卖草等因。并详将载回留住外洋各民人,交各地方官。查明安插前来。①

如上所示,厦门的文武官员于雍正五年(1727)十月起开始调查六年三月的海外贸易船,发现有21艘船从厦门出海前往海外。根据署泉州海防同知印务张嗣昌调查雍正六年六月下旬起至七月之间的归港记录报告书,魏胜兴、林万春、谢合兴、陈永盛、高升、魏长兴、甘弘源、陈得胜、许隆兴、苏永兴、陈国泰、杨若心等12名商船户搭乘他们自己的船在厦门归港。这些船带来海外米12800石,还带回燕窝、海参、苏木、牛皮等货物。而除了这些货物之外,这些船还运载了以下人物:

> 高升船内有原去客人康万、王之赐二人,因货账讨不起,暂留住咬留吧讨账,俟来年搭船回籍。

---

① 《宫中档雍正朝奏折》第11辑,台北故宫博物院,1978年9月,第70—72页。

> 魏胜兴船内载回原留住咬留吧人黄龙等五人，内林哲一名，在船病故。林万春船内，载回原留住臣咬留吧人郭堂等四人。
> 谢合兴船内载回原留住咬留吧人陈伯等三名。
> 高升船内载回原留住咬留吧人郭加等十八人，女眷一口，小男孩二口，小女孩一口。甘宏源船内载回原留住咬留吧人李从一名。
> 陈得胜船内载回原留住安南人陈茂兴等三名。

这些人是去海外拜访亲戚，再搭船回到厦门港的。关于这些人的来历，署泉州海防同知印务张嗣昌再追加深入调查后了解到以下事项：

> 黄龙供，系龙溪县人，在西门内居住，年六十二岁，有妻，两个儿子，在咬留吧十七年了，系在彼卖茶生理。

黄龙是漳州府龙溪县人，居住于县城西门内，该年62岁，与妻子及两个儿子一起在咬留吧（按：今爪哇）从事茶叶贸易。

> 朱猜供，年五十二岁，系龙溪县人，在南门外居住，有妻有一子，十九岁了，在咬留吧十八年了，在彼种田。

朱猜则该年52岁，与黄龙同为龙溪县人，居住于县城的南门外，与妻子及19岁的儿子一起归返故乡。他住在咬留吧长达18年，从事农业活动。

> 韩聘供，年六十二岁，系龙溪县人，在北门保居住，有妻有一子，在咬留吧十八年了，在彼种园。

韩聘62岁，龙溪县人，居住于县城北门保。有妻子及小孩一人，居住在咬留吧长达18年，从事经济作物生产活动。

> 陈厚供,年六十一岁,系龙溪县人,在二十七都长州乡居住,有妻,有一子一孙,在咬留吧住十五年了,在彼卖草等因。

陈厚61岁,龙溪县人,居住在该县二十七都长州乡,他带着妻子及小孩一人、孙子一人返乡。他住在咬留吧15年,在当地从事贩卖烟草的工作。

如上所示,有住在海外长达数十年的华人归返其故乡。另外根据清朝官方的报告书,还可以了解到他们本来在中国的居住地,后来在海外居住的国家,在海外停留的时间及在海外从事的职业,以及他们的家族成员。

雍正十一年(1733)九月二十六日,福建总督郝玉麟在奏折里写道:

> 谨奏为奸民私载番人潜入内地事,窃照闽省人民,贸易外国吕宋地方,及偷渡在彼久住者甚多。该地番夷,资财丰裕,往来熟识,难免引诱之弊,亟当防微杜渐。经臣于洋船酌添水手,严禁偷渡案内,备将情形。奏闻钦奉,……嗣据张天骏禀称,有久住吕宋福宁州民,带有吕宋夷人二名,出租船番钱一百五十圆,船主出有保状,与彼处夷主,其番人带有四甲箱番钱约计五千金,在大担门外雇小船乘夜到漳州福河厂蔡家村内投住,欲在漳泉招人归伊天主教等语。①

根据上面引文,前往海外的华人们,在回国之时还发生了一些意想不到的问题。福建人为了从事贸易活动,偷渡到海外吕宋等地,就此居住在当地的人也为数众多。居住在吕宋的福宁州百姓张天骏在归国之际,带了两位吕宋人一起归国,并因此从吕宋人身上得到乘船费番钱150圆。那两个吕宋人共携带番钱"约计五千金"。为了要让他们两人顺利潜入中国,张天骏在大担门外备置了小船,并趁黑夜偷偷上

---

① 《宫中档雍正朝奏折》第22辑,台北故宫博物院,1979年8月,第165—166页。

陆,让两位吕宋人住在漳州福河厂的蔡家村内。这两名吕宋人打算向漳州人或泉州人宣传天主教。

雍正十一年(1733)十二月二十六日,福建总督郝玉麟与福建巡抚赵国麟在奏折里写道:

> 窃照闽省依山滨海,地少人稠,沿海居民多有贩洋为业,往来外域,经营趋息,以赡家口。更有因亲属向在番邦贸易,遂只身私渡往觅生理,以致逗留者。前经臣玉麟访闻漳泉等处民人在噶喇吧、吕宋者更多,不可不立法稽查。①

如上所示,福建省因为依山傍海,因此耕地少,然而却偏偏人口众多,很多人为此离乡出海,借由从事与外国的贸易来养家糊口,因此就在海外定居的人也为数众多,特别是福建的漳州人和泉州人多居住在噶喇吧或吕宋。

这些人的具体事迹可由上述的奏折窥之一二:

> 据漳州镇道府县详报,查获陈魏杨营等犯,携带妻妾仆婢,并行李等物,于大担门外,暗雇小船,装载回家,经漳州府,讯据陈魏供称,犯生回在广东贸易,于康熙五十三年买有茶叶货物在广搭船往噶喇吧,五十五年娶了妻室杨氏,原是福建人,本年犯生,回至广东,买了磁器等货,复往吧国,卖完了货。又布疋稍有利息,原去的船已回棹了,随于五十六年本禁了,洋船只稀少,回来不得,并不是甘心,久住番邦。②

刚刚归国的陈魏及杨营等人携带家属及行李,在漳州的大担门外趁黑夜偷偷地搭乘小型船想上岸回乡时,不意被官兵发现并遭到扣留。

根据陈魏的供词,他于康熙五十三年(1714)在广东装载茶叶等货

---

①② 《宫中档雍正朝奏折》,第22辑,台北故宫博物院,1979年8月,第473、474页。

物往噶喇吧(今雅加达)从事贸易。康熙五十五年(1716)娶福建人杨氏为妻,又搭船回广东装载瓷器等货物,回印度尼西亚做贸易。他因为从事贩卖布料等贸易而获得巨大利益。康熙五十六年以后,因为海禁越趋严格,来噶喇吧的船只也因而减少,使得他苦无返乡机会,只好长期定居在噶喇吧。

被扣留的另外一个人杨营则供称:

> 据杨营供称,小的原在同安县,做生理,雍正六年正月,在广东将本银三百两买了些茶叶磁器,搭船到噶喇吧,娶了妻室郭氏,是中国人,原要随船回来。小的因染了病,至八年五月里,仍回广东买了货。于九年正月,又往吧国,这几次出洋,纳税照票,都是船主代为料理的,小的有个哥子杨课,原在吧国娶嫂子,生下两个侄儿,上年哥子下世了。小的娶的妻室,生了两个儿子,一个女儿年纪尚小。又买了一个乳妈、三个番仆,俱系番官记定身价买的,连嫂子侄儿,共十一口。①

根据上面引文,杨营本是同安县人,他于雍正六年(1728)在广东携带资本 300 两,购买茶叶、瓷器前往噶喇吧做贸易。他后来娶了中国人郭氏为妻。雍正八年(1730)五月,他回到广东采买贸易商品,并于雍正九月正月再次前往噶喇吧。他带着妻子、两个儿子、一个女儿、两名侄子以及乳母及三名仆人共十一人一起回国。

四、结　语

福建山多且因为海洋逼近陆地,因此耕地少,然而却偏偏人口众多,很多人为此离乡出海,借由从事与外国的贸易来养家糊口。

渡航海外的福建人就此定居在海外的人很多,特别是漳州和泉州

---

① 《宫中档雍正朝奏折》,第 22 辑,台北故宫博物院,1979 年 8 月,第 474—475 页。

的人们多居住在印度尼西亚的雅加达或菲律宾的吕宋。这些人里面，有人是住在海外并于当地结婚生子；也有人是在海外向人借资本从事贸易；还有人在海外谋得了一官半职。华人在海外的居住形态相当复杂。

前面所述搭乘石祥瑞船的偷渡民是将来可能成为海外华人的一批人。此外，与这些搭乘商船偷渡前往海外的人们不同，也有人是当上了外国船员，借此前往海外的。事实上，从泰国来到中国的朝贡船每次进港广州之时，一定会以招募水手为名，顺带一批福建人或广州人出国。

在福建省与广东省共同管辖的南澳岛，防卫官扣留了一艘企图前往吕宋从事贸易的商船。该船有船员24名与货物的主人20名，而未持有渡航证明书的偷渡客却有157名。偷渡客想前往的目的地吕宋正处于西班牙的统治下，距离厦门有72更的水程，若不搭乘清朝的帆船，是无法顺利抵达吕宋的。居住在吕宋的西班牙人只有2000—3000人，而住在当地的华人却多达1万—2万人。中国商人将从中国带来的货物运送至菲律宾，西班牙人则将他们从新大陆带来的银两与华人进行交易。吕宋作为一块丰饶的土地，对华人来说无疑是片极具吸引力的新天地，于是华人们就以这些新天地为目标，搭乘清朝帆船走向海外。

（最初发表于2008年的"海洋文化国际学术研讨会"。台湾基隆，2008年11月6日。卞凤奎译）

第二章 来日清人与日中文化交流

一、前　言

宽政七年(1795)至九年任长崎奉行的中川忠英遣使与来航清人交流,把获取的各种信息整理编辑为《清俗纪闻》,予以出版。在开头的附言中,中川忠英有如下的阐述:

> 本书乃向崎阳(长崎)在住的清人询问彼国风俗,以本邦语言记录而成。古来清国东西风异,南北俗殊,切不可误认为此书所载乃清国普遍之风俗。今至崎阳之清人多来自江南、浙江,故宜知此书所录多为江南、浙江之风俗。①

文中指出,因认识到清国的风俗各地不一,故遣使向来航长崎的清人询问。同时也明确指出,江户中叶来航长崎的清人主要来自江南(今江苏)、浙江等长江口一带。中川忠英生活在所谓锁国时代的日本,但他能准确地把握来航清人的实态,不仅不把清人笼统模糊地对待,而且也明确指出来航清人因地域不同,风俗、文化各异。

---

① 中川忠英著,孙伯醇、村上一弥编:《清俗纪闻》(一),[东京]平凡社,1966年,第1页。

江户时代，来航至长崎的中国大陆贸易商船有很多，但其中大都是为贸易而来的商人，并不是以文化交流为目的的人物往来。不过，由于江户时代的日本与海外的交往被严格制限在长崎，因此，与来航长崎的唐船和荷兰船乘员之间进行交流，对江户时代的日本人来说，是能够接触外国人的唯一机会，许多日本文人为此而造访长崎。① 这里将围绕这些清人与日本文人之间是如何开展文化交流的问题进行论述。

二、江户时代赴长崎的儒士、医师与画工

江户时代的日本与清王朝之间不存在正式的外交关系，仅限定于长崎进行民间通商贸易，这种非正式的关系自17世纪前半期一直持续至19世纪后半期。在此期间，中国商船几乎每年都赴长崎贸易。据西川如见《增补华夷通商考》(日本宝永六年，康熙四十八年，1709)卷二《唐船役者·记漳州之词》载，中国商船的乘员组成为：伙长、舵工、头捉、亚班、财附、总管、杉板工、工社、香工、船主等。其中，"船主，即船头。船中无此职，在日本负责商卖，勤于公仪，治一船之人数。船头有二种，荷物主本人来日时即为船头；荷物主不来时，手代亲类代为船头"②。可见，除了担当通商贸易的船主之外，大都是从事中国帆船航运的船员。不过，其中还包含有知识分子和技术人员。

有关船主及船员以外的搭乘者来航长崎，简略的记录散见于《长崎实录大成》卷一○《长崎渡来儒士医师等事》(以下略称《长崎渡来儒士医师等事》)。笔者按照该资料记录的顺序兹列举如下：

陈明德，浙江金华府人，医师。《长崎渡来儒士医师等事》载："宽永四年渡来，住居长崎，改姓名为颖川入德，从事医业。至今，子孙为

---

① 参见中村久四郎《近世支那对日本文化的影响(1—8)》(《史学杂志》第25编第2号至第26编第2号连载的八篇文章)、德田武《近世日中文人交流史之研究》(研文出版，2004年11月)。
② 泷本诚一：《日本经济丛书》(第五卷)，日本经济丛书刊行会，1914年，第241页。

长崎町医。"①可知,其于宽永四年(1627)来日,并未归国。

朱水,即朱舜水,浙江余姚人,儒士。《长崎渡来儒士医师等事》载:"万治二年,为避明末之乱,渡来长崎,在留七年。宽文五年,水户黄门公闻其德义,愿聘为公仪。同年七月舜水、其门弟并通译高尾兵左卫门附添参上江府。同年九月到水户,礼接尤郑重。数年间谈论经史,讲究道仪。厚其学才,尊信有之。天和二年四月八十三岁卒。"②可知,明王朝瓦解之后的万治二年(1659),朱舜水来日。宽文五年(1665)始受水户光囷的信奉,天和二年(1682)卒于水户。朱舜水对日本学术的影响,近年来台湾大学的徐兴庆教授有详细的研究(参见徐兴庆著《近代中日思想交流史研究》,日本朋友书店,2004年)。

陆文齐,浙江杭州府人,医师。《长崎渡来儒士医师等事》载:"元禄十六年八月四日渡来,同十一月二十四日归唐。"③可知,其于元禄十六年(1703)八月来日,十一月归国。

戴南,江南苏州府人,医师。《长崎渡来儒士医师等事》载:"享保四年三月十六日渡来,同六月十二日病死。"④《长崎实录大成》卷一一、《唐船入津并杂事之部》(以下略称《唐船入津并杂事之部》)"享保四年条"载:"三月唐医吴戴南渡来,在留福济寺,同六月病死。"⑤可知,享保四年(1719)三月来日,但三个月后客死日本。

朱佩章,福建汀州府人,儒士,与兄弟朱子章、朱来章一同来日。朱子章、朱来章二人均为医师。《长崎渡来儒士医师等事》载:"享保十年二月五日渡来。其中,朱佩章同十一年二月十八日归唐,朱子章同年三月二日病死,朱来章同年五月十三日归唐。"⑥《唐船入津并杂事之部》"享保十年条"载:"二月五日六番船,朱佩章、朱子章、朱来章兄弟三人渡来,令留于官梅三十郎宅。"⑦又"享保十一年条"载:"在留之朱佩章带来唐国射骑者之旨:前年申请信牌,今已获取。当年三十三番船携带此信牌入津,射骑者应乘之后的唐船渡来。若翌年六月之前

---

① ② ③ ④ 田边茂启编著《长崎文献丛书》(第一集第二卷),长崎文献社,1973年,第245页。
⑤ ⑥ ⑦ 同上书,第264、245、267页。

未渡来,则全船货物船载回国,不得卸下买卖。"①也可佐证朱氏三兄弟于享保十年(1725)二月来日。关于朱氏三兄弟,大庭修教授有详细的研究(参见大庭修编著《享保时代日中关系资料二〈朱氏三兄弟集〉——近世日中交涉史料集》,关西大学出版部,1995年)。

周岐来,江南苏州府人,医师。《长崎渡来儒士医师等事》载:"享保十年六月十八日渡来,同十二年五月十一日归唐。"②《唐船入津并杂事之部》"享保十年条"载:"六月十八日十四番船,唐医周岐来渡海,令在留柳屋治左卫门宅。"③有关周岐来,笔者将在下文进行详述。

赵淞阳,江南苏州府人,医师。《长崎渡来儒士医师等事》载:"享保十一年十月九日渡来,同十四年八月二十八日归唐。"④可知,其于享保十一年(1726)十月来日,十四年八月归国。

此外,享保十二年六月二十一日一同来航长崎的清人中,陈采若为浙江杭州府人,擅长射骑;刘经先为江南苏州府人,马医;沈大成为浙江宁波府人,也擅长射骑。《长崎渡来儒士医师等事》载:"享保十二年六月二十一日渡来。其中,陈采若、刘经先于享保十六年四月十二日归唐;沈大成于同年十月昨日归唐。"⑤《唐船入津并杂事之部》"享保十二年条"载:"六月二十一日唐国射骑陈采若、沈大成、马医刘经先渡来。"⑥

沈燮庵,浙江杭州府人,儒士。《长崎渡来儒士医师等事》载:"享保十二年十二月九日渡来,同十六年四月十一日归唐。"⑦《唐船入津并杂事之部》"享保十二年条"载:"十二月九日四十一番船,儒士沈燮庵渡来。"⑧可知,沈燮庵于享保十二年(1726)十二月来日,同十六年四月归国。沈燮庵曾经在日本校订唐律。⑨

沈南苹,著名画师。据《长崎渡来儒士医师等事》载:"享保十六年

---

① ③ ⑥　田边茂启编著:《长崎文献丛书》(第一集第二卷),长崎文献社,1973年,第267页。
② ④　同上书,第245页。
⑤ ⑦　同上书,第246页。
⑧　田边茂启编著:《长崎文献丛书》(第一集第二卷),长崎文献社,1973年,第267页。
⑨　大庭修:《江户时代中国文化受容之研究》,同朋舍出版,1984年,第260—263页。

渡来,同十八年九月十八日归唐。"①《唐船入津并杂事之部》"享保十六年条"载:"十二月三日三十七番船载来画工沈南苹。"②可知,沈南苹于享保十六年(1730)十二月三日乘三十七番船来日,同十八年九月十八日归国。有关沈南苹的事迹,笔者将在下文详细论述。

三、来日清人与日中文化交流

江户时代的日本流行着这样一个风习,即汉学者如果不来长崎与来舶清人进行交流,则被视为耻辱。③ 在这一时代环境下,日本的许多文人访问长崎。即使对自己不一定适合,也大肆购求唐物。

(1) 沈南苹

内藤湖南在《支那绘画史》"清朝的绘画"一节中,把沈铨(即沈南苹)视为对近世日本绘画有重要影响的人物,对其在日的业绩进行了阐述。④ 据彭百川《元明清书画人名录》"清人来舶'シ'之部"载:"沈铨,字衡斋,号南苹。吴兴人,花卉翎毛。"可知,沈铨(南苹)擅长绘画,尤其作为擅长花鸟的画家而广为人知。另据江户中后期著名儒者平泽元恺于天明七年(乾隆五十二年,1787)撰写的《费氏山水画式》序文载:"舶贾能画沈南苹,花卉翎毛最著。相继而来伊孚九、费汉源,名于山水。余在长崎,方巨川者适来,亦称能画。属者木文熙为徒弟,刻费氏画式,就余而请正因需一言。余已为文熙序,其新摸名山图而略言此际画,兴时污隆矣。……天明丁未仲春,兔道山樵泽元恺撰并书。"可知,平泽元恺把沈南苹视为来航长崎的著名画家。

有关沈南苹的记载,还可见于中国的记录。准正史《清史稿》卷五〇四、列传二九一、艺术三载:"沈铨,字南苹,浙江德清人。工写花鸟,

---

① 田边茂启编著:《长崎文献丛书》(第一集第二卷),长崎文献社,1973年,第246页。
② 同上书,第268页。
③ 坂本辰之助:《赖山阳》,三阳书院,1935年,第547—575页。
④ 内藤虎次郎:《支那绘画史》,弘文堂书房,1939年,第172页。

专精设色,妍丽绝人。雍正中,日本国王聘往授画,三年乃归。故其国尤重铨画,于(恽)为别派。"可知,沈南苹为浙江省湖州府德清县人。其擅长花鸟画,尤其是花鸟画的色彩搭配,被誉为绝品。雍正年间,应日本邀请赴长崎传授画技,两年后归国。其在日本倍受尊重,画风被视为恽格流派的别派。恽格乃清初画坛的代表人物六大家之一,与王时敏、王鉴、王原祁、王翚、吴历等,被称为"四王"、"吴恽",他们六人发展了由明代董其昌所确立的文人画,奠定了清代文人画的基础。①《清史稿》卷五一一、艺术三载:"恽格,字寿平,后以字行,改字正叔,号南田,江南武进人。"可知,恽格为江苏省常州府武进县人。有关其作品的特征,《乾隆江南通志》卷一六八、人物志、隐逸、常州府载:"恽格,一名寿平,字正叔,武进人。生而敏慧,八岁咏莲花,惊其长老。尤工绘画花卉、虫鸟,意态飞动,而题语书法兼工,故世称南田三绝。"可知,恽格擅长描绘花卉、鸟、虫等。

此外,还可见于地方志。嘉庆十三年(1808)《德清县续志》卷八、人物志载:"沈铨,字南苹。尝画花蕊宫词为图进御,又尝随贾舶至日本。日本凡人尤重其画,侄天骧、门人童衡皆传铨法。"其中,明确记载了沈南苹赴日以及其绘画在日本备受珍重之事,虽然至嘉庆十三年(1808)其赴日之事已逾七十余年。

嘉庆十七年(1812)镌刻的《新市镇续志》卷四、艺术、国朝载:"沈铨,字南苹,工画树石花鸟,名噪一时,晚年专精松鹿,人争藏之,侄天骧最得铨法,惜其年不永,传者甚稀。"可知,沈南苹在树木、石以及花鸟等的绘画很受欢迎。此外,同书还载有:"吴锜,字补之,画师南苹。而尤长于松,夭矫离奇,令人心目,俱骇不知者,疑其自以意造。后有人游粤西,还者言:自桂林之全州山中古松几二百里,怪怪奇奇,与吴所画绝肖。于是,人益居为奇货矣。"可知,画家吴锜也是沈南苹的弟子。新市镇位于德清县东北,是沈南苹的故里。

同治十三年(1874)镌刻的《湖州府志》卷八、人物传、艺术载:"沈

---

① 铃木敬:《四王・吴恽》,见《亚洲历史事典》(第四卷),[东京]平凡社,1960年,第124页。

铨,字衡之,号南苹,德清人。工写花卉翎毛,设色妍丽画人物,得不传之秘,曾写花蕊夫人宫辞为图以进。雍正间,日本国王持倭牌,聘往授画。三年辞归,时国王赠予累万,同舟人受簿录之累,倾所有以偿归家,不名一钱。"可确认,沈南苹为湖州府德清县人,擅长花卉等静物画。雍正年间曾赴日本,在日本传授绘画,倍受优遇。

民国十二年(1923)编修的《德清县新志》卷八、人物志载:"沈铨,字衡之,号南苹,新市人。工写花卉翎毛,设色妍丽画人物,得不传之秘,工秀绝伦。雍正间,日本国王持倭牌,聘往授画,三年辞归。国王赠予巨万,同舟人受簿录累倾所有以偿归家,不名一钱。"其中内容,与上述记载多同。

(2) 伊孚九

彭百川《元明清书画人名录》"清人来舶'シ'之部"载:"伊海,字孚九,号莘野,又号汇川,又号也堂,吴郡人,书画。"在现存伊孚九的绘画中,最有名的是三重县松坂市保管的个人藏品、被定为重要文化财产的《离合山水图》三幅。

关于著名画家伊孚九,《唐船入津并杂事之部》"享保五年"条载,享保五年二月伊孚九"牵御诞唐国牝马二疋渡来。入夜,自本船卸马,则差上御用"。另据《信牌方记录》"享保五年(康熙五十九,1720)二月"条、同年"十二月"条记载可知,伊孚九代替其兄伊韬吉,曾把二头牝马带到长崎。① 当时,西北地域兴起的被誉为最后游牧帝国的准噶尔部非常顽固,清王朝为如何镇压而大伤脑筋。(参见佐口透《俄国和亚洲草原》,吉川弘文馆,1982年)康熙时代末期,准噶尔部的泽旺阿剌蒲坦极为强盛。为了对抗准噶尔部,有必要储备优良的军马。为此,伊孚九诉说清王朝为了军马的调度而破费脑筋之事决不是虚编乱造,应该视为可信的情报。大概是为了说服别人,伊孚九把两头牝马带到长崎。其趁夜间其他中国商人不为所知时把牝马卸下船,也许是顾虑

---

① 大庭修:《享保时代日中关系资料》(近世日中交涉史料集二),关西大学出版部,1986年,第46—50页。

清王朝的内部事务吧。

据德川吉宗实录《有德院御实纪》卷一四"享保七年六月二十二日"记载,伊孚九带来的唐马曾委托给任幕府警备事务大番的田中元陈饲养。① 在擅长养马的田中元陈驯熟之下,二头牝马似乎顺利地适应了日本的生活。

伊孚九之兄伊韬吉是一位著名的商人,其曾经搭乘正德六年(享保元年)四番广南船来日,并作为享保二年四番南京船船主、同三年三十一番南京船船主多次来航长崎。② 据《崎港商说》卷三记载,伊孚九最初来日是享保五年二月作为二番南京船船主赴长崎的。③ 其使用的信牌来自享保三年二十八番宁波船,船主为郑孔琬。④

在此之后,伊孚九曾搭乘享保十一年二十八番占城船、作为同十五年二十三番南京船船主和同十八年七番南京船船主两次来日。⑤ 另据《华夷变态》载:

(享保六年十二月十八日入长崎港之三十三番南京船)船头伊敬心初渡海之事:去年二番船头伊孚九归帆之时,授丑年之信牌。其本人虽应来朝,因无要事,故未渡海。因此,伊孚九之兄伊敬心携带伊孚九信牌渡来。乘渡之船,亦去年之二番船。⑥

可知,其兄伊敬心曾代替伊孚九赴日。后伊敬心也曾作为享保十年正月二十八日四番占城船船主以陆培元之名来日。伊孚九也同船来日,"愿成伊敬心之客来"。⑦

---

① 《德川实纪》(第八编),吉川弘文馆,1999 年,第 274—275 页。
② 林春胜、林信笃编著:《华夷变态》(下册),东洋文库,1959 年,第 2742、2820 页。
③④ 同上书,第 2867—2868、2817 页。
⑤ 大庭修:《唐船进港回棹录 岛原本唐人风说书 割符留帐》(近世日中交涉史料集),关西大学东西学术研究所,1974 年,第 83、90、95 页。
⑥ 林春胜、林信笃编著:《华夷变态》(下册),东洋文库,1959 年,第 2817 页。
⑦ 大庭修:《唐船进港回棹录 岛原本唐人风说书 割符留帐》(近世日中交涉史料集),关西大学东西学术研究所,1974 年,第 83 页。

延享四年(乾隆十二,1747)八月的《归帆册》①中也可见到有关伊孚九的记录(长崎历史文化博物馆藏《伊孚九书上船员名簿》,渡边文库 316/17/37):

> 丑三番南京船主伊孚九,本船于子年十二月初十日由乍浦驾至,十七日收入长崎港内。其货交易俱竣合笑□□准带版银铜筋包头什色俱已收,明毫无差错。今欲开棹,理合报明,本船客目共八十一人。但开船之日,除准带货物之外,不敢私带违禁之物,入敢前往吕宋其外天主教□住等处,来时不敢载天主教门党类,及犯禁货物假药材信石斑猫莞青等毒药,并不敢归日本别处港门放人众上岸。来往一如从前,条约甘结确守。若有毫犯,人船及货物受罚。为此,船亦并宿主花押存证。计开。船主伊孚九,年五十岁。……延享四年八月□日丑三番南京船主伊孚九(□为阙字)

上述名簿应该书于享保五年(1720)至延享四年(1747)。延享四年,伊孚九时年50岁,所以其出生于康熙三十八年(元禄十二,1699),初次来日时为23岁。

关于伊孚九延享四年的来日,后世学者大田南亩《琼浦杂缀》载:

> 千字文一卷,乾隆丁卯秋七月望前三日,书于长崎客馆旷心楼,山唐伊海孚九氏。
> 伊孚九楷书,甚乙丑仲夏十九日清晨观。②

据此也可以佐证。从乾隆丁卯为乾隆十二年即延享四年来看,伊孚九并不是每年都来日,但可限定于享保五年至延享四年的二十七年间。

---

① 《和汉寄文》卷一可以见到同形式的文书,名为《归帆册》。前文记载的是入港期日和有关贸易的简单内容以及不违反日本禁教令等内容,也记载乘员的名簿。参见大庭修编著《享保时代日中关系资料——近世日中交涉史料集二一》第154页。

② 浜田义一郎等编:《大田南亩全集》(第八卷),岩波书店,1986年,第580页。

从乙丑年为乾隆十年即延享二年来看,伊孚九曾于延享二年来日。

伊孚九的绘画对江户时代的画人产生了很大的影响,故与池大雅的画谱一同作为《伊孚九·池大雅山水画谱》刊出。

(3) 长久保赤水与明和时期的清商

长久保赤水是江户时代代表性的地理学者,水户藩人。为了处理漂流到中国后返回长崎的水户藩人事务,他被派遣至长崎。其在长崎期间的记录就是《长崎行役日记》。在滞留长崎中的明和四年(乾隆三十二,1767)十月十三日的日记中,记载了来航的中国商人。应滞留在长崎的清人要求——"如果有擅长文采之人,请介绍给我们进行诗文赠答"[①]——而把自作的诗文赠送给清人,征求清人的评价意见。另从紧接着的十四日条的记载可知,长久保赤水利用在长崎的机会频繁与清人接触。[②] 此外,他还曾考虑与来航清人进行笔谈等。同书明和四年十月十六日条载:"此时熊氏来信一封,即清客游朴庵的返翰和章。暂又来,乃张蕴文、龚廷贤二清客的和韵之诗。此二客予初并未赠诗文,当为熊氏与游朴庵的乞请,实乃望外之事。予书谢状,托亭主过鸡鸣。"[③]可知,通过"熊氏"即唐通事熊代太郎右卫门,长久保赤水成功地与游朴庵接触,并收到了未曾预料到的清人张蕴文、龚廷贤等的诗文。

长久保赤水又把与来航长崎清人交流获赠的诗文等编录成《清槎唱和集》一卷。在该书的题言中,冈津的学者名越南溪指出:"本藩之渔舟为飓风所漂至于安南,会有南京贾客之采崎港者,寄其舶而得还。本藩遣吏卒、监其事。长子玉亦与焉。留数日乃与清人之在崎港者唱和为数篇,题曰《清槎唱和》。"可见,漂流到越南的水户藩人,得到曾赴越南后至长崎的清人救助,而得以归国,为处理这些难民而赴长崎的长久保赤水利用此机会与清人接触,结果促使《清槎唱和集》的诞生。

[①] 柳田国男:《纪行文集》,博文堂,1930年,第236页。
[②] 林春胜、林信笃编著:《华夷变态》(下册),东洋文库,1959年,第240—241页。
[③] 柳田国男:《纪行文集》,博文堂,1930年,第244页。

文中的子玉,乃长久保赤水之号。

据《清槎唱和集》记载,与长久保赤水唱和的清人还有:游朴庵(名勋,字元周,古闽人,福州船商主)、张蕴文(名焕,南京人)、龚廷贤(字克显,温陵人)、王世吉(名远昌,山西汾州府汾阳县贡士,南京上海船商主)。此四人都是作为来航长崎的船主而知名,故依次记载了他们的事迹。

关于游朴庵,《元明清书画人名录》载:"游勋,字元周,一字朴庵,古闽人。行草。"另据《明安调方记》"唐船宿町顺"条载,其作为明和二年(乾隆三十,1765)酉八番船主至安永三年(乾隆三十九,1774)午四番船主多次来航,跨度长达十年。① 《清槎唱和集》载有游朴庵如下的诗文:"谨答赤水长先生执事,仆生中国,长客琼江,嗜访名人,好交高士。凡东海之名士先生,虽不能面谈促膝,亦差可已诺通情,椰心犹未足也。"可知,游朴庵来航长崎的目的是希望与高士交游,但没有完全实现。

张蕴文于明和四年后来日,作为明和五年子七番船主至安永四年申二番船主多次来航,跨度达九年。② 龚廷贤,《元明清书画人名录》载:"龚标,字克贤,温陵人。行书。"可知,龚廷贤即龚标。其以龚克颠之名而为人所知是作为明和三年戌十二番船主、明和四年亥五番船主两次来航。③《清槎唱和集》收录其诗文三首。王世吉,《元明清书画人名录》载:"王远昌,字世吉,西河人。行草。"其中,西河乃山西汾阳在唐代以后的古称。据此可知,王世吉为山西人。其作为明和三年戌九番船主至安永八年亥七番船主④多次来航,跨度长达十四年。其中,明和四年七月十六日,作为亥四番船主进入长崎港时,曾船载漂流至越

---

① 长崎县史编纂委员会编:《长崎县史》(史料编第四),吉川弘文馆,1965年,第565—569页。

②③ 同上书,第565—570、565页。

④ 参见《长崎县史·史料编第四》第565—568、570、571页。该书明和三年、明和六年、安永元年均记载为"黄世吉",但据长崎市立博物馆所藏的"贩银额配铜之数"文书,可以确认王世吉于此三年来航。由于没有"黄世吉"之人,故可知《明安调方记》"唐船宿町顺"中把"王"误作了"黄"。

南的水户藩难民来日。①

(4) 平泽元恺与汪竹里

曾求学于幕府学问所昌平簧的江户中后期知名儒者平泽元恺,安永三年九月曾造访长崎。② 其当时访问的记录作为《琼浦偶笔》(七卷)而保存下来。该书的卷二《笔语》中记录了其与来航清人笔谈询问及得到回答的各种问题,其中特别提到了其极为信赖的清人汪竹里:"余尝闻,唐商多瞒人,言说不足信也。独汪竹里者,其人信悫,亦好读书,其言足可践矣。今兹幸留于此,因就译司问所畜,实解惑者多。"可知,来舶清人大多不实,言说难以信用。但有一人可以信用,他就是汪竹里。汪竹里本人可以信赖,且颇有学识,故其言说可以信用。因此,平泽通过唐通事转交了各种各样的问题,得到汪竹里的回答,极为满足,故作为《笔语》而记录下来。

如平泽所知晓汪竹里的实力那样,汪竹里是其在长崎通商使用的名字,原名为汪鹏。其滞留长崎时的记事因录入《袖海编》而保存下来。其还把残留在日本的中国逸书带回了国内,为逸书的翻刻作出了很大贡献。③

汪竹里即汪鹏在其著《袖海编》中,记载了其对长崎的印象:"长崎一名琼浦,风土甚佳,山辉川媚,人之聪慧灵敏,不亚中华。男女无废时旷职,其教颇有方,斯民也,三代之所以直道而行也。向使明周官之礼习、孔氏之书,大体以明彝伦增佚事,举政修何多让焉。"可见,其对长崎的印象极好。

平泽元恺与汪竹里之间的应接问答收录于《笔语》中的接近九十问中。这些应答几乎占尽《琼浦偶笔》卷二,表明了其与汪竹里情投意合。《笔语》中还收录有如下意味深长的问答:"余(平泽元恺)问:近时载来诸器皿彩画,或山水,或花卉,或雀鹿,其侧多画一鹡鸰,殊不相

---

① 田边茂启编著:《长崎文献丛书》(第一集第二卷),长崎文献社,1973年,第307—311页。
② 关仪一郎、关义直编著:《近世汉学者传记著作大事典》,井田书店,1981年,第431页。
③ 松浦章:《江户时代唐船带来的日中文化交流》,思文阁,2007年,第202—216页。

关,有何意旨? 汪(竹里)曰:鹬鹕,音同福字,故彩绘中多间杂之。如画一鹬鹕,共一寿字,即为福寿;或画水中小山,如一鹬鹕,即寿山福海。"这一问答,都是与描绘中国舶载物的绘画有关。可见,平泽元恺广泛接触了舶载品中的鹬鹕绘画。对于中国人来说,缘起是作为美好事物的象征而描绘的,当然在日本也应被视为美好的事物,故舶载至日本的。

(5) 费汉源・费晴湖

彭百川《元明清书画人名录》"清人来舶「ヒ」之部"载:"费澜,字汉源。山水人物。"可知,来航长崎的费汉源是作为山水人物画家而知名的。

天明己酉(九年、宽政元年、乾隆五十四年,1789)新刊《费氏山水画式》载有费晴湖的序文:"汉源公余族之从祖也。世居苕溪,余少时虽未获亲,承其指授。……余兹来崎,得展芙蓉先生所模山水画式三卷,……是为跋。乾隆五十七年壬子秋七月,苕溪费晴湖浅并书。"乾隆五十七年为宽政四年(1792),《长崎圣堂文书》中也记载费晴湖于当年来日。据鹤田武良的研究,费汉源于享保十九年初次来航长崎,元文二年作为南京船主再次赴日。至宝历六年前后,曾数次来日。其虽是画家,但传存的作品并不多。①

关于费晴湖,春木南湖于天明八年(乾隆五十三,1788)九月二十八日至长崎,十月朔日参观长崎港,与乘唐船来日的唐人笔谈,春木南湖《西游日簿》记录下这些人物的名字。其中出现了费晴湖:"姓费,名肇阳,字得天,别号晴湖,浙江湖州府居住,苕溪人也。"可知,费晴湖与费汉源乃一族之人。据《西游日簿》记载,费晴湖曾作为戌四番船的船主,于天明八年、宽政二年(乾隆五十五,1790)十一月十五日夜两次进入长崎港。②另据《长崎圣堂文库资料》(旧长崎市立博物馆藏)收录的

---

① 鹤田武良:《费汉源与费晴湖》,见《国华》第 1036 号,1980 年 7 月,第 16—18 页。
② 松浦章编著:《宽政元年土佐漂着安利船资料》(江户时代漂着唐船资料集三),关西大学出版部,1989 年,第 390 页。

《贩银额配铜之数》记载,其也曾于宽政三年、四年、六年、七年、八年多次来日。

此外,其还以费肇阳之名而知名,宽政十一年(嘉庆四年,1799)己未八月新镌《清俗纪闻》的末尾所载清人协力者中载有"湖州　费肇阳"。编者中川忠英在任长崎奉行的时间为宽政七年至九年,故费晴湖在该时期滞留在长崎是毫无疑问的。《清俗纪闻》的附言载:

> 本书图绘乃吾遣崎阳画师至清人之旅馆随闻而绘,如有少许相违之处,清人即正之,或多作图,以示之。再三问答,始得事之全委,见者切勿生疑。①

可见,渡来清人也参与了《清俗纪闻》插图的制作。不难想象,费晴湖也应是其中的相关人员。

四、结　语

自从中国接受汉字以来,日本人对于中国文化的憧憬一直未有中断。至江户时代,依然渗透至如此之多的文人之中,这从上述日本文人们与来航长崎清人之间的交涉记录中即可以明确。对汉学渊源较深的儒者来说,在对外封闭的日本,唯一可以接触到活生生的中国人的地方只有长崎。故多数文人在得到访问长崎的机会时,均赴长崎接触来日的中国人,其中也包含有请求中国人评定他们在书本中所学学问的价值的意味。但是,由于赴长崎的中国人大多是商船的乘员,虽有博学之才的商人,但并没有完全让日本文人满足。

从绘画研究的观点来看,"具有日本性的感触的花鸟画家沈南苹、……山水画家王古山、费汉源等均出身于浙江省西北部,且时代集中于康熙、乾隆年间。由此可以推测,具有日本性的感触、范围广泛的

---

① 中川忠英著,孙伯醇、村上一弥编:《清俗纪闻》(一),平凡社,1966年,第1页。

画风,在清康熙乾隆年间浙江省西北部的一定地域,较为流行"。① 可见,当时的日中文化交流具有时代性、地域性偏差的特色。

江户时代中后期赴长崎贸易的中国商船,多从浙江省嘉兴府平湖县乍浦镇扬帆出海。这个地方是清代中国文化最为发达的地域之一,但是赴长崎贸易的商人们却未必都是一流的知识分子或一流知识分子出身的船主。大多数的船主或是出自本地的贸易世家,或为附近的豪商巨贾。② 他们根本算不上中国高深学问和精湛技艺的代表者。但是,即便如此,在当时对外封闭的社会现实中,日本文人们还是抱着无比兴奋的激情与这些赴日清商们开展了丰富多彩的文化交流活动。

(最初发表于关西大学亚洲文化交流研究中心第9届"东亚的人文世界"学术讨论会。2008年1月20日。郑州大学葛继勇译)

---

① 鹤田武良:《何元鼎与梁基——沈南蘋的周边——》,见《国华》第1069号,1983年12月,第44页。
② 松浦章:《清代海外贸易史之研究》,[京都]朋友书店,2002年,第208—261页。

第三章 清末民初福建的海外移民

一、前 言

中国福建省自古"僻在海隅,人满财乏,惟恃贩洋"①,海外移民被视为解决过剩人口的最佳途径。这种性质的海外移民一直持续到20世纪前期。19世纪末,发行于福州的《闽报》光绪二十八年十一月四日(明治35年,1902)十二月三日第493号的卷头有一则"福州米价升贵绿白"的报道,其谓:

闽省西北背山,东南面海,足为耕种田地约仅三分之一。

由上可知,福建省西北靠山,东南面海,可耕种土地仅1/3,是故福建人自古以来就积极地走向海外。清代福建人的海外活动,其目的不仅仅在于贸易,也有非常积极的海外移民倾向。②

---

① 同治《福建通志》卷八七"海禁"中有"福建僻在海隅,人满财乏,惟恃贩洋"的记载。
② 松浦章:《清代福建的海外贸易》,《中国社会经济史研究》(厦门大学出版),1986年第1期;松浦章:《16—19世纪中国·菲律宾间的海上贸易》,《海事交通研究》第23集,1984年3月;松浦章:《清代的海洋圈与海外移民》,《来自周边的历史》,"从亚洲开始思考"3,东京大学出版会,1994年10月,第165—192页。

曾到东南亚对华侨活动做过实地考察的农工商部右侍郎杨士琦在光绪三十四年(明治 41 年，1908)二月十六日的奏折"考察南洋华侨商业情形"中有如下一段记载：

> 飞猎滨群岛大小千余，已小吕宋为最巨，其地西连闽、粤，北枕台、澎，距香港、厦门均不过二千余里，土产以烟、茶、麻、米为大宗，转售营销，皆操自华人之手，贸易则闽商最盛，粤商次之。①

从上述记录可知，菲律宾由大小千余个小岛所组成，其中吕宋岛最大。它的西面靠福建、广东两省，北边和台湾澎湖相连，与香港、厦门距离不过两千余里。物产以砂糖、马尼拉麻、米等为大宗。这些物产的交易几乎全被华侨所垄断。华侨中以福建商人的势力为最大，其次则是广东商人。杨世琦接着描述了越南的西贡(今胡志明市)、泰国的曼谷、印度尼西亚的巴达维雅(今雅加达)等地华侨在当地的活动。关于新加坡华侨的情况，杨世琦记述道：

> 新加坡幅员甚小，农产亦稀，自英人开渠后，免税以广招徕，由此商舶云集，百货汇输，遂为海南第一巨渠，华侨二十余万人。②

可见，新加坡虽然土地狭小，物产稀少，但是因为英国人实行了鼓励贸易的免税制度，因此无数船舶云集于此，新加坡因而成为货物集聚流通之地，成为南方最大的港口，当地的华侨约有二十余万人之多。

因为不利的地理条件，福建人自古以来就非常积极地走向海外。这里以 19 世纪末、20 世纪初的日本领事报告为资料，考察清末民初时期福建的海外移民情况。

---

① 中国第一历史档案馆编：《清代中国与东南亚各国关系档案史料汇编》第 1 册，国际文化出版公司 1998 年版，第 151 页。

② 《清代中国与东南亚各国关系档案史料汇编》第 1 册，第 152 页。

二、福建相关的领事报告

  日本最早的驻中国领事是在明治 5 年(同治十一年,1872)2 月 10 日被任命为上海代理领事的品川忠道。① 日本最早的驻福建领事,以明治 5 年(同治十一年,1872)9 月 4 日任命的福州领事井田让和明治 7 年(同治十三年,1874)4 月 8 日任命的厦门领事福岛九成为最早。② 此后,明治 8 年(光绪元年,1875)10 月 31 日品川忠道受命成为日本驻中国的总领事,并于明治 13 年(光绪六年,1880)9 月 13 日受任兼辖厦门、淡水(台湾)、台湾、福州四地。③ 其后福建的领事制度屡有变迁,厦门领事馆于明治 29 年(光绪二十二年,1896)3 月 29 日正式开馆,福州领事馆则于明治 32 年(光绪二十五年,1899)从厦门领事馆福州分馆分立出来独自开馆。④

  关于厦门领事馆和福州领事馆的辖区,明治 33 年(光绪二十六年,1900)12 月 27 日外务省令五号中的"在清国厦门帝国领事管辖区域"有如下记载:

    福建省中兴化府、泉州府、永春州、汀州府、漳州府、龙岩州
    广东省中潮州府、嘉应州、惠州府
    江西省中吉安府、南安府、赣州府、宁州府⑤

据以上记载可以看出,厦门领事馆的辖区为福建省的东南部和广东省的东北部以及江西省的中南部。同外务省令五号中的"在清国厦门帝国领事管辖区域"则记录为:

---

① 角山荣编:《日本领事报告研究》,同文馆,1986 年 12 月,第 482 页。
② 同上书,第 483、485 页。
③⑤ 同上书,第 482、508 页。
④ 同上书,第 483、485 页。

福建省中福州府、延平府、建宁府、邵武府、福宁府①

可见,福州领事馆的主要管辖区域为福建省的中部和北部。

从以上管辖区域的记载可以清楚地知道,厦门领事馆的组织比福州领事馆要大。

此后,二领事馆的辖区有所变更。据明治42年(宣统元年,1909)3月6日的外务省令一号:

> 清国福州驻在帝国领事官管辖区域　福建省中福州府、延平府、建宁府、邵武府及福宁府。②
>
> 清国厦门驻在帝国领事官管辖区域　福建省中兴化府、泉州府、永春州、漳州府及龙岩州。③

可知,厦门领事馆的辖区有所收缩,其原因是,日本外务省在广东省东北部的汕头设立了新的领事馆。

福建省的日本领事报告始于明治20(1887)年代。从明治20年以后,日本驻福州的帝国领事报告多为关于农业生产的报告,尤其是以茶叶生产的相关报告最为多见。④ 关于福建日本领事馆的早期领事报告刊登情况,明治20年至明治22年间的刊登在《通商报告》上⑤;明治23年(1980)、明治24年的刊登在《官报》上⑥,明治27年(光绪二十年,1894)以后的则刊登在《通商汇纂》上。

作为本文资料的福建日本领事报告,系大正9年(1920)4月27日的厦门帝国领事馆报告和同年6月的在福州帝国领事馆报告。外务省通商局于大正10年(1921)6月将此二者整理成一册,命名为《福建

---

① 角山荣编:《日本领事报告之研究》,第509页。
②③⑤⑥ 同上书,第516—517、517、51—52、79页。
④ 角山荣、高嶋雅明监修:《微缩胶片版　领事报告资料收录目录》,松元堂胶片出版,1983年10月,第51—52页。

省事情》刊行。厦门帝国领事馆报告收录在第一卷"在厦门帝国领事馆辖区域内事情"中,福州帝国领事馆报告则收录在第二卷"在福州领事馆馆内事情"中。

第一卷"在厦门帝国领事馆管辖区域内事情"之内容为:第一章"地势、面积、人口及职业";第二章"馆内之特长";第三章"衣食住之状态";第四章"气候及卫生";第五章"贸易";第六章"矿业";第七章"工业";第八章"农业及畜牧";第九章"渔业";第十章"金融机关";第十一章"度量衡";第十二章"交通与通信";第十三章"教育和宗教";第十四章"不动产的买卖租赁契约及习惯";第十五章"劳动者及婢仆赁银";第十六章"物价";第十七章"日本的着眼完全是各项事业"。

第二卷"在福州总领事馆馆内事情"中,第一章"地势、人口、职业";第二章"馆内之特长";第三章"衣食住之状态";第四章"气候和卫生";第五章"贸易";第六章"商业都邑";第七章"工业";第八章"矿业";第九章"农业和畜牧";第十章"渔猎";第十一章"金融和度量衡";第十二章"交通";第十三章"公私之设施";第十四章"土地家屋的买卖租赁契约";第十五章"物价和工资";第十六章"当地日人之着完全是各项事业"。

第一卷和第二卷在目录上虽然有所不同,但都是从大致相同的视点出发所作的报告。

由日本人所作的关于福建省的调查报告,另外还有东亚同文会的《支那省别全志 第十四卷 福建省》。该书是于明治40年(光绪三十三年,1907)至大正5年(民国五年,1916)期间,以福建省为中心所作的调查结果,其中第一篇第五章中有"福建之海外移民"之项目,其谓:

> 福建省外出工作之移民散布海外各地,其人数仅次于广东省。其省内移出最多最盛之地为泉州、漳州、兴化及福州四府之下的诸县以及永春州。据云永春州,有全村之壮丁悉数渡航海外者。将四府情况作一平均,则有约四十分之一的人口移住海外。福清县有两万人人移住海外,为其总人口的三十三分之一,长乐县有一万人移住海外,为其总人口的三十分之一。要而言之,福

州、厦门等都会及其附近的沿海诸县地方,渡航移住海外者多,延平、建宁、邵武各府山区之地,则移民较少。①

对福建省的海外移民的地域分布作了描述。

三、福建省海外移民的状况

福建省海外移民的情况,《福建省事情》第一卷"在厦门帝国领事馆管辖区域内事情"第二章的"管内之特长"中有如下的记载:

> 其显著之特点系当馆内之居民,往其他地方外出工作者极多。其一为赴南洋,其余则是去台湾。②

据上可知,厦门赴航海外的目的地,主要是南洋(即东南亚)和台湾地区。特别是关于南洋方面的移民,该报告有如下的详细描述:

> 南洋方面的移民　厦门港的入超,数十年来仅靠远赴南洋移民的汇款,才得以保持其经济之均衡。当地见不到像样的产业,仅有少量的农作物生产,要供应人数众多的居民的消费,生活物资不得不仰赖于外国之输入。且当地多数消费者的财源无法取自他处,智能依靠南洋移民的汇款。据悉,这类汇款每年在数百万美元以上。与南洋往来频繁的厦门人,其人数多达十万。运输公司的收益中,说客运收益远多于货运收益,一点也不为言过。③

从福建省的地理状况来看,海外移民的意义极为重大,它通过海外对福建的汇款补偿了福建农业生产低下的缺憾。海外移民活动所带来

---

① 《支那省别全志　第十四卷　福建省》,东亚同文会,1920年1月,第18—19页。
②③ 《福建省事情》,第4页。

的海外与福建的频繁往来,使得运输公司客运收入远高于货运收入。

那么,南洋地区究竟是个什么样的地方呢?据同一报告记载:

> 主要的外出移民地为新加坡、槟城、吕宋、暹罗、安南、爪哇岛、苏门答腊、西里伯斯、缅甸等。①

可见,福建的主要移民地为新加坡、槟城、吕宋、暹罗、安南、爪哇岛、苏门答腊、西里伯斯、缅甸②,这与清代前期、中期的情况相差不大。关于自厦门走向海外的福建境内各地的移民情况,报告指出:

> 从厦门出航海外者,北起福州,南至漳州,多为与海岸所接近之地方,以漳州和泉州为第一,其次为兴化、永春地方。福州府下,则以福清、长乐、侯官、闽县各地为最多。以上各地均可渡航。③

可见,在福建沿海一带,北部的福州府治下的福清、长乐、侯官、闽县和兴化、永春地方,以及漳州府等地为主要的移民来源地。④

在此之前,明治39年(光绪三十二年,1906)4月21日的厦门帝国领事馆报告"南洋行福建省出稼情状"亦有关于福建移民的记载:

> 福建省居民外出谋生、移民之业颇为兴盛,并对当地之通商贸易影响甚巨。……赴南洋谋生之福建人,以漳州府、泉州府以及永春州的百姓为最多。其次则为兴化府仙游县和福州府福清

---

① 《福建省事情》,第4页。
②④ 松浦章:《清代的海洋圈和海外移民》,《来自周边的历史》,"从亚洲开始思考"3,东京大学出版会,1994年10月,第165—192、181页。
③ 《福建省事情》,第4页。

县。其外出谋生之人口,每年各有增减。①

由以上可知,20世纪初期渡航至东南亚的福建人,其出身地主要以漳州府、泉州府、永春州为主,其次为兴化府仙游县和福州府福清县。

1999年10月7日下午3时左右,我们在福建省福清县渔溪镇古圳埔上张村的旧居作了一次调查。从当时管理旧居的老人口中得知,此处原为叶家旧居,建于200年前清朝乾隆时代。叶氏一族现在约有400—500人,其祖先是从莆田迁居至此的。在四五年前,这里还住着一百多号人,但是现在大家都迁居到新的居所,这里的旧居现在形同废屋,只有一部分房间被留作仓库。叶氏一族主要以"种田"为生,但是其中亦不乏商人,并有一些人成为华侨而迁居至日本、新加坡和南洋各地。从这次访问可以知道,一家或一族赴海外谋生或者移民,在福清一带普通民众的意识中是很自然的行为,一点也不觉得困难。

此外,以上福建省各地域赴海外发展的理由,《福建省事情》第一卷"在厦门帝国领事馆辖区域内事情"报告中有如下的描述:

一、根本的原因　福建、广东地区土地贫瘠,百姓在当地难以生存。

二、助长移民的理由

(一)近海出航方便,以及爱好海洋事业机会多。

(二)振兴家业的办法,唯有依靠海外谋生这一传统思想。

(三)南洋各地,天惠良多,土著民积蓄财产观念淡薄,华人仅需稍有经济主义理念,即可达到劳少功多,因之其事业成功的概率较大。

(四)亲朋好友多在海外,彼此能多相提携,航海设备良好。②

---

① 《通商汇纂》,明治39年第34、35号。
② 《福建省事情》,第4—5页。

从以上论述可知,福建省海外移民辈出的理由是:在福建省境内耕作地面积小,物资产量有限,而人口相对庞大,为了解决过剩人口的生计而不得走向海外谋求发展。

明治39年(光绪三十二年,1906)5月23日厦门帝国领事报告"福建省移民的外出工作手续"中有如下记载:

> 福建省移民中,当地(厦门)人去南洋谋生的情况有以下三种:第一,在家乡难以糊口,不得已下南洋打工谋生;第二,因有父兄、亲戚、朋友在南洋经营商业,有所依靠而赴南洋营生;第三,从南洋暂时回来,后来再度赴南洋者。在当地,首次赴南洋者俗称新客,再度赴南洋者俗称旧客,后者人数较前者为多。①

从以上记载可知,厦门人赴南洋之理由,为打工谋生和商业活动,还有一部分是再次赴南洋者。当地人俗称再度赴南洋者为旧客,初次赴南洋者为新客。

早在清代中期,漳州府、泉州府的百姓就有向海外索取食粮的意识倾向,这可从同治《福建通志》卷五二"国朝蠲赈"窥见一斑:

> 两府(漳州、泉州)人民原有三等,上等者以贩洋为事业,下等者以出海、探捕、驾船、挑脚为生计,惟中等者力农度日。故各属不患米贵,只患无米。②

如上所述,在漳州府和泉州府,民众的贫富情况可区分为三个等级:上等阶层从事海上贸易事业,下等阶层以运输、渔业为生计,惟有中等阶层从事农业生产。

领事报告指出,助长福建海外移民的要因,有积极走向海外发展的传统习惯,通过海外活动积蓄家族财产的思想意识,用自己的经济

---

① 《通商汇纂》,明治39年第37号,第42页。
② 参见同治《福建通志》卷五二"国朝蠲赈·道光十三年"条。

理念发财致富的可能。另外还有历史环境所造成的良好的交通设备。关于这些促进了海外移民发展的交通设备，"在厦门帝国领事馆管辖区域内事情"指出了它们种类：

> 移民渡航设备为汽船公司、船头行、客栈及客头。①

福建人在海外移民活动中可能用到的交通设备有：汽船公司、船头行、客栈、客头等。关于船头行，领事报告对它们有如下之叙述：

> 船头行系各汽船公司在客运和货运上的经纪人，汽船公司及其代理店之买办多经营该行业。船头行在移民运输上，除向汽船公司收取五分上下的手续费之外，还以每名一二弗的高价将船票卖给乘客。他们或买断某些特定的船舱，或者通过缔结合同形式将船票卖给某些人。他们有时直接向移民乘客兜售船票，或者以将船票贷卖给客头的形式将之卖给客栈。这对客栈而言一次可得多数买入。②

由上可知，应从事海外移民的汽船公司的需要，有为旅客做乘船服务的船头行之组织。他们多是以汽船公司的代理店身份进行买办。船头行除负责为汽船公司进行旅客斡旋工作之外，也从旅客那里赚取一定数额的手续费。

"在厦门帝国领事馆管辖区域内事情"关于客栈有以下记载：

> 客栈是地方客头和联络其他移民之宿泊之处，宿泊费和其他费用从客头支付，或以赊贷方式支付，但必须在四个月内偿还。这种客栈有多个系统。亦即：
>
> 南安帮四一家　　同安帮三三家　　福清帮二二家
> 安溪帮一九家　　晋江帮一八家　　头北帮八家

①② 《福建省事情》，第5页。

禾山帮九家　　　　　漳州帮七家　　　　　惠安帮一一家
金门帮二家　　　　　　　　　　合计一七〇家

漳州、泉州、同安、安海等地方,每日均有数回船只往来。因知常有厦门发南洋船只之便,故无需另投客栈。径向船头购买船票者居多。①

客栈的基本功能是为旅客在乘船前提供住宿场所。此外,专业人员因地域之别分住各家客栈,同属泉州府治下的南安帮、同安帮、安西帮、晋江帮、惠安帮、金门帮客栈共有 124 家,占前述总数 170 家的 72.9%。显而易见,当时从厦门出海的人员中出身泉州府治下地区的占了大多数。

在"在厦门帝国领事馆管辖区域内事情"中,关于客头记载如下:

客头一度远赴南洋,通晓各项事情,多有受此客头劝诱出外做工之人。亦有人一游南洋,便通晓其事情,与客船等结为知己,则随即取得船头资格,得容易就职之便,故其数颇多。从厦门出入者约有一千一百人(大正六年调查),其中多数与香港、南洋客栈有所联络,率移民投宿其客栈,且仰其融通资金、催缴债务。其业务大致如下:
一、募集外出谋生之移民,并协助移住民就业。
二、为移民筹措旅费融通资金。
三、于乡里收购土货,高价贩往移住地。②

所谓客头,即为过去有远渡南洋之经验,通晓各地事情,并协助移民人员在当地寻找工作使其生活安定之人。从大正 6 年(1917)的调查可知,当时厦门约有船头 1100 人,他们与香港、东南亚各地的客栈等联络不绝,为即将远航的移民在住宿、经济等方面提供可能的帮助而积极地做准备。

---

①② 《福建省事情》,第 5—6 页。

"福建省移民之出外谋生手续"中亦有关于客头的记载：

> 外出谋生者常通过俗称客投的移民中介者从厦门出航。如客头未随船渡海，则由与客头有所往来的当地清国客栈安排出航，抵达目的地后，投住当地的清朝客栈。多数人均经其介绍就业，或有拜托亲朋好友代为寻找工作者。①

如上所述，将渡海者送往目的地、协助他们在当地就业的人，即被称作客头。

关于客头，日本驻厦门帝国领事馆明治43年（宣统二年，1910）8月9日的报告"厦门地区之南洋移民状况"中，有如下的叙述：

> 客头不仅替无资金财力的出外谋生者筹措渡航所需的一切旅费，承担其抵达目的地为止的一切保护与监督之责，还帮海外当地的打工移民人介绍到当地的移民安置客栈，使其得以顺利就业，可谓移民首领。因此客头所管照的出外谋生者若非其同乡，也必定是与其乡里关系密切的友村人士。②

这篇报告对客头作用的记载与前篇报告大同小异，但其中提供了另一条重要信息，即客头与出外谋生者为同乡。乡亲间团结的强大力量至关重要。该报告中又说：

> 在厦门内地，同姓同族间极为团结，这在地方官吏保护管理成效不彰的内地，属于一种自力救济的做法，即成立自治团体以抵御非法入侵者或与他族他姓抗衡。规模小者为一村，大者由数村联合。这类团体对于个人的制裁较为有效，因为客头支配了其中多数的出外谋生者，垫付渡航所需的一切费用，且以保证人的

---

① 《通商汇纂》，明治39年第37号，第42页。
② 《通商汇纂》，明治43年第55号，第74页。

身份代为介绍工作,因此地方民众如有违抗此种制裁时,即被排除于管照之列。万一有出外人在客投的保护、代垫渡航等一切费用的情况下半路潜逃,客头即向逃走者留在家乡的父母亲戚追索损害赔偿。①

由此可知,虽有地方上团结互助的正面意义,但从客头的立场来看,当出外谋生者在移民当地等外地逃走时,也较方便向其乡里的父母亲戚等一族追讨未偿付的移民费用,具有类似保险的附带效用。

从厦门港渡海至马尼拉、新加坡之移民人数,根据日本驻厦门帝国领事馆明治41年(光绪三十四年,1908)4月24日的报告,统计人数如下表所示:

1905—1907年从厦门到马尼拉、新加坡的渡航人数②

	马尼拉	新加坡
1905(光绪三十一年,明治38年)	5392	53729
1906(光绪二十二年,明治39年)	4638	67512
1907(光绪三十三年,明治40年)	3400	73191

往新加坡的人数比马尼拉高出10倍以上,关于这点,该报告指出:

马尼拉自划归美国领地以来,即对清朝劳工实施入岛限制,近年来管制益发严格。故除从来于该地营生、短暂回国而欲再度入岛之人外,新来劳工入岛之事至为困难。相形之下,流入新加坡的出外谋生者,最近有倍增之倾向。③

1898年(光绪二十四年,明治31年)美国与西班牙爆发战争,美国从西班牙手中夺取新加坡的领土权,因而造成前往马尼拉的中国移民人数

---

① 《通商汇纂》,明治43年第55号,第74页。
②③ 《通商汇纂》,明治41年第33号,第3页。

减少。

据"日本驻厦门帝国领事馆辖区内情形",统计1912、1913年从厦门港渡海至东南亚的人数,列于下表:

1912、1913年厦门港移民出入概数①

	1912年往	1912年来	1913年往	1913年来
海峡殖民地	81375	7640	91807	2086
马尼拉	5234	3508	5720	3989
香港	9363	19590	7641	18351
其他	231	56	26	62
合计	96203	30794	105194	24448

另据"在厦门帝国领事馆管辖区域内事情",从厦门移民东南亚的人数概略有如下表所示:

厦门移民地别概数表(1915—现在)②

爪哇	190000	马六甲	9790
彼南	54892	安南	25000
暹罗	120000	菲律宾群岛	160000
缅甸	75000	新加坡	100767
其他兰领诸岛	90000	马来半岛③	220000
德领诸岛	15000		
计	1060449		

1913—1941年之间,从菲律宾回到福建的返乡福建华侨人数共计3224人,依各县来看,返乡人潮达两位数的有:晋江县1942人、南安891人、厦门115人、惠安89人、同安54人、龙溪42人、金门

---

①② 《福建省事情》,第6页。
③ 新加坡、彼南、马六甲除外。

41 人、安溪 24 人、永春 12 人。① 其中,除了漳州府辖的龙溪与永春州辖的永春两县外,其余均隶属于泉州府管辖。泉州府辖内达 3156 人,占总人数 97.9%,足以想见远赴菲律宾的福建人绝大多数来自泉州府。

此外,根据 1947 年中国驻泰国大使馆报告,1940 年代每年远渡泰国的中国人数,最多 13.9 万人/年次,最少 1.6 万人/年次,平均为 4.2 万人/年次。其中尤以日本南进侵略期间归国华侨的人数居多。②

有关从厦门到台湾出外工作者方面的记载,在明治 37 年(光绪三十年,1904)的《通商汇纂》第 64 期中所刊登的明治 37 年 10 月 11 日驻厦门帝国领事馆报告"厦门及汕头地区之中国移民情形"中提到:

> 从本港(厦门)到台湾工作的劳工,主要为泉州、漳州两府的百姓(中略)每年单就从本港搭轮船渡台之人数,少则约八九千人,多则约一万二千人;次者以搭乘中国式的"戎克船"渡往该岛沿岸各地者为多。③

如上所述,出海到台湾的福建人多为泉州、漳州府籍民。他们乘坐汽船或俗称戎克船的帆船渡台。

此外,在"驻厦门帝国领事馆辖区内情形"中亦有相关描述:

> 台湾外地谋生移民:从厦门到台湾工作的劳工主要为泉州及漳州人。(日本)占领台湾前,巡抚刘铭传经营台湾颇为尽力,兴办各种事业,故有需要从福建南部引进劳工,每年搭乘轮船渡台者大约少则八九千人,多则达一万二千人。其余利用中国型"戎克船"渡航到台湾各地者,亦不在少数。然因我(日本)据台后对

---

①② 福建省档案馆编:《福建华侨档案史料(上)》"出版说明",档案出版社 1989 年版,第 220—221、286 页。

③ 《通商汇纂》,明治 37 年第 64 号,第 22 页。

中国劳工之入境加以管制,从此其数或有减少。

1887年(光绪十三年,明治20年)清朝将原隶属于福建省的台湾独立设省,是为台湾省,派刘铭传为首任巡抚。他虽积极建设台湾,但遭到岛民的反对。1895年(光绪二十一年,明治28年)《马关条约》签订,清朝将台湾割让给日本,从此台湾进入日本统治时代,直到1945年。上述"驻厦门帝国领事馆辖区内情形"之报告撰写时,台湾业已在日本统治之下。

在日据台湾前,从厦门出海迁居台湾的泉州、漳州籍民为数颇多。而到日本统治台湾时起,渡航即受到限制。

将《通商汇纂》明治37年第64期所刊登的"厦门及汕头地区之中国移民情形"中记载的搭乘轮船往来于台厦之间的人数,与"驻厦门帝国领事馆辖区内情形"中统计数字,对照列于下表:

1884—1905年厦门台湾间往来中国人数①

时间	厦门→台湾	指数	台湾→厦门	指数
1884年(光绪十年,明治17年)	6112人	100.0	7465人	100.0
1885年(光绪十一年,明治18年)	5960人	95.7	4467人	59.8
1886年(光绪十二年,明治19年)	8857人	144.9	10797人	144.0
1887年(光绪十三年,明治20年)	9658人	158	8323人	111.5
1888年(光绪十四年,明治21年)	6464人	105.8	8085人	108.3
1889年(光绪十五年,明治22年)	8570人	140.2	6965人	93.9
1890年(光绪十六年,明治23年)	9893人	161.9	9169人	122.8
1891年(光绪十七年,明治24年)	12806人	209.5	9371人	125.5
1892年(光绪十八年,明治25年)	9034人	147.8	8,862人	118.7
1893年(光绪十九年,明治26年)	18841人	308.3	18065人	242.0
1894年(光绪二十年,明治27年)	16998人	278.1	13134人	175.9

① 《通商汇纂》,明治37年第64号,第23页;《福建省事情》,第6页。

续 表

时间	厦门→台湾	指数	台湾→厦门	指数
1895年(光绪二十一年,明治28年)	17474人	285.9	26183人	350.7
1896年(光绪二十二年,明治29年)	7653人	125.2	7177人	96.1
1897年(光绪二十三年,明治30年)	9114人	149.1	10068人	134.9
1898年(光绪二十四年,明治31年)	6750人	110.4	6858人	91.9
1899年(光绪二十五年,明治32年)	9066人	148.3	11619人	155.6
1900年(光绪二十六年,明治33年)	7597人	124.3	10292人	137.9
1901年(光绪二十七年,明治34年)	6898人	112.9	9027人	120.9
1902年(光绪二十八年,明治35年)	6391人	104.6	7559人	101.3
1903年(光绪二十九年,明治36年)	5797人	94.8	6470人	90.3
1905年(光绪三十年,明治38年)	4897人	80.1	5577人	74.7

从此表中显而易见,自日本统治台湾以来,由厦门到台湾的渡航人数逐年递减。从日本开始统治台湾起到1905年的10年间,其人数减少约30%。

《通商汇纂》明治37年(光绪三十年,1904)第64期所刊载的驻厦门领事馆明治37年10月11日报告"厦门及汕头地区之中国移民情形"中又提到:

> 明治二十六年(光绪十九年,1893)往来于台湾、厦门间的中国人数多达三万六千人,其原因在于该年福建南部地区稻谷歉收,加上漳州、泉州沿岸遭暴风雨袭击,导致农民损失惨重,在家乡无以糊口,只得暂时前往台湾以谋求生计。另一方面,同年适逢泉州府南安县凤山寺举办供佛法会(此凤山寺供佛法会每三年举办一次,当地人尤以在南洋各地出外工作者必定回国参拜。据说有财势的信众,一次捐献数千金者大有人在),因此在台湾各地的泉州人为返乡参拜,故渡航人数大增。又,明治二十八年(光绪二十一年,1985)从台湾各地渡海返乡人潮多达二万六千以上,此

乃由于当时我帝国军队登陆该岛,不少福建籍民为躲避战火,暂时回国避难之故。①

该报告内容亦明确指出,在日本统治台湾前,台湾与福建之间民众出入往来频繁,且不仅是因出外谋生,也有宗教活动的因素,故相形之下民众返乡相对容易。但日本统治台湾以后,两地间的往来就受到各种法令的限制。

据大正4年(1915)"在厦门帝国领事馆管辖区域内情形",将从厦门渡航至台湾的中国人数按地域分列于下表。

1915年从厦门至台湾渡航者地域表②

	泉州府	兴化府	漳州府	其他(江西、安徽、广东各省)	计
男	3445	696	445	58	4644
女	220	24	12	—	256
计	3665	720	457	58	4900
比率	74.8%	14.7%	9.3%	1.2%	100%

从该表中可知,渡航台湾的人员中,以出生地为福建泉州府治下地区的民众居多,这与前述客栈之地域帮别之比率体现出相同的倾向。

另外,大正7年(1918)、大正8年(1919)两年中,按月记载着从厦门至台湾者的渡航人数。但因大正8年份全年渡航人数不详,故仅就大正7年的数据考察人数增减倾向。大正7年4月为1140人,5月530人,全年4110人,可见仅4、5两个月,渡航者就占全年人数的40.1%。航海活动集中在这两个月的原因,据"在厦门帝国领事馆管辖区域内情形"的记述:

---

① 《通商汇纂》,明治37年第64号,第23页。
② 《福建省事情》,第7页。

出海活动的高潮期是四、五月,此时为制茶时期。①

可知,4月和5月是台湾的制茶时期,所以从福建至台湾的季节性渡航人数急遽增加。

下表为大正5年(1916)至大正7年(1918)3年中,从厦门渡航至台湾的中国人职业表。

1916—1918年从厦门港渡航台湾中国人职业表②

职业别	1916年		1917年		1918年	
农作工	—	28.0%	334	8.2%	1326	25.1%
制茶工	1210	25.0%	1004	24.7%	920	17.4%
杂役	1082	19.0%	795	19.5%	827	15.6%
人力车夫	823	8.2%	505	12.4%	479	9.0%
木工	354	7.2%	285	7.0%	344	6.5%
编物工	311		290	7.1%	269	5.1%
渔业及采藻	—		153		235	
洋和服裁缝工	189		171		197	
织物工	—		130		174	
料理人	162		150		165	
理发人	197		143		143	
金银细工	—		—		123	
饼干制作人	—		107		100	
计	4328	100.0%	4067	100.0%	5293	100.0%

据上表可知,从中国大陆渡海到台湾的劳动人口,大多被限制在农耕和制茶工种,其中从事农业相关劳动的就占了30%—40%,由此可知当时的出外谋生者以此类劳工所占比例为最高。

上海发行的《中外日报》在1905年5月26日的"实业汇录"厦门

---

①② 《福建省事情》,第8页。

专栏中,有一篇"招工赴台做茶"的报导,其中写到:

> 台湾虽产茶,而做茶之人,皆漳、泉等处乡人居住多,每岁二三月往台,八九月回厦,藉茶谋终岁衣食者,约二三千人。现在茶市已开,急需茶工,祇以外开传言,有俄舰将攻台湾之设,于是人心惶惶,不敢渡台。

可知台湾的制茶吸引了对岸福建的大批漳州及泉州人渡海来台。这些出外谋生者固定于每年二三月左右渡台,八九月返回厦门,靠产茶作业的收入赚取一年的生活费,每年总计有二三千名劳工渡台。该报告还指出,1905年由于坊间谣传俄国舰队将攻击台湾,导致制茶的渡海活动因此中断。

根据"驻福州总领事馆馆内情事"第二卷第二章"馆内之特长"记述:

> 远赴南洋或台湾的出外劳动者多来自福州地方,即泉州、漳州及兴化三地,并称福清县,总数超过两万人,相当于该地区人口的三十三分之一。从厦门等都会附近及沿海地方出海,以延平、建宁及邵武等府人士为多,山地偏远地区者甚少。其起因虽为生活之穷困,但仍被限制在这些出海条件较为良好的地方。分析其一般原因可举出下列三点:
> 一、因生活困难,只得向外谋求生路。
> 二、移民先驱中,事业有成的比率较高。
> 三、出海谋生风气盛行。民众富于冒险精神。
> 赴往南洋者多经由厦门和香港出海。①

可知,福州府地区又以福清县的海外谋生活动为最盛。文中对于有关

---

① 《福建省事情》,第62页。

福清县的例证亦有所提及。①

四、结　语

如上所述,本文以明治末期至大正期间的日本驻厦门领事馆及驻福州领事馆报告为资料,就福建省的海外谋生、移民情况这一主题作了考察。有关华侨方面的研究,至今虽然有着极为丰硕的研究成果,但这些研究多以华侨的移居国及其在当地的活动为中心,关于渡航方面的具体研究却不多。本文所采用的这几份领事馆报告,对于渡航相关细节均有着极为具体的描述。

在渡航海外、出国谋生方面,福建移民多经由客头或客栈等私人机构的安排渡航海外。这些机构都具有相当浓厚的地方性乡土色彩,凭着同乡关系这一保证,带领人们走向海外。

可以说,从事斡旋移民渡海活动的客头,与现在从事非法偷渡活动的"蛇头"②具有相同的机能。

(最初发表于第四届世界海外华人国际学术研讨会,台北,2001年5月。卞凤奎译,郑洁西校)

---

① 松浦章:《清代的海洋圈与海外移民》,第183页。
② 莫邦富:《蛇头》,草思社,1994年7月,第56—57页。森田靖郎:《密航列岛》,朝日新闻社,1997年5月,第197页。

第四章　辛亥革命与神户华商

一、前　言

1911年10月10日，中国湖北省的武昌爆发了轰动一时的辛亥革命，对20世纪初期的东亚世界产生了重大影响。日本在辛亥革命发生之后不久，即于10月13日在所发行的各大报纸上刊登了相关的报道，并且在此后连续不断地追踪报道。

辛亥革命的爆发，对侨居在世界各地的华商来说，是一件极其重要的大事，他们无不对之深表关注。这里就紧邻中国的日本华商，特别是侨居在日本船公司上海—神户航线的终点站神户的华商对辛亥革命的看法以及辛亥革命后中国方面对神户华商所作的评价，作一论述。

辛亥革命的爆发，对海外华侨所产生了很多影响。① 关于辛亥革

---

① 《华侨与辛亥革命》，《近代史资料专门刊》，中国社会科学出版社1981年版。小岛淑男：《留日学生的辛亥革命》，青木书店，1989年7月。陈德仁编著：《辛亥革命与神户》，孙中山纪念馆，1986年11月，第86页。因同书中有以孙文和神户为中心之叙述，神户华侨和辛亥革命未有触及。

命发生之初在日华侨的情况等,松元武彦已作过比较详细的研究。①他对在日华侨对武昌起义的看法,以及中华民国侨商统一联合会的成立及其活动进行了论证。但是,在武昌起义之后看到新闻的在日华侨界在心理上是否发生过动摇等问题,松元武彦并未作过充分的论述。

关于神户华侨,学术界已经有过不少调查研究。② 过放女士对神户华人华侨做过比较系统的的研究和整理③,但她对于神户华商史的研究,并无太多的进展,这方面只有鸿山俊雄氏的《神户大阪的华侨——在日华商百年史》④和洲胁一郎、安井三吉的《明治初期的神户华商》⑤两个研究。可见,关于神户华商的相关研究并不多。笔者希望能借此稿以填补这方面的空白。

之所选择神户华商为研究对象,是因为阪神地域在日本的经济上极为重要,而大阪和神户住有许多华商。一份1927年的调查表明,当时神户华商的定居倾向非常高:

> 大阪华侨,仅有本国本店之出张部(驻在所),或采购部分而已,所以侨居人口经常有增减。相反地,神户华商系以独立商人方式经商并有开店永住的计划,作为事业从事之,是以调查其居

---

① 松元武彦:《辛亥革命与神户华侨——武昌起义爆发后》,《中国研究月报》,1983年7月,第27—31页。松元武彦:《中华民国侨商统一连合会的成立与性质——在日华桥对辛亥革命的对策》,《中国近现代史的诸问题—田中正美先生退官纪念论集》,国书刊行会,1984年2月,第249—278页。

② 《在留支那贸易商》,经济资料第十四卷第三号,南满洲铁道株式会社东亚经济调查局,1928年2月。《阪神在留华侨及其贸易事情》,商工省贸易局大阪贸易事务所贸易局,1938年6月。企划院编纂《华侨研究》在第九《在日华商之南洋贸易》中对社会华侨的贸易发展史及神户华侨的特征作了分析(第335—407页)。山田正雄:《关于神户华侨》,《史学研究》50号,1953年4月,第155页。山田正雄:《神阪中华会馆的创设》,《史学研究》第57号,1954年10月,第44—54页。

③ 过放:《神户华侨·华人相关研究动向》,饭岛涉编《华侨·华人史研究之现状》,汲古书院,1999年3月,第49—67页。过放:《日本神户华侨华人研究史概论》,《华侨华人历史研究》,2001年第1期(3月),第67—77页。

④ 鸿山俊雄:《神户大阪华侨——在日华商百年史》,华侨问题研究所,1979年7月。

⑤ 洲胁一郎、安井三吉:《明治初期的神户华商——兵库县的华侨政策 以明治10年籍牌为中心》,《神户大学教养部记要 论集42》,1988年10月。

住状态,并不比大阪方面麻烦。①

由上可知,神户华商在日本的定居性倾向很高。但是,他们对故国的思慕程度还是很高。这里将通过考察辛亥革命发生后的报道,探讨神户华商对辛亥革命的看法及其在革命后所采取的行动。

二、清末中国人的来日日记中所见之神户华商

光绪二年(1876)四月,江宁的李圭在走访日本时写了一部《东行日记》。他是在光绪二年四月二十五日(1876年5月18日)到达神户的:

> 正午,上岸一游,为同舟友,邀至粤商裕兴泰号,茗谈司号麦君镇南,待宾周挚,可感。是晚,天雨,不及回船,宿于麦君楼上。麦君云,神户、大阪两处,居民共约六万人。华人共七八百名,亦建有会馆,规模与长崎同,贸易情形,租界局面,较胜长崎。②

据上所载,李圭和同船的友人共同来到神户,受到一麦姓广东籍华商邀请而来到其家,因为下雨,李圭当夜没有回到船上,而是留宿麦家。李圭从与麦君的谈话中得知,神户、大阪有华侨七八百名,人数上与长崎相近,但是从贸易和华商居住情况上看,神户要比长崎更为繁华。这里所见到的广东籍华商麦君就是后述著名华商麦少彭的父亲。

新加坡的华侨李清辉,自1888年5月至7月,经历了一次从中国至日本之间的船航旅行,留下当时的日记《东游纪略》。③ 李清辉的《东

---

① 《在留支那贸易商》,第7页。
② 《小方壶斋舆地丛钞》第十二帙《东行日记》二,广文书局,第64册,第10115页。
③ 梁元生:《李清辉与〈东游纪略〉——百年前一个新加坡人访问中国的纪录》,《南洋学报》第39卷第1、2期,1984年6月,第33—47页。

游纪略》在光绪十四年五月初五日(1888年6月14日)文中记述了当夜到达神户的情景:

> 晚乘东洋车往七十番街建记行,其东主系闽籍,姓白名梅建,在此作台湾糖生理[意]。闽籍店铺,此地计有三四家,而广籍人则有三四百名。①

据上述之记载,当天夜里,李清辉乘坐人力车造访福建籍华商商店建记行。该行主人是福建出身的白梅建,他经营着台湾砂糖的进口生意。当地福建籍华商商店仅有三四家,而广东籍的华商多达三四百名。

光绪二十四年(1898),江西人朱绶访问日本,在他的日记《东游纪程》的"光绪二十四年六月二十九日(1898年8月16日)"条中,有因在船中腹痛难忍而受到友人徐明卿提供药品帮助的记载。关于徐明卿,日记中留下了"徐君宁波人,在神户贸商二十余年"②的记载。朱绶在归国前顺道至神户礼貌性地拜访徐明卿,这在日记的"光绪二十四年八月十四日(1898年9月29日)"条中有记载:

> 十四日,抵神户登岸,诣鼎丰号徐君明卿处道谢,兼以话别晤蔡君康平,亦三江帮商董也。二君俱送至海岸。③

如上所述,朱绶于归国前至神户的宁波籍华商徐明卿的店铺鼎丰号走访,表达了自己的谢意。朱绶当时也与三江帮商董蔡康平作了恳谈。徐明卿和蔡康平则将朱绶送至海岸。

明治32年(光绪二十五年,1899)6月28日的《台湾日日新报》第345号,第3页之内有"清商亏本"一则新闻:

---

① 梁元生:《李清辉与〈东游纪略〉——百年前一个新加坡人访问中国的纪录》,《南洋学报》第39卷第1、2期,1984年6月,第42页。
②③ 《晚清中国人日本考察记集成 教育考察记》上册,杭州大学出版社,第98、148页。

> 我神户旅居清商，多系粤人，道泰、道孚、泰义和等各号尤著。该号等向来所寄存于银行之银本，皆上十万两，或至十五万两，以贸易东洋商货为生理。自秋以来，神户商务不振，折亏极多，所寄存银皆已销费，盖清商交易以米丝棉磷寸，磷寸即自来火（火柴）等为大宗，所购定甚巨，近来各货陡然低落，壅滞不售，以致损失甚多。又该口清商，自上年米价低落以来，颇受亏折，以致裹足，现在旅居，有家室者，计千五百三十五人，此后清商之附轮来神户者甚少。①

上述新闻简单地报道了神户华商不甚景气的经济状况。

光绪三十二年（1906），走访日本的郭钟秀在其日记《东游日记》的"光绪三十二年五月初七日（1906 年 6 月 28 日）"条中写道：

> 初七日，早九时，赴中山通二丁目华商共立同文学校。……此学创立已七年，提倡人为广东麦君少彭，每年捐资一二千圆。次则宁波吴君锦堂，各商户皆随时捐助，岁需经费七千圆，旅居海外，能组织一完善学校，诚可佩也。②

据上述之记载，郭钟秀曾走访神户同文学校，指出该校的创设者是广东籍的神户华商麦少彭和宁波籍的神户华商吴锦堂。

同样于光绪三十二年（1906）十一月来神户同文小学校访问的吕佩芬在《东瀛参观学校记》中写道：

> 同文小学校，在神户之中山手通，地名为三水，麦小彭瑞国所创立者。小彭乃神户巨商，以己亥年倡议捐赀，卜地建筑。……③

---

① 《台湾日日新报》第四册，五南图书出版，1994 年 8 月，第 309 页。
②③ 《晚清中国人日本考察记集成　教育考察记》下册，第 757、902 页。

如上所述,己亥年即光绪二十五年(1899),神户华商之巨头麦少彭提倡设立同文学校。麦少彭原籍广东省南海县西樵大瀛,其父麦梅生从事长崎海产品的进出口。自神户开港以后,麦家开始在神户和大阪开设怡和号发展贸易事业。麦少彭在20岁时来日,继承麦梅生的事业,成为神户华商的代表之一。① 关于麦少彭,上海《时报》第1432号"光绪三十四年五月二十一日(1908年6月19日)"的记事中有如下之报道:

〇麦少彭破产事件。日昨,归化日本之华侨麦少彭氏,偕秘书松森氏来东京,投宿于帝国旅馆之三十五号,宣进日访问井上侯、大隈伯诸君。因正金银行索偿甚急,麦氏决意将所有财产投出,由三井、三菱、正金三处自由处分,此行最后之穷策,特托大隈伯、犬养毅两氏转商三菱会社,并乞井上侯与三井、正金交涉,设法救济。惟近顷大隈伯对于三菱之势力,已不如昔,而井上侯又不肯尽力为麦氏谋。幸服部兵库县知事,以麦氏为广东商人之领袖,不为之急行扶助,则牵动华侨全局,特请正金小田切氏、万寿氏(编者注:小田切万寿之助),转商井上侯为之斡旋救济整理之策。至是井上侯始命小田切氏审查麦氏现状。小田切氏奉命后,立回神户,与麦氏商议,对于三井百万余元之债务,即以钟纺一万株之有价证券担保,而对于正金之债务,则以麦氏之留春别庄担保。其余财产,仅有七十五万元之北海道白杨林,并柚木工场良燧社之出资株(编者注:股票)。商标革小田切氏观其送纳正金银行,亦作担保。三菱神户支店长森又寿弥太郎氏闻之不悦。小野三井银行支店长亦以正金此次之处分为不得当,交相反对。服部知事竭力调停,始得头绪。闻麦氏热心公益之人也,吾国志士,受其惠者甚多。中国官绅,往来于三岛者,麦氏无不欢迎招待。即日本公共慈善事业,亦补助甚多。查此次破产,系钟纺株之低落,及对清贸易之不振,北海森林买入之失败二三大原因。前因救济

---

① 鸿山俊雄:《神户大阪华侨 在日华侨百年史》,第189—191页。

正金银行之叶鹤龄,及台湾银行等共掷七十余万元,慷慨急公有如是者。麦氏友吴锦堂,现在三菱银行存款尚有百二十万元,现亦有借款数十万与麦氏之意。故日来吴氏正金、三井共同为麦少彭整理善后之策。至于究竟如何,探明再报。

据上述之记载,麦少彭企图扩大事业,因需要巨额资金,于是投资股票,但却相反地造成了巨额之负债。《时报》记事报道了麦少彭及其事业的衰败。

清末著名政治家和商业巨人盛宣怀以治疗疾病兼赴日本产业界视察为由,于1908年(明治41年,光绪三十四年)从上海乘船来日本,并在光绪三十四年八月十一日(1908年9月6日)过港至神户。以中国代理神户领事王万年、兵库县不破彦磨事务官等为首,许多人出现在了停泊中的盛宣怀乘船,其中亦有在日华商的巨头吴锦堂等人。关于当时的情形,盛宣怀在其纪行日记《东游日记》中写道:

> 神阪中华会馆商董吴锦堂、麦少彭、郑祝三、李光泰、王王川诸君均到船,请谒。吴董等均大资本家。询其神户华商,云其有三千余人,华人之经商日本者,惟本埠为最多。分三江、广东、福建、北帮〔天津、营口等处〕为四帮,从前进出口货,均归华商经代,生意颇好。现则大半日人自理,迥不如前矣。①

通过与吴锦堂等神户华商的谈话,盛宣怀得知,1908年当时在神户居住的华侨有三千余人,是日本各地从事贸易活动人数最多的华人集团,他们根据出身地不同分为三江、广东、福建、北帮四个帮派。在神户刚刚开港时,华商极具贸易活动的优势,但到了明治末期,日本的贸易业者急遽增加,这对华商而言造成了很大的不利。

在此可看出,吴锦堂系当时在日华侨的重要代表。明治40年(光绪三十三年,1907)的当时,社会对吴锦堂的评论是股票投资远

---

① 盛宣怀:《愚斋存稿》,近代中国史料丛刊续编第十三辑,文海出版社,第2128页。

近驰名：

> 去年在股票界最引人注目的是铃久与清商吴锦堂的争斗。……铃久近日较沉寂，致始吴氏有超前之势。吴氏出生于清国浙江省宁波，幼年家贫，稍长赴上海，受养于袁子庄。日后与义生荣、泰昌东二人相谋，在日本开设杂货店，于上海设置本店，在大阪设支店。吴氏来后，在支店掌管商务事业。经营七年后，赚得十五万金，于是与同伙解除合约，各自单独经营事业。吴氏分配到三万金，于是远赴神户，创立怡生号，企图拓展棉花之输入，并经营其他各种事业，在商界中，跃居清商最大势力。吴锦堂顷日间成为财界有利者，并具策略纵横家之名……①

可见在当时，吴锦堂在日本经济界很受瞩目。

麦少彭和吴锦堂向中国输入的主要日本产品是火柴。神户之泷川仪作所经营的良燧合资公司制造的火柴，由麦少彭之怡和号输出至广东、香港、厦门、福建、台湾等地。吴锦堂则向长江流域输出火柴。两名华商均从火柴输出贸易中获得了高额的利润。②

光绪三十四年（1908）十月，走访日本的定朴其在其《东游日记》"光绪三十四年十月三十（1908年11月23日）"条中写道：

> 三十日，下午两点钟，抵神户口，循例验病后，入口停泊，乘小火轮至码头，入中国山东人所开之同和客栈（该客栈在海岸通二丁目四十番地）。栈主、司账者皆山左人，惟庖丁与茶役皆日本女子充之。中有一女颇暗中国北方语言，甚便于我辈之呼唤乎。③

---

① 梅皋生：《清商吴锦生》，《日本及日本人》第457号，明治40年（1907）4月15日，第25—26页。
② 横田健一：《日本火柴工业与泷川仪作翁》，日本火柴工业及泷川仪作翁刊行会，1963年5月，第90—92页。
③ 《晚清中国人日本考察记集成　教育考察记》下册，第950页。

据上述之记载,抵达神户的定朴其所寄宿的地方为山东籍华商经营的客栈。经营者和经理均为山东人,但厨师和帮手则是日本女性。其中有一名日本女佣懂得中国北方方言,这给定朴其留下了深刻的印象。

综上,我们可以从旅日中国人的汉文纪行文中看到,当时居住在神户的华商,大部分是中国大陆沿海地区的山东籍、江苏籍、浙江籍、福建籍、广东籍商人。这些神户华商均是活跃于19世纪后半期的华侨商人。他们的店铺名为:

  怡和、同泰、同孚泰、裕贞祥、广泰祥、吴锦堂、联昌盛、李兴祥、麦少记、成记、合昌、天华、福合裕、建和隆、新瑞兴等。①

其中最有名的神户华商是宁波籍的吴锦堂。关于吴锦堂的其他情况,可以参考山口政子的详细研究。②

可见,在清朝末年,有很多中国商人侨居在神户地区。那么,当祖国中国发生辛亥革命之后,这些神户华商会有如何的反应?下面将对这个问题作些考察。

三、辛亥革命新闻与神户华商

辛亥革命爆发后,其消息很快传入日本。《神户又新日报》③在第9061号明治44年10月13日的第一版中就报道了这一重大事件:

  武昌之叛乱 十一日武昌发出之电报曰,昨夜十时步兵二标炮兵一标,工兵一卫发生叛乱,武昌为彼等占领,总督逃走,镇统(师团长)张彪逃走,汉口所属官军仅有骑兵一标,事态颇为重大。

---

① 《阪神在留华商及其贸易情况》,第140页。企划院编纂《华侨研究》,第344页。
② 山口政子:《在神华侨吴锦堂(1854—1926)》,山田信夫编《日本华侨与文化摩擦》,岩南堂书店,1983年1月,第257—286页。
③ 本稿所使用之《神户又新日报》全为神户市立图书馆所典藏之缩微胶卷。

由上可知,辛亥革命的发生,不仅对中国,而且对世界各国也产生了极大的冲击。

《神户又新日报》第9061号10月13日第二版转载了12日的"汉口电报"、"上海电报"、"北京电报"。"汉口电报"谓:

〇武昌人心之畏惧　武昌之人民处于相当畏惧状态,因此入军舰避难之瑞总督(瑞征)计划今夜以军舰炮击武昌城。另外,同地居留人民,今夜召开民会编组义勇队,着手防卫居留地。

"上海电报"谓:

〇总督之派兵要求　湖广总督瑞征,向北京政府报告曰:予于数日前已知一大革命团体存在,然而据悉至九日革命党员等决定夜半发动叛乱,将其首领捕缚,没收其文书和爆炸物,其文书得知彼等从湖北根据地,计划向扬子江岸诸州,特别是湖南挺进,期望尽速从天津派遣第一师团。

〇外交团与求助　清国官宪对汉口驻在外国领事,请求以军舰在扬子江协助保护。

〇英国人的避难　英国汽船江欧号将外国人及小孩从汉口移往他处。

"北京电报"谓:

〇避难者保护训令　美国公使馆对美国舰队提督,发布应给与同国避难者之保护之旨训令。

〇清廷会议　北京政府昨日召开临时内阁会议。

以上系转载外电的状况。

《神户又新日报》在同一天连续三回登载"湖北之叛乱"。13日之报道为:

上月十日，湖广总督瑞澂向北京政府电奏，报告要旨如下，曰：从九月末革命党多数进入武昌、汉口等地方企图举事，是以秘密放出侦探进行警戒。十日夜七时，得知革命党员同夜十二时举事之报告，而且获知该党从潜伏在汉口俄国居留地内，加以捕缚，并发现种种证物文件及爆弹制造之形迹，进行审问后得知……

这份报道，透露出10日革命发生前夜，清朝官府曾经对革命党有过搜查活动。《神户又新日报》的报道，至少让居住在神户的华商知道了祖国发生政变的消息。

《神户又新日报》第9062号明治44年10月14日的"清国革命·南京町"中有如下一段报道：

清国四川的暴动尚未全部平息，另有武昌扰乱之报道，目下清国到处是革命党潜伏，倘若时机成熟，各省相互呼应，有蜂起之形势，国情颇令人忧心。在武昌有一秘密制造火药之党员遭逮捕，同时被逮捕者共三十余名……在留清人如何看待祖国此一动乱。以下试图在南京町进行访问。

据上述之记载，《神户又新日报》的记者对侨居神户的华侨，尤其是在华侨人数众多的南京町，就在日清人对辛亥革命的印象进行了调查：

侨居本港之清人以中清方面上海、香港、广东者较多，湖北省者颇为稀少，但走到那里均会遇到猪肉之味冲鼻而来的支那料理，不以日本饮食店命名之。

富香居，进入该店内一看，恰好午餐时间非常热闹，……店内遇见一位懂日本语的故乡老人，询问其感想，曰："武昌革命一事已从日本的新闻得知，我没任何感想，我的家乡是在广东，离武昌非常远，大炮声也听不到，所以没任何感想，住在南京町的我国人也是没任何感想。革命战争的兴起是合理的。支那不革命是不行的。"……接着，改变方向，站在同町干菜店厚生号的店头，询问像似店主的一位清国人,曰:"因为在南京町没有危险的湖北人居住,几乎不在乎,但不论怎么说对革命者同情的人较多,四川方面的扰乱或是武昌方面,现在各方面的扰乱,对人民不会构成危害,因此我们很安心,也该是清国革命到来的时机啦。"以颇为流畅的日本语而且非常严肃的回答。隔邻的蔬菜商李官享店中走出一位年轻的清国人,曰:"不常看报纸,详情无法知道,支那国革命党起义,一点都不奇怪,居住在日本的我国人均是这样想法,我甚么都不知道。"立即跑进蔬菜店。

如上所记述,南京町的商人们完全如同隔岸观火,但对革命党给予极大的同情。再者,记者在中山方面的私立同文学校也作了访问:

该校花冈体操教师曰:"在横滨所在地之本校同样的学校,有和东京之留学生有交流,经常被煽动,而引起极大的骚动,但本校有领事馆在旁边,本国的补助金补助,但经常一纸训令下达,校长以下守住教育家的职责,对日本人不吐一言,均为南清人,始终对北京政府施政抱不平,对革命党给予同情。再者,本校学生大部分来自广东,与目前发生叛乱的武昌完全没关系,是以对此并无感受,四年级学生齐声道,就因为这样,中国没救了,希望能早点长大,成为日本人。"……

据上述记载,在辛亥革命爆发之初,《神户又新日报》记者在南京町和同文学校等地调查了在日华侨等对辛亥革命的印象。

另外,在同一报纸中还刊登了"清人之内乱观"和"清国领事的叛乱观"两则相关报道。

"清人之内乱观"是《神户又新日报》记者北长狭通五丁目的三江商业会议所的采访结果。如有些神户华侨谓:

揣摩革命军今后之行动方针,曰:从来在武昌举叛旗者,先袭击汉口,再次由黄州、九江、安庆、芜湖、南京等,依序南下,是以相信这回革命军下回必定指向南京。

明显站在了革命军这一边。清国领事馆的王领事则认为：

> 与征讨军行将冲突之际，想必有一场激战，小官所忧心者，并非难于镇压事，而是所谓革命军最终必败北且四散后，造成骚乱，……瑞徵总督憎恨恶者如仇敌，……早年武昌之地为湖北之险要，历代有极多的英雄在此发迹。

王领事认为，革命军在短期内即将被镇压。王领事还对湖广总督瑞徵的能力作了极高地评价。王领事对战乱后清朝可能出现的政治骚乱怀有非常不安的危机感。

神户华商对辛亥革命的最初反映，还可见于《神户又新日报》第9063号明治44年10月15日的报道中：

> ●侨居清人之内乱观
> ▲同孚泰劝馆主人的谈话
> 海岸首屈一指的清商同孚泰主人郑瑞固氏，昨日早上回答记者如下：就因为其骚乱之故，今日午后，在商业会所我与王贤祥等清国人四五名会合商谈。对于两湖的革命运动，曾有模糊的传闻，想不到衍生成这么大的事件。侨居清国人对革命党同情者较多不是事实。我们经常出入领事馆，对本国之事极为忧心。无论如何清国因地广多少纷扰历年都有，但革命党已根深蒂固，很难治理。但是在留清商大抵是广东出身，至今对我们尚无影响。惟倘波及各方，则不可坐视。革命党的目的，似在击溃清国的天子，但此事到底不可行。北清之精锐军队五万南下，叛徒即将败走，但总而言之，问题难缠，是以我们一点也不欣喜。
> ▲合昌号馆主之谈话
> 交友广阔在上海经营火柴业的合昌号主人，昨日下午向记者表示：

这回的革命可能是一时的吧？或是事前有所筹划的？因对此事件不清楚，所以无法回答。但我认不要花太多功夫就可征服是最好。倘若是事前有准备，现在革命党几乎全部散在清国，问题便大了。我提供长江一带火柴，镇江、芜湖、九江、汉口、宜昌等地均有我的顾客。前日接到电报，镇江以上货物的发送被迫停止。今后随着战乱事件，我们商人可能会受到非常大的影响。此战乱的起源，我个人猜想应是四川铁路动乱的原因。此事件毕竟是革命党以此为借口而引起骚动，武昌军队派出后，便趁虚而入，并一举占领各官衙政治中心。然而，武昌步炮辎重兵为何叛离，听说这可能是因为清国军队中之将校拥有新思想者较多，日本留学者也在其内。他们年龄较轻，若随动机而爆发，绝非偶然。是以对此事件的发生地浙江等附近的州县，倘若派出军队，反而会引起其他地区的骚动而造成困扰，是以不得不从较远的天津急速派遣军队。所谓急遣亦需相当时间的准备，即使是火车亦得花三日至一星期的时间。即使运气好战胜，革命军若向四川逃跑，也无办法。我曾经到长江各地旅游，武昌和汉阳、汉口位于长江，成为三分鼎足之要枢。革命军既首先攻陷此地，并将来讨的官军势如破竹之势，击溃各地要所，其结果影响颇大，对我们商人而言是非常大的厄运。这回赴东京考察团员都是同乱贼所攻陷汉口等其地方出生者，可能会暂缓来日吧。所持的看法或许不同，在留清国人表面来看对革命主义者多少仍抱同情之心。

在此可看到，同孚泰、合昌号的神户华商均透露了自己对辛亥革命的看法。据《The Kobe Trade Directory，神户商工录》的记载，同孚泰系明治44年(1911)位于海岸通四丁目的华侨店铺，主要从事海产品和日本衣料的输出和大米、大豆的输入。① 合昌号则位于下山手通八丁

---

① 《The Kobe Trade Directory，神户商工录》，神户商业会议所书记局，1911年8月，第192页。

目,以贝类、硫黄和输入由松脂制成的 ROSIN 为经营项目。①

接着,《神户又新日报》在第 9064 号 10 月 16 日中接着报道:

● 清商的时局观
文发号主人谈

我因经营杂货业而停留在日本十二年,输出物为米谷、棉花类,输入物品为杂货、火柴类。出生地为广东,贸易往来地为香港。南洋方面,时局的影响目前尚无,惟警觉到不久多少会发生变动。我们商人们虽和时局无直接交涉,但实际消息由其他地方得知,革命军之势力逐渐旺盛,镇压已非容易之事,内乱时间自然变得较长,事变发生后所推选的首领阳化龙,为湖北咨议局议长,地位崇高,颇有人望,革命军较一般人民更被推崇,而黄兴此人物,则是我所不知的人。从报纸上得知,袁世凯被任命为湖广总督,岑春萱为四川总督,委任两人拥有兵马之权,要求尽速戡定,惟即使以袁氏,岑氏之手腕,大事至今日,恐怕难有其功绩,非易事,这是因为革命党员在是等新总督的指挥麾下到处都是,何时倒戈是不可预测的。特别是如袁氏者,他因背叛康有为的政变而大失人望,是以今日倘若要其奏功,不难看出实在是艰难之事。再者岑氏系虽有因其父之人望,并有相当的手腕,惟连镇压四川,亦辜负世人之期望,就其境遇而言,毕竟两人之力量较微弱。过去因为清朝实施极端的专制政治,早丧失民心,任何有为之青年均期望立宪政治能够崛起,此为不争之事实。而革命军中并不是没有高唱共和政体,惟大多数仍是抱持共和主义,能确立立宪政体者。特别是革命军因得地利,比较能得到民众同情,是以有此基础之故,对政府的胜败,只好看今后的推测应视情况而定。再者对时局而言,我无法诉说悲喜之感想,因为是生意人,唯一希望是内乱能早日平定。

---

① 《The Kobe Trade Directory,神户商工录》,第 188 页。

文发号的老板于 16 日也透露了自己对辛亥革命的看法。文发号位于海岸通三丁目,该店主要经营海产物和棉布的输出以及大米和马尼拉麻的输入。①

《神户又新日报》第 9068 号 10 月 21 日有接着报道:

●清国商馆的动静

昨天在朝市再度到清国商店访问,中清的革命骚动对上海商馆有极重大之影响,对广东,新嘉坡商馆等较无任何影响,与平日无异,其影响还没日本人大。侨居清人一般对此事件这种重视之程度,或许是所谓大国的度量,还是对内乱已习惯,往往对一切事情感到无力感,令人可笑(眉人)。

▲合昌号

主人操着熟练的日本语,其态度亦颇日本化,在上海商馆中可谓首屈一指之商人,专门从事火柴之输出,听其谈论,得知货物之需要为日用品,但因受到叛乱之关系,影响极大。唯因受到上海金融萎缩,交易因而受到冲击,此一星期里货物的输出,有被迫中止之虑。支那银行原本有特殊的信用组织,现金准备少,且叛乱警报传来。同时,外国银行急速的吸取银货,于是在支那银行发生挤兑的窘态,因而拒付,金融上发生纷乱,其结果出口受到极大障碍。革命军在第一战发生不利,再者根据报道,长江上游取得胜利等诸多说法,这回起义不难想象能轻易镇压。即使在某期间能讨伐成功,由于清国到处充满无赖汉,革命之骚动将会涉及到更广的地方。此骚动有如枝叶生长一般,延长的结果产生祸乱,前途茫茫,对商人极为不利。革命军之檄文等并未来到神户。

▲东源号

亦是上海商馆中极大的绵类、杂货等贸易商。馆主曰,大阪川口地方上海商人较多,在神户上海人仅有五〇余名,商馆少,主要为广东商人,这回受到的影响不少。此地二三天里,外汇交易

---

① 《The Kobe Trade Directory,神户商工录》,第 193 页。

似将停止,对我们上海商人而言是件非常头痛之事。大阪昨日已传电告知,出货禁止。上海目前已将墨银支付完,而纸币暴跌,造成金融上不容易见到的恐慌。在清国上海为金融中轴,如发生金融问题,同地银行界将产生波及,天津、烟台其他北清诸港将受到影响,随着革命战争的延长,北清贸易萧条是不难预测的,但是这回的革命战争,侨居清国人不论如何,其成功与否都在私底下希望的。叛乱几次兴起,其生命财产的丧失,从经济上来说是非良策,是以如能一举而大功告成是最好。

▲怡和号

主人不在,掌柜的支那人用不入流的日本语交谈。曰:不知道所谈论的革命党,贵报请告诉我。我知道很好,我决定不说。我是做外汇的买卖商。记者要来之事并不清楚,无法得到要领。

▲同孚泰

近日从东京回来之负责人某清国人曰:我们的生意若是革命军只在广东一带应不受到影响。本馆经营之贸易品有海产物、火柴、杂货等,销售到广东、香港及南洋,即使革命军从海陆获得联络而来到上海,真的会来到广东吗?倘若来到广东,可以说,南清将变得黑暗,何况是香港?根本无必要注意此事,是以本馆如往常一样太平无事。

▲昌兴泰

驾怡生号地方,在玄关处有悬挂梁启超所挥毫之墨画,由于来意不明,及和主人会面时言语不通,而有通译介入,但这位通译尚需通译。这时出现一位穿洋装剪发约四十左右的清人,对革命一语有极大兴趣似的,其态度特别熟练交际,操着熟练的日本语,听其语得知,他系出生新嘉坡,在同馆有清国人数名。专门从事对兰领爪哇岛的输出业,与清国无关系,这次的叛乱在贸易上,虽是隔岸观火,对革命军而言,他抱同情之心,希望日本全国新闻媒体步调一致,对革命军给予声援,衷心愉快,如是叙述,多话的男子接受访问。

当日的报纸报道了合昌号、东源号、怡和号、同孚泰、昌兴泰等神户华商对辛亥革命的看法。合昌号位于下山手通八丁目。① 怡和号位于荣町二丁目②,其老板为前文提及的麦少彭。同孚泰位于海岸通四丁目③,它成立于 1903 年。据《广业公所历代会员及商号(1941 年止)》④记载:

  同孚泰(郑雪涛 郑祝三 潘霖生)……怡和号(麦少彭 杜贯之)……

可知,同孚泰、怡和号等均系广东省出身的神户华商。

接着,《神户又新日报》第 9085 号 11 月 8 日"清国时局急转后的在留清人观(二)"中报道:

  神户清国人许多为经商之人,关于此意见置于后,首先请教学者方面之意见……在访问同文学校校长陈其谦氏,请教对这回时局方面的感想。

《神户又新日报》第 9088 号 11 月 11 日"希望成为南京人"中报道:

  ▽观看对岸火事(编者注:失火)之南京町
  市内元町一丁目有位叫作河村勇三郎者,名字听起来好像日本人,但实际为清国广东出身之药种商万家春,头发颜色为灰色,操着流畅的日本语,笑时能看得到光亮的金牙。店内正面悬挂着大张之清国地图,革命军占领地以红色作标记。本人微笑着向同人说:"在横有非常大的骚动,但在本南京町却极平静,和平常比起一点也没变。在横滨有与革命党相通气者,是以我想他们可能

---

① ② ③ 《The Kobe Trade Directory,神户商工录》,第 188、194、192 页。
④ 此据神户华侨博物馆之"神户中华总商会大厦落成始末记"。

会作出煽动之动作。本市则均为纯商人,特别曾经宣布中立,广东人占全部,是以一点都没骚动。其证据是本国现今混乱达到顶点,但本市人仍无忧无虑,由曾做业余渔业一事可知之。据悉千叶首次有留学医学生归国,并命为两军间之负伤者作看护工作,受到当地领事馆里之中国慈善会之劝诱,吴锦堂捐献二万圆,但这与革命军的事毫无关联。革命军其后渐占优势,不断向北推进,展开优势局面。四十年前镇压太平天国之英雄李鸿章,恐怕这次没办法善后了。皇帝蒙尘消息传至,带给人们心中极大冲击,并在日本新闻媒体大肆报道,但对此我支那人相当沉着,可能这便是支那人本色也未可知。汉人不论是谁,虽然不必表现在脸上,但均有将汉人所属十八省取回之决心。本市中如有支那人团体,或许会在革命中有何协议,但这种团体似乎没有,现今可说是有如对岸观火。尤其我汉人希望及早将清人称号更换,成为纯粹的南京人。"笑着回答。

在神户南京町经营药种的商河村勇三郎即万家春,系广东省出身,他对武昌起义持较冷静的态度,并期待汉人政权的成立。

《神户又新日报》第9089号11月12日"南京町的欢声"中报道:

▽拿起革命旗举起祝杯
当地侨居清商人大都是广东人,总对革命党抱同情之心。每日从本国带来好消息,现在等待船只进入,并拥至海口边。昨日入港之筑前丸带有广东送来之革命旗小旗,支那人迅速地将旗送出,高兴得有如小孩般来回跳跃着,南京町内洋溢着欢笑声,并举杯祝贺。反之,在清国领事馆内,支那旗已撤下,官邸内寂静无声,王领事去大阪而不在。馆员怜人之声有如秋风上的竿头岌岌不保。

如上所述,可知在神户南京町所居住者多是广东出身的华商。驶入神户港的日本邮船筑前丸①带来了广东方面送来的革命党旗帜,神户华商兴奋欢呼。与此相比较,清国的神户领事馆则显得相当的寂静。

《神户又新日报》第9090号11月13日报道:

> ●时局急转后的侨居清人观(三)
>
> 在阪神地方清国商人,所谓清国人之地方别即三江系,指上海为中心之江苏、安徽、浙江三省之人所组之团体,和福建省即厦门为中心之团体,以及广东为中心团体外,另有从山东省至北京之团体称北帮者,在大阪川口占据着,和其他大有区别。该四团体语言差异,从日本人来看,均为支那人,他们彼此间均视为同胞之观念,比起我邦人(日本人)来得深厚,惟现在正逢国步艰难之际,对于日夜急转的局势产生一片忧国之念,首先访问复兴公司的王敬祥氏。王氏出生于厦门,现拥有日本国籍。王氏曰:我是正金银行的买办,对清国人票据负背书之责任。前几天某店开出的票据发生拒付,是以急遽赴大阪处理。然而在第二天大阪的报纸上发现,刊载为革命党筹募捐赠资金而奔走,然而商人应与政局无关,我们虽然与时局多少有意见,但却无贯彻投资之勇气。只是近年来对红十字业有相当多的出资,并在侨居清国人间奔走,此为事实。其金额倘若一二即可完成,但无法预估将来会达到多少,仍属未知数。目下商业不景气,能有多少金额也不知道,但只想道协助红十字是仁术,是善事,就尽其力去做。由是之故,对清国人中其出金者有踌躇之人,则劝诱之。一旦金钱算足,即购入药品及救护材料等医疗器械等之捐赠。要言之,不快速解决时局不可,这并不仅是清国商人的难题,日本商人多少也受到冲击,此为必然之事。现今上海方面的商业,不仅完全呈现休止状况,厦门方面,昨日接到停止输出的来电通知。在香港、新嘉坡、马尼拉方面没有太多影响,但就现在之情势来看,清国人一般不

---

① 为明治40年(1907)4月20日在英国格拉斯哥(Glasgow)所建造的汽船,《日本邮船百年史资料》,日本邮船会社,1988年10月,第667页。

可谓非闲散者。我个人认为,现今倘若各地若宣布独立宣言,为镇压其地方民心不可,否则恐怕在地方上会引起骚乱。是以不得不断言,这一面显示北京朝廷威力薄弱,然而也不一定衷心向革命讴歌。倘若果然是皈依革命,何必辛苦要宣布独立。对此一消息,认为在日本的人们可能有神经过敏,是以一旦朝廷倘若增加威势,革命军大败,当然其立即撤去独立,成为朝廷顺民。是以独立宣言仅不过是一种护身符,以我所见,革命军是主张排满兴汉,造成今日纷乱之结果,不论是满人或是汉人,我认为不能不归罪于汉人的官吏。盖因列代朝廷均有爱民之意,但因被其聪明所遮蔽,作威弄福者官人也。而汉人成为大官,历年有颇多实例。然而仅是归咎于满人是不合理的,并且事既已到此地步,要让革命军拿出强硬的态度,已是不得已之势。倘若全部屈服于上谕,解除兵权,其主客异其位置,则会酿成祸害,无法确保。现今朝廷有容纳民意之上谕,惟谁能保证不会反复推翻?是以主权确实要移转,是以清廷的存立已到了否认的地步。是其所以贯彻其主张,并谋自身之安全之原因也。虽做如此论断,我并主张颠覆皇家,只不过是认为从革命党立场而言,只得其形骸,而未能获得其精神。只不过是所谓皮相文明者之流,因而革命后情形如何,仍使人担心,清国人唤起爱国之精神,实际不过此三四年之事,因此所累积的文明修养并不多。由是之故,今天之子弟日后非成长,则想必充分的应用咀嚼文明是件困难之事。但是倘若革命在五年以前发生,在外清国人可能恐慌会更严重,倒产将接踵而来,不可说不悲惨,惟五年前上海大恐慌发生后,各商人之营业并未影响到别人,今次革命之发生,能以对岸观火,可谓至为幸运。

据上述之记载,居住在神户、大阪的华商有下列四种集团之区分:邻近长江河口附近之江苏及其邻接之浙江省、安徽省之出身者的集团,从福建省南部厦门等地出身者为中心之集团,广东省出身之集团,以及山东省和北京等出身之集团。上述之出身者,因地域间之利害关系不同,对这次的政变看法也有所不同。

《神户又新日报》第 9091 号 11 月 14 日 "侨居清人之义举后援"报道：

> 红十字社捐赠金
> 〔复〕兴号王敬祥氏等人，主唱清国红十字社捐赠之件中，系同氏热心奔走劝诱之结果，昨日止，所筹募总额已达金三千一百余圆，其中二百圆以上之捐款者如下：
> 金五百圆吴锦堂氏▲金二百圆（复兴）王敬祥氏▲金二百圆（文发）杨秀轩氏▲金二百圆裕贞祥、黄煜南氏等。其他为百圆以下。

据上述之记载，因为武昌起义而展开募金活动，侨居神户的华商纷纷捐出赠金，其中最高额的捐款者为吴锦堂。除了上文提及的文发号外，裕贞祥系在海岸通二丁目从事贸易活动的商家。①

在日华侨等人，在辛亥革命发生一个多月后，发起了一场新的运动。关于此事，松元教授已有相当详细之研究，笔者不再多作赘言。在此仅仅引用《神户又新日报》报道。

《神户又新日报》第 9013 号 11 月 27 日文：

> ●全国侨居清人的活动　中华民国统一侨商联合会的成立
> 随着清国内乱的滋蔓，各省纷纷独立，因而失去了中国的统一，并且侨居清商人贸易也变得衰退，商业亦变得中止，金融因而停滞。在清本国内，随着官军和革命军的势力范围，各项贸易交易无法顺利进行，因而长久时间不得不成暂停之状况，于是在阪神的清国商人呼吁，透过全国的侨居者，召开联合统一会，向本国表达其决议和希望之声明，现各省传来独立之消息，撤除畛城之分，尽速联合统一，劝告树立新政府，从此观点，首先在阪神地方

---

① 《The Kobe Trade Directory, 神户商工录》，第 195 页。November 22—23, 2001, Northeast Asian Overseas Chinese Community Network and Modern China.

的侨居清国人,组织中华侨商统一联合会,以达成如上之目的,并更扩充到全国侨居者之各地域,昨(二十六)日在神户中华会馆召开其总会,如期与会者六百有余名,大多已剪去头发,其中留辫者,仅不过五六名,尤其醒目,从此可清楚的知道其意向之所在。

会场是以该会馆的正厅充当,中央设演坛,坛前设书记席,排列放有多数椅子以充当议席,依所颁布的议事规则,议事的开始和结束,依监督者的按铃决定,议事并应加以注意脱帽事宜(清国礼仪有脱帽帽子达礼)。同日议事之要项,由监督宣布开会,同时推举临时会长一名,议事之采否,由多数者决定,其表决方式系依黑白球来决定。

按铃后全员就坐,同时刘次荆氏宣读开会之词,由黄卓山氏翻译,此因虽同为清国人,但广东人不通北京语,北方人不懂广东语,福建人则是两者均不通,如是之下,将各省之人集合于此,变得势必要有通译。刘氏简单的宣布本会开始召开之经过,随即选出临时会长一人,并寻问在场者之意见后,依多数人之意见而选出王敬祥氏。

王氏在台上以北京语谈论时局和大势,讲述商业之衰退,述说清国各省独立为不可之事,各省应相互连合,成立统一新政府。倘若不如此,同胞将陷入战乱之苦恼,在外同胞亦无法经营商业,全国各州将陷入混乱,而我们开会声明所欲表达的意思及希望,希望能发挥实效。由是之故,本会之目的如左所示,并得到满场的同意。

一 本会以联络同人、维持商务为目的。

一 中国之商务地汉口、浦口、南京一带受冯国璋、张勋等之破坏,已完全损害,凡我商会尽速请求民国成立新政府,以确保商务。

一 中国武汉起事后,金融机关已许久停滞,现民国军政府已组成中华银行,凡我侨商将竭力维持,以摆脱穷困。

一 侨商请求民国,尽速成立新政府,系高唱爱国保商论,凡我同人均应与友我之友邦亲睦,体现中华民国之主义,振兴国内外之商势。

王氏以北京语讲述,陈洁琛氏则翻译成广东语。重要之处则以拍手表示通过。

目的即已决定,在进行该事业之前,首先得定其名义,即:

中华商日民团统一联合会,中华民国侨商统一联合会

由举出的二项选出其一,并咨问在场会员,而大众拍手表示采用中华民国统一联合会之名,接下来选举联合会长,并亦不采投票方式选出王敬祥氏,而副会长周子卿、廖道明二位亦是用拍手表示通过,于是王氏发表首次担任会长之致词。

接下来,上台演说陈述已见者前后有数人,伍雨生氏发表长篇论述,且以广东语发言,对北京人而言较难理解。另外,刘思弟氏以流畅明晰的北京语演说,提议将本次会议之结果以电报向革命军表达声明,并希望向宣布独立之各省,及向袁世凯致电,其演说博得大家之喝彩。于是王会长更选出协董(干事)十四名,此亦是不采投票和选副会长一样,会长发表:

刘次荆　简东浦　杨梅寿　林笃为　陈衮裳　马聘三　郑祝三　曾第臣　杜意筠　黄壮飞　蓝拔群　徐惠生　何世锡　杜孙伯等人

其他关于该会所进行者:

核数:简荫南;会计:郑雪波;理财:黄煜南;总庶务委员:黄卓山;帮助:郭祝堂;书记:庄吉人等分配各项任务。

于是该组织正式成立为中华民国侨商统一联合会,会长之背后悬挂一条以白地红边之旗帜,万岁之声和拍手之声,在堂内振荡,后以圆满结束散会。如同该会般,议事中采用两种翻译,演讲亦有通译介入,然而秩序却不会乱,会议能顺利成立,主要是因与会同国人之热心所至,该会之活动重在今后。

《神户又新日报》第9109号明治44年(1911)12月3日:

●清国事局再转变后的清国人动静

随着清国时局再三变动,由革命军七官三,变成革命军三官之情形,此为事实;然而投机党者,有一定的观点,而不会对目前的形势而改变其主张,此为事实。但对于形势之顿挫感到意外,不仅是日本人,清国人似乎也完全感到意外,但关于此问题,因各团体的不同,其感受强烈各自不同,现略记如下:

▲北帮(大阪川口)原本以山东省人占多数,难怪和神户相比,有说不出的沉着,侨居地到处可见留长辫往来之人,如前些日子的统一联合会一样,没有一人出席。对革命军是否支持,并不明白表示,可查知其意向,当时的联合会表示大阪一带也赞成之意,其实过于夸张,特别是在时局不清处的阴历十月二日(十一月二十二日),在当地关帝庙举办祭日之际,断发者仅有八名,同帮人在关帝大祭之时饮宴,但祭典后的宴会,怕让人误解加以停办,因而同商业会议所之书记长亦与该众书记,垂辫长衫悠悠弄墨。

▲中华民国统一联合会不解散 位于神户的统一联合会,被评为意气消沉,但其实不然,王会长仍朝气蓬勃,神采奕奕,当然在多数与会者中,仍和往昔一样是投机党,但依王氏之意应了解元来该会为何兴起,非由于保商之观念而起的。由是之故,这回时局如何再转,今后即使会衍生出何种状态,能使我等商人安全经商的政府才需要拥戴,假若官军战胜,但秩序益乱,则如何保商,我们决非玩弄激烈的言语而采一时之快,保护真正的商务,以助长相互的利益,其目的未达成前,决不解散。已决定在十二月三日于中华会馆会合,发表吾人之志意所在,以示本会之消息。

▲广东人的意向 该地人平素与其他地区的人相异,有勇往直进的观念,如统一联合会一样,其主成分为该地方人,对于形势再转变似不会惊讶,而少壮派的言论较为有活力。要言之,少壮派的言论和老成派的言论有几分差异,多少带有消沉是难免的。等之记载,关西特别是侨居阪神间之华商之出身者,将其特征作一简单的整理。

四、结　语

如上所述,辛亥革命的发生,给居住在海外的华侨带来了极大的冲击。特别是对临近本国、与本国有着着很多经济往来的寓日华商而言,无论在他们的心理层面和还是经济层面上,辛亥革命都是一个极其重大的事件。

从上述《神户又新日报》的报道来看,神户华商因为出身地域不同,他们对辛亥革命所表现出来的反应有着非常大的差异。《神户又新日报》的记者经过调查,收集了神户华商对辛亥革命的看法,并在该报纸上将华商们的心态呈现了出来。

(最初发表于2001年的"东北亚侨社网络与近代中国"国际学术研讨会,台北,2001年11月23日。卞凤奎译,郑洁西校)

后　记

　　构成本书的诸篇论文，主要是对1986年以来在中国大陆和台湾的各个学术研讨会上发表的中文论文的一个汇总。

　　记得20多年前的1986年，在大连召开的"清史国际学术研讨会"上，笔者作为一名日本学者，首次在中国大陆以个人的名义发表了自己的研究成果。在这之后，笔者几乎每年都会应邀来中国参加学术研讨会。如第二编第一章"明末袁崇焕与朝鲜使者"，便是1988年8月在辽宁省兴城市召开的"国家袁崇焕学术讨论会"上发表的研究成果。可以说，本书是承蒙中国历史学界20余年厚爱的一个结晶。

　　能将这些在中国大陆和台湾发表的部分学术成果汇编整理成书得以与读者见面，要感谢浙江工商大学日本语言文化学院院长王宝平教授的鼎力推荐；王教授的旧日高徒、现在在门下攻读博士学位的郑洁西同学为本书的出版做了很多实质性的工作；江苏人民出版社为本书提供了出版机会，谨在此一并表示由衷的感谢！

松浦章

2008年11月

（郑洁西译）

"海外中国研究丛书"书目

1. 中国的现代化　[美]吉尔伯特·罗兹曼 主编　国家社会科学基金"比较现代化"课题组 译　沈宗美 校
2. 寻求富强:严复与西方　[美]本杰明·史华兹 著　叶凤美 译
3. 中国现代思想中的唯科学主义(1900—1950)　[美]郭颖颐 著　雷颐 译
4. 台湾:走向工业化社会　[美]吴元黎 著
5. 中国思想传统的现代诠释　余英时 著
6. 胡适与中国的文艺复兴:中国革命中的自由主义,1917—1937　[美]格里德 著　鲁奇 译
7. 德国思想家论中国　[德]夏瑞春 编　陈爱政 等译
8. 摆脱困境:新儒学与中国政治文化的演进　[美]墨子刻 著　颜世安 高华 黄东兰 译
9. 儒家思想新论:创造性转换的自我　[美]杜维明 著　曹幼华 单丁 译　周文彰 等校
10. 洪业:清朝开国史　[美]魏斐德 著　陈苏镇 薄小莹　包伟民 陈晓燕 牛朴 谭天星 译　阎步克 等校
11. 走向21世纪:中国经济的现状、问题和前景　[美]D.H.帕金斯 著　陈志标 编译
12. 中国:传统与变革　[美]费正清 赖肖尔 主编　陈仲丹 潘兴明 庞朝阳 译　吴世民 张子清　洪邮生 校
13. 中华帝国的法律　[美]D.布朗 C.莫里斯 著　朱勇 译　梁治平 校
14. 梁启超与中国思想的过渡(1890—1907)　[美]张灏 著　崔志海 葛夫平 译
15. 儒教与道教　[德]马克斯·韦伯 著　洪天富 译
16. 中国政治　[美]詹姆斯·R.汤森 布兰特利·沃马克 著　顾速 董方 译
17. 文化、权力与国家:1900—1942年的华北农村　[美]杜赞奇 著　王福明 译
18. 义和团运动的起源　[美]周锡瑞 著　张俊义 王栋 译
19. 在传统与现代性之间:王韬与晚清革命　[美]柯文 著　雷颐 罗检秋 译
20. 最后的儒家:梁漱溟与中国现代化的两难　[美]艾恺 著　王宗昱 冀建中 译
21. 蒙元入侵前夜的中国日常生活　[法]谢和耐 著　刘东 译
22. 东亚之锋　[美]小R.霍夫亨兹 K.E.柯德尔 著　黎鸣 译
23. 中国社会史　[法]谢和耐 著　黄建华 黄迅余 译
24. 从理学到朴学:中华帝国晚期思想与社会变化面面观　[美]艾尔曼 著　赵刚 译
25. 孔子哲学思微　[美]郝大维 安乐哲 著　蒋弋为 李志林 译
26. 北美中国古典文学研究名家十年文选　乐黛云 陈珏 编选
27. 东亚文明:五个阶段的对话　[美]狄百瑞 著　何兆武 何冰 译
28. 五四运动:现代中国的思想革命　[美]周策纵 著　周子平 等译
29. 近代中国与新世界:康有为变法与大同思想研究　[美]萧公权 著　汪荣祖 译
30. 功利主义儒家:陈亮对朱熹的挑战　[美]田浩 著　姜长苏 译
31. 莱布尼兹和儒学　[美]孟德卫 著　张学智 译
32. 佛教征服中国:佛教在中国中古早期的传播与适应　[荷兰]许理和 著　李四龙 裴勇 等译
33. 新政革命与日本:中国,1898—1912　[美]任达 著　李仲贤 译
34. 经学、政治和宗族:中华帝国晚期常州今文学派研究　[美]艾尔曼 著　赵刚 译
35. 中国制度史研究　[美]杨联陞 著　彭刚 程钢 译

36. 汉代农业:早期中国农业经济的形成　[美]许倬云 著　程农 张鸣 译　邓正来 校
37. 转变的中国:历史变迁与欧洲经验的局限　[美]王国斌 著　李伯重 连玲玲 译
38. 欧洲中国古典文学研究名家十年文选　乐黛云 陈珏 龚刚 编选
39. 中国农民经济:河北和山东的农民发展,1890—1949　[美]马若孟 著　史建云 译
40. 汉哲学思维的文化探源　[美]郝大维 安乐哲 著　施忠连 译
41. 近代中国之种族观念　[英]冯客 著　杨立华 译
42. 血路:革命中国中的沈定一(玄庐)传奇　[美]萧邦奇 著　周武彪 译
43. 历史三调:作为事件、经历和神话的义和团　[美]柯文 著　杜继东 译
44. 斯文:唐宋思想的转型　[美]包弼德 著　刘宁 译
45. 宋代江南经济史研究　[日]斯波义信 著　方健 何忠礼 译
46. 一个中国村庄:山东台头　杨懋春 著　张雄 沈炜 秦美珠 译
47. 现实主义的限制:革命时代的中国小说　[美]安敏成 著　姜涛 译
48. 上海罢工:中国工人政治研究　[美]裴宜理 著　刘平 译
49. 中国转向内在:两宋之际的文化转向　[美]刘子健 著　赵冬梅 译
50. 孔子:即凡而圣　[美]赫伯特·芬格莱特 著　彭国翔 张华 译
51. 18世纪中国的官僚制度与荒政　[法]魏丕信 著　徐建青 译
52. 他山的石头记:宇文所安自选集　[美]宇文所安 著　田晓菲 编译
53. 危险的愉悦:20世纪上海的娼妓问题与现代性　[美]贺萧 著　韩敏中 盛宁 译
54. 中国食物　[美]尤金·N.安德森 著　马孆 刘东 译　刘东 审校
55. 大分流:欧洲、中国及现代世界经济的发展　[美]彭慕兰 著　史建云 译
56. 古代中国的思想世界　[美]本杰明·史华兹 著　程钢 译　刘东 校
57. 内闱:宋代的婚姻和妇女生活　[美]伊沛霞 著　胡志宏 译
58. 中国北方村落的社会性别与权力　[加]朱爱岚 著　胡玉坤 译
59. 先贤的民主:杜威、孔子与中国民主之希望　[美]郝大维 安乐哲 著　何刚强 译
60. 向往心灵转化的庄子:内篇分析　[美]爱莲心 著　周炽成 译
61. 中国人的幸福观　[德]鲍吾刚 著　严蓓雯 韩雪临 吴德祖 译
62. 闺塾师:明末清初江南的才女文化　[美]高彦颐 著　李志生 译
63. 缀珍录:十八世纪及其前后的中国妇女　[美]曼素恩 著　定宜庄 颜宜葳 译
64. 革命与历史:中国马克思主义历史学的起源,1919—1937　[美]德里克 著　翁贺凯 译
65. 竞争的话语:明清小说中的正统性、本真性及所生成之意义　[美]艾梅兰 著　罗琳 译
66. 中国妇女与农村发展:云南禄村六十年的变迁　[加]宝森 著　胡玉坤 译
67. 中国近代思维的挫折　[日]岛田虔次 著　甘万萍 译
68. 中国的亚洲内陆边疆　[美]拉铁摩尔 著　唐晓峰 译
69. 为权力祈祷:佛教与晚明中国士绅社会的形成　[加]卜正民 著　张华 译
70. 天潢贵胄:宋代宗室史　[美]贾志扬 著　赵冬梅 译
71. 儒家之道:中国哲学之探讨　[美]倪德卫 著　[美]万白安 编　周炽成 译
72. 都市里的农家女:性别、流动与社会变迁　[澳]杰华 著　吴小英 译
73. 另类的现代性:改革开放时代中国性别化的渴望　[美]罗丽莎 著　黄新 译
74. 近代中国的知识分子与文明　[日]佐藤慎一 著　刘岳兵 译
75. 繁盛之阴:中国医学史中的性(960—1665)　[美]费侠莉 著　甄橙 主译　吴朝霞 主校
76. 中国大众宗教　[美]韦思谛 编　陈仲丹 译
77. 中国诗画语言研究　[法]程抱一 著　涂卫群 译
78. 中国的思维世界　[日]沟口雄三 小岛毅 著　孙歌 等译

79. 德国与中华民国　[美]柯伟林 著　陈谦平 陈红民 武菁 申晓云 译　钱乘旦 校
80. 中国近代经济史研究:清末海关财政与通商口岸市场圈　[日]滨下武志 著　高淑娟 孙彬 译
81. 回应革命与改革:皖北李村的社会变迁与延续　韩敏 著　陆益龙 徐新玉 译
82. 中国现代文学与电影中的城市:空间、时间与性别构形　[美]张英进 著　秦立彦 译
83. 现代的诱惑:书写半殖民地中国的现代主义(1917—1937)　[美]史书美 著　何恬 译
84. 开放的帝国:1600年前的中国历史　[美]芮乐伟·韩森 著　梁侃 邹劲风 译
85. 改良与革命:辛亥革命在两湖　[美]周锡瑞 著　杨慎之 译
86. 章学诚的生平与思想　[美]倪德卫 著　杨立华 译
87. 卫生的现代性:中国通商口岸健康与疾病的意义　[美]罗芙芸 著　向磊 译
88. 道与庶道:宋代以来的道教、民间信仰和神灵模式　[美]韩明士 著　皮庆生 译
89. 间谍王:戴笠与中国特工　[美]魏斐德 著　梁禾 译
90. 中国的女性与性相:1949年以来的性别话语　[英]艾华 著　施施 译
91. 近代中国的犯罪、惩罚与监狱　[荷]冯客 著　徐有威 等译　潘兴明 校
92. 帝国的隐喻:中国民间宗教　[英]王斯福 著　赵旭东 译
93. 王弼《老子注》研究　[德]瓦格纳 著　杨立华 译
94. 寻求正义:1905—1906年的抵制美货运动　[美]王冠华 著　刘甜甜 译
95. 传统中国日常生活中的协商:中古契约研究　[美]韩森 著　鲁西奇 译
96. 从民族国家拯救历史:民族主义话语与中国现代史研究　[美]杜赞奇 著　王宪明 高继美 李海燕 李点 译
97. 欧几里得在中国:汉译《几何原本》的源流与影响　[荷]安国风 著　纪志刚 郑诚 郑方磊 译
98. 十八世纪中国社会　[美]韩书瑞 罗友枝 著　陈仲丹 译
99. 中国与达尔文　[美]浦嘉珉 著　钟永强 译
100. 私人领域的变形:唐宋诗词中的园林与玩好　[美]杨晓山 著　文韬 译
101. 理解农民中国:社会科学哲学的案例研究　[美]李丹 著　张天虹 张洪云 张胜波 译
102. 山东叛乱:1774年的王伦起义　[美]韩书瑞 著　刘平 唐雁超 译
103. 毁灭的种子:战争与革命中的国民党中国(1937—1949)　[美]易劳逸 著　王建朗 王贤知 贾维 译
104. 缠足:"金莲崇拜"盛极而衰的演变　[美]高彦颐 著　苗延威 译
105. 饕餮之欲:当代中国的食与色　[美]冯珠娣 著　郭乙瑶 马磊 江素侠 译
106. 翻译的传说:中国新女性的形成(1898—1918)　胡缨 著　龙瑜宬 彭珊珊 译
107. 中国的经济革命:20世纪的乡村工业　[日]顾琳 著　王玉茹 张玮 李进霞 译
108. 礼物、关系学与国家:中国人际关系与主体性建构　杨美惠 著　赵旭东 孙珉 译　张跃宏 译校
109. 朱熹的思维世界　[美]田浩 著
110. 皇帝和祖宗:华南的国家与宗族　[英]科大卫 著　卜永坚 译
111. 明清时代东亚海域的文化交流　[日]松浦章 著　郑洁西 等译
112. 中国美学问题　[美]苏源熙 著　卞东波 译　张强强 朱霞欢 校
113. 清代内河水运史研究　[日]松浦章 著　董科 译
114. 大萧条时期的中国:市场、国家与世界经济　[日]城山智子 著　孟凡礼 尚国敏 译　唐磊 校
115. 美国的中国形象(1931—1949)　[美]T.克里斯托弗·杰斯普森 著　姜智芹 译
116. 技术与性别:晚期帝制中国的权力经纬　[英]白馥兰 著　江湄 邓京力 译

117. 中国善书研究　［日］酒井忠夫 著　刘岳兵 何英莺 孙雪梅 译
118. 千年末世之乱：1813年八卦教起义　［美］韩书瑞 著　陈仲丹 译
119. 西学东渐与中国事情　［日］增田涉 著　由其民 周启乾 译
120. 六朝精神史研究　［日］吉川忠夫 著　王启发 译
121. 矢志不渝：明清时期的贞女现象　［美］卢苇菁 著　秦立彦 译
122. 明代乡村纠纷与秩序：以徽州文书为中心　［日］中岛乐章 著　郭万平 高飞 译
123. 中华帝国晚期的欲望与小说叙述　［美］黄卫总 著　张蕴爽 译
124. 虎、米、丝、泥：帝制晚期华南的环境与经济　［美］马立博 著　王玉茹 关永强 译
125. 一江黑水：中国未来的环境挑战　［美］易明 著　姜智芹 译
126. 《诗经》原意研究　［日］家井真 著　陆越 译
127. 施剑翘复仇案：民国时期公众同情的兴起与影响　［美］林郁沁 著　陈湘静 译
128. 华北的暴力和恐慌：义和团运动前夕基督教传播和社会冲突　［德］狄德满 著　崔华杰 译
129. 铁泪图：19世纪中国对于饥馑的文化反应　［美］艾志端 著　曹曦 译
130. 饶家驹安全区：战时上海的难民　［美］阮玛霞 著　白华山 译
131. 危险的边疆：游牧帝国与中国　［美］巴菲尔德 著　袁剑 译
132. 工程国家：民国时期（1927—1937）的淮河治理及国家建设　［美］戴维·艾伦·佩兹 著　姜智芹 译
133. 历史宝筏：过去、西方与中国妇女问题　［美］季家珍 著　杨可 译
134. 姐妹们与陌生人：上海棉纱厂女工，1919—1949　［美］韩起澜 著　韩慈 译
135. 银线：19世纪的世界与中国　林满红 著　詹庆华 林满红 译
136. 寻求中国民主　［澳］冯兆基 著　刘悦斌 徐硙 译
137. 墨梅　［美］毕嘉珍 著　陆敏珍 译
138. 清代上海沙船航运业史研究　［日］松浦章 著　杨蕾 王亦诤 董科 译
139. 男性特质论：中国的社会与性别　［澳］雷金庆 著　［澳］刘婷 译
140. 重读中国女性生命故事　游鉴明 胡缨 季家珍 主编
141. 跨太平洋位移：20世纪美国文学中的民族志、翻译和文本间旅行　黄运特 著　陈倩 译
142. 认知诸形式：反思人类精神的统一性与多样性　［英］G.E.R.劳埃德 著　池志培 译
143. 中国乡村的基督教：1860—1900江西省的冲突与适应　［美］史维东 著　吴薇 译
144. 假想的"满大人"：同情、现代性与中国疼痛　［美］韩瑞 著　袁剑 译
145. 中国的捐纳制度与社会　伍跃 著
146. 文书行政的汉帝国　［日］富谷至 著　刘恒武 孔李波 译
147. 城市里的陌生人：中国流动人口的空间、权力与社会网络的重构　［美］张骊 著　袁长庚 译
148. 性别、政治与民主：近代中国的妇女参政　［澳］李木兰 著　方小平 译
149. 近代日本的中国认识　［日］野村浩一 著　张学锋 译
150. 狮龙共舞：一个英国人笔下的威海卫与中国传统文化　［英］庄士敦 著　刘本森 译　威海市博物馆 郭大松 校
151. 人物、角色与心灵：《牡丹亭》与《桃花扇》中的身份认同　［美］吕立亭 著　白华山 译
152. 中国社会中的宗教与仪式　［美］武雅士 著　彭泽安 邵铁峰 译　郭潇威 校
153. 自贡商人：近代早期中国的企业家　［美］曾小萍 著　董建中 译
154. 大象的退却：一部中国环境史　［英］伊懋可 著　梅雪芹 毛利霞 王玉山 译
155. 明代江南土地制度研究　［日］森正夫 著　伍跃 张学锋 等译　范金民 夏维中 审校
156. 儒学与女性　［美］罗莎莉 著　丁佳伟 曹秀娟 译

157. 行善的艺术:晚明中国的慈善事业(新译本)　[美]韩德玲 著　曹晔 译
158. 近代中国的渔业战争和环境变化　[美]穆盛博 著　胡文亮 译
159. 权力关系:宋代中国的家族、地位与国家　[美]柏文莉 著　刘云军 译
160. 权力源自地位:北京大学、知识分子与中国政治文化,1898—1929　[美]魏定熙 著　张蒙 译
161. 工开万物:17世纪中国的知识与技术　[德]薛凤 著　吴秀杰 白岚玲 译
162. 忠贞不贰:辽代的越境之举　[英]史怀梅 著　曹流 译
163. 内藤湖南:政治与汉学(1866—1934)　[美]傅佛果 著　陶德民 何英莺 译
164. 他者中的华人:中国近现代移民史　[美]孔飞力 著　李明欢 译　黄鸣奋 校
165. 古代中国的动物与灵异　[英]胡司德 著　蓝旭 译
166. 两访中国茶乡　[英]罗伯特·福琼 著　敖雪岗 译
167. 缔造选本:《花间集》的文化语境与诗学实践　[美]田安 著　马强才 译
168. 扬州评话探讨　[丹麦]易德波 著　米锋 易德波 译　李今芸 校译
169.《左传》的书写与解读　李惠仪 著　文韬 许明德 译
170. 以竹为生:一个四川手工造纸村的20世纪社会史　[德]艾约博 著　韩巍 译　吴秀杰 校
171. 东方之旅:1579—1724耶稣会传教团在中国　[美]柏理安 著　毛瑞方 译
172. "地域社会"视野下的明清史研究:以江南和福建为中心　[日]森正夫 著　于志嘉 马一虹 黄东兰 阿风 等译
173. 技术、性别、历史:重新审视帝制中国的大转型　[英]白馥兰 著　吴秀杰 白岚玲 译
174. 中国小说戏曲史　[日]狩野直喜　张真 译
175. 历史上的黑暗一页:英国外交文件与英美海军档案中的南京大屠杀　[美]陆束屏 编著/翻译
176. 罗马与中国:比较视野下的古代世界帝国　[奥]沃尔特·施德尔 主编　李平 译
177. 矛与盾的共存:明清时期江西社会研究　[韩]吴金成 著　崔荣根 译　薛戈 校译
178. 唯一的希望:在中国独生子女政策下成年　[美]冯文 著　常姝 译
179. 国之枭雄:曹操传　[澳]张磊夫 著　方笑天 译
180. 汉帝国的日常生活　[英]鲁惟一 著　刘洁 余霄 译
181. 大分流之外:中国和欧洲经济变迁的政治　[美]王国斌 罗森塔尔 著　周琳 译　王国斌 张萌 审校
182. 中正之笔:颜真卿书法与宋代文人政治　[美]倪雅梅 著　杨简茹 译　祝帅 校译
183. 江南三角洲市镇研究　[日]森正夫 编　丁韵 胡婧 等译　范金民 审校
184. 忍辱负重的使命:美国外交官记载的南京大屠杀与劫后的社会状况　[美]陆束屏 编著/翻译
185. 修仙:古代中国的修行与社会记忆　[美]康儒博 著　顾漩 译
186. 烧钱:中国人生活世界中的物质精神　[美]柏桦 著　袁剑 刘玺鸿 译
187. 话语的长城:文化中国历险记　[美]苏源熙 著　盛珂 译
188. 诸葛武侯　[日]内藤湖南 著　张真 译
189. 盟友背信:一战中的中国　[英]吴芳思 克里斯托弗·阿南德尔 著　张宇扬 译
190. 亚里士多德在中国:语言、范畴和翻译　[英]罗伯特·沃迪 著　韩小强 译
191. 马背上的朝廷:巡幸与清朝统治的建构,1680—1785　[美]张勉治 著　董建中 译
192. 申不害:公元前四世纪中国的政治哲学家　[美]顾立雅 著　马腾 译
193. 晋武帝司马炎　[日]福原启郎 著　陆帅 译
194. 唐人如何吟诗:带你走进汉语音韵学　[日]大岛正二 著　柳悦 译

195. 古代中国的宇宙论 ［日］浅野裕一 著　吴昊阳 译
196. 中国思想的道家之论：一种哲学解释 ［美］陈汉生 著　周景松 谢尔逊 等译　张丰乾 校译
197. 诗歌之力：袁枚女弟子屈秉筠(1767—1810) ［加］孟留喜 著　吴夏平 译
198. 中国逻辑的发现 ［德］顾有信 著　陈志伟 译
199. 高丽时代宋商往来研究 ［韩］李镇汉 著　李廷青 戴琳剑 译　楼正豪 校
200. 中国近世财政史研究 ［日］岩井茂树 著　付勇 译　范金民 审校
201. 魏晋政治社会史研究 ［日］福原启郎 著　陆帅 刘萃峰 张紫毫 译
202. 宋帝国的危机与维系：信息、领土与人际网络 ［比利时］魏希德 著　刘云军 译
203. 中国精英与政治变迁：20世纪初的浙江 ［美］萧邦奇 著　徐立望 杨涛羽 译　李齐 校
204. 北京的人力车夫：1920年代的市民与政治 ［美］史谦德 著　周书垚 袁剑 译　周育民 校
205. 1901—1909年的门户开放政策：西奥多·罗斯福与中国 ［美］格雷戈里·摩尔 著　赵嘉玉 译
206. 清帝国之乱：义和团运动与八国联军之役 ［美］明恩溥 著　郭大松 刘本森 译